철학자의 불교 공부 노트

# 철학자의 불 — 교 공부 노트

지지엔즈(冀劍制) 지음 /
김진무 · 류화송 공역

불광출판사

최근 일본 드라마 〈코드 블루〉 시즌2를 보고 있는데 인상적으로 다가온 장면이 있었다. 남자 주인공은 구명 헬기를 타고 이동해 환자를 치료하는 플라이터 닥터 후보생이다. 의학 지식이 풍부하고 냉철한 성격이었다. 그는 몇 년 전 돌아가신 모친의 사인(死因)을 알게 된 뒤, 할머니에게 엄마의 제삿날 함께 제사를 지내러 가자고 약속을 한다. 그는 제삿날 무덤 앞에서 한 가지 중요한 결심을 말하기로 마음먹는다. 하지만 제사를 지내기로 한 당일 응급실에 갑자기 많은 환자들이 밀려들어오는 바람에 이 약속을 지킬 수가 없게 되었다. 이 남자 주인공은 그 상황을 어떤 심정으로 마주했을까?

여자 주인공이 남자 주인공을 위로하자 남자 주인공은 전혀 개의 치 않는 태도로 "언제나 마찬가지였어. 제삿날 당일 꼭 가려고 하지는 않았어."라고 말했다. 간단하게 말해서, 이 사건은 그에게 조금도 장애가 되지 않았다. 의료 환경을 원망하지 않았고, 운수가 나쁘다고 원망하지도 않았으며, 자신이 매우 불쌍하다고 느끼지도 않았다. 업무를 넘겨 동료에는 부담을 주려는 생각은 전혀 없었다. 그저 단순히 생각을 돌려 '하루 지나서 다시 가면 돼.'라고 생각했다. 그런데 어차피 언제나 마찬 가지였는데, 어째서 처음부터 형편이 되는 휴일에 가서 가능한 빨리 그 일을 처리하지 않고, 하필 군이 제사 당일에 가서 말하려고 했을까? 이 유는 간단하다. 제삿날은 매우 중요한 상징적인 의미가 있기 때문이었 다. 마치 생일 축하는 당연히 태어난 날 해야 의미가 있는 것과 같다. 태 어난 당일에 생일 축하를 하지 않는다면 이상하지 않은가?

　　그러나 만약 당일에 실제로 할 수 없다면 억지로 할 필요는 없는 것이다. 인연이라고 생각하고 인연이 닿는 대로 하면 된다. 선택한 날이 불가능한 것은 여느 때와 마찬가지이기 때문이라는 마음을 가지면 된 다. 만약 생일 당일에 생일파티를 할 수 없다면, '언제가 됐든 다를 게 없 어.'라는 생각으로 다른 날에 하거나, 아니면 그날이 바로 생일이라고 생각하면 그만이다. 비록 완벽하지는 않아도 그런대로 괜찮다. 이러한 식의 대처 방식이 바로 발상의 전환이다. 생각을 바꾸면 막혔던 것이 광활한 하늘과 바다처럼 탁 트인다. 신경 쓰이는 대부분의 일들도 이러한 지혜와 내면의 대범한 자유를 지니고 마주하기만 하면, 불필요한 많은 고통을 저절로 피할 수 있으며, 다양한 여러 가지 생활의 즐거움을 추가적으로 얻을 수 있다.

## 집착하지 않는 지혜와 자유

이런 대처 방식은 불교에서 매우 강조하는 '집착하지 않음'이다. 집착하지 않을 수 있는 지혜와 자유이다. 평소 문제가 없을 때는 습관대로 일을 처리하고, 문제가 생기면 고정관념을 내려놓고 생각을 전환하여 지금 당장 처리할 수 있는 적합한 처리 방법을 찾으면 고민은 저절로 줄어든다.

그러나 일상에서 상당히 많은 관념들은 쉽게 내려놓기 어렵다. 게다가 사람마다 성장 배경이나 처한 입장이 다르다. 또한 어떤 견해들은 매우 깊이 뿌리박혀 있고, 심지어 집착 그 자체로 보기에도 어려운 경우도 있다. 예컨대, '아집(我執)'은 '나[我]'라는 개념에 대하여 집착하는 것인데, 자신이 이에 빠져 있다는 것을 알아차리기조차도 쉽지 않다.

어렵기 때문에 배우고 수행해야 한다. 배움을 마친 후 적당한 시기에 집착을 내려놓게 되면 '이고득락(離苦得樂)'할 수 있다. 이것이 불교의 중요한 목표이다.

## 나와 불교의 만남

내가 불교를 접하게 된 시기는 상당히 오래되었다. 제일 처음 접하게 된 시기는 대략 5년제 전문학교(고등학교 과정 3년, 전문대학 과정 2년으로 이루어진 대만의 5년제 전문학교 제도임 – 옮긴이)를 막 들어갔을 때였다. 당시 책 읽는 것을 좋아했고 책 읽는 속도도 엄청 빨랐으며, 관심 있는 분야도 폭넓어서 단시간 내에 교과 이외의 다양한 지식을 섭렵했다. 나는 책에 줄을 긋고 글씨를 쓰는 것을 좋아했기 때문에 대부분의 책은 빌리기보다는 사온 것이었다. 하지만 언제나 용돈이 부족해서 책을 사고 싶은 나의 욕구를 모두 충족할 수가 없었다. 그러다가 사찰에는 공짜로 볼 수 있는 좋은 책들이 많이 있는 것을 발견했고, 그 책들을 읽기 시작했다. 찾을 수 있는 책들은 거의 모두 다 읽었다. 이것이 나와 불교의 첫 만남이었다. 그러나 당시 읽었던 책들은 대부분 종교적인 기적에 관한 이야기이거나 내용을 이해할 수 없는 불교 경전들이었다. 돌이켜보면 단지 아주 얕은 수준의 만남이었던 셈이다.

대학에 들어가서는 철학을 전공했다. 철학을 전공한 학생들 중에는 불교에 관심이 있는 친구들이 많았고, 그들과 그런대로 사이좋게 지냈다. 그들에게 불교에 대해 들으면서 얻는 것들이 적지 않았다. 하지만 결코 불교에 관한 연구에 깊이 들어가지는 않았다.

내가 미국에서 박사학위 논문을 쓸 때, 나의 연구주제는 서양 철학 분야에 속한 의식 문제에 관한 것이었다. 그런데 불교에는 의식 문제에 대한 뛰어난 연구들이 많았다. 그래서 자연스레 불교의 의식 이론에 관한 책들을 적지 않게 읽게 되었다. 물론 대부분 영어로 된 2차 자료였고, 서양 철학 방식에 치우쳐 쓰인 것들이었다.

대만으로 돌아와 교편을 잡았는데, 운명의 이끌림이었는지 불학(佛學)으로 유명한 화판대학(華梵大學)에 오게 되었다. 불교를 접할 기회가 더욱 많아졌으며, 시간을 내어 심도 있게 배우기를 줄곧 희망했다. 그런데 불교라는 고유명사가 독학하는 과정 내내 걸림돌이 되었다. 게다가 불교를 배우고 싶어 하는 많은 사람들이 모두 이러한 장애를 겪고 있음을 알게 되었다. 나는 오랜 기간 동안 분석철학을 연구하면서 단련되어 이해력과 표현력이 꽤 좋았기 때문에 불교의 깊은 뜻을 이해하고 간단한 일상적인 용어로 표현해내는 데 꼭 알맞게 활용할 수 있다고 생각했다. 그래서 나는 이 일을 곧 나의 사명으로 여기고, 읽기 쉽고 불교의 정수를 제대로 밝힐 수 있는 책을 완성하기로 결심하였다. 그러나 사실 이러한 생각을 한 것은 오래되었으나 실천으로 옮기지는 못했다. 최근에 이르러 불학학원 원장이란 직책을 맡고 나도 뭔가를 좀 기여해야겠다고 느껴서 이 작업에 적극적으로 뛰어들었다.

처음에는 집필을 하는 과정에서 자신감을 잃기도 했지만 운이 좋게도 많은 사람들로부터 도움을 받게 되었다. 나와 동방인문사상연구소(東方人文思想硏究所) 소장 주왕빙(莊兵)은 같이 '불학과 철학의 대화' 수업을 진행했다. 우리는 수업 중에 불학과 철학의 많은 개념을 비교하며 토론하였고, 그 자리에 참여한 많은 학생들도 그들의 의견을 제시하며 토론하였다. 이 모든 것들이 이 책을 집필하는 데 매우 큰 도움이 되었다. 특히 현재 불타교육기금회(佛陀敎育基金會) 강사이자 불학 분야에 대단히 박식한 박사생 양지엔셩(楊健生) 거사는 개념을 규명하는 데 있어서 많은 도움을 주었다.

불교의 원리 이외에, 나는 여러 가지 서로 다른 실습 경험을 깊이 이해하기를 더욱 기대했다. 다행히 본교 교수와 학생 가운데 매우 연륜이 있는 불교 수행인들이 서로 다른 법문(法門. 여기서는 불교 종파를 뜻함 - 편집자)의 각종 수행 체험과 사상을 말해주었다. 이분들은 대부분 각처의 사원에서 주지를 맡고 있거나 다른 중요한 직무를 담당하고 있어서 평소 약속을 잡아 만나기도 쉽지 않은 분들이었다. 하지만 나의 사원 방문을 흔쾌히 수락해주는 분들이 많았고, 덕분에 편히 앉아서 차를 음미하며 깊은 대화를 나눌 수 있었다. 사람을 즐겁게 하는 이러한 오후 시간이 이 책을 완성하는 데 도움이 되었을 뿐만 아니라, 나 자신의 삶이 성장하는 데도 도움이 되어서 특히 뜻밖의 많은 수확이 있었으니, 정말 기쁘고 자축할 만한 일이었다.

## 불교를 배우려면 먼저 의심을 해야 할까
## 아니면 먼저 믿어야 할까?

—

그런데 이 책은 일반 불교서적과 크게 다른 점이 있다. 나는 개인적으로 불교를 종교로 여기고 믿는 것이 아니기 때문에 엄밀히 말하면 불교도라고 할 수 없다. 내가 불교를 탐구하는 동기는 그 안에 깊은 지혜가 있다는 것을 느꼈기 때문이다. 나의 목적은 철학적인 태도로 불교의 지혜를 얻는 것이라고 할 수 있다.

　그러나 많은 불교도는 경전의 한 글자 한 글귀도 진리로 여겨 신봉하여 의심을 하지 않으며, 심지어는 그럴 생각도 하지 않는다. 이것은 종교적 신앙에 치우친 학습법이다. 철학적인 태도는 '왜?'라고 먼저 의심하고 먼저 생각하여 많이 물어서 합리적으로 믿을 만하다고 생각되면 실천한다. 이것이 철학적인 태도이다. 물론 불교의 방법과 철학의 방법 모두 각각 이로움과 폐단이 있다.

　요즘에는 다양한 방법으로 이익을 취하는 사기꾼이 많다. 어리석은 척하며 남을 속이는 사기꾼도 있고, 법관 행세를 하며 사기 치는 사람도 있고, 고상한 척하는 정치인도 있다. 물론 종교의 대가인 척하는 무당도 있다. 이러한 사람들은 감언이설에 능하여 사람들의 고정관념을 이용하여 사기를 친다. 탐욕스런 정치가는 말끝마다 인의도덕을 논하여 대중들이 마음으로 이해하는 성인에 부합되는 말을 함으로 언뜻 보면 성인보다 더 성인 같다. 그리고 무당들은 일반 신도들의 기대를 어떻게 만족시켜야 할지 알기 때문에 진짜 부처님보다 더 진짜 부처님처럼 행세한다. 그렇기 때문에 만약 의심과 깊은 사고를 거치지 않은 상황에서 종교를 믿고 만약 사기꾼을 잘못 신봉하게 되면 수행을 실천하지 못할 뿐만 아니라 이고득락(離苦得樂)할 방법이 없어서 도리어 일신상의 화를 초래하게 된다.

비록 많은 신앙자들이 자신은 신앙에 맹목적인 사람이 아니고 분별력이 있는 사람이라고 생각하지만, 대개는 먼저 믿고서 다시 합리적 이유를 찾아간다. 이러한 사고방식은 언제나 자기 말을 그럴듯하게 둘러맞춰서 문제의 본질을 보기 어렵게 만든다.

만약 어떤 스님이 우리에게 절을 지어서 법을 널리 알리고 또 병원을 설립해 힘없는 환자를 돕는다는 명분으로 보시금을 요구한다고 해 보자. 불교에서는 이런 보시금이 우리의 업장(業障)을 없앨 수 있다고 강조한다. 그러면 우리는 어떻게 대처해야 할까? 먼저 의심을 하는 사람은 이것이 진실인지 아닌지 세세히 숙고하고, 그 일의 내막을 알아보고, 합리적으로 믿을 만하면 실천에 옮긴다. 만약 의심나는 점이 있으면, 예컨대 스님이 그 보시금 가운데 많은 돈을 자신이 개인적으로 유용한다면 다시 깊이 재고하고, 의심나는 지점을 가볍게 간과하지 않을 것이다. 그런데 무조건 믿어버리는 사람은 스님의 말을 곧이곧대로 받아들여 설사 돈을 스님이 개인적으로 유용하는 것을 발견했을 때도 원래의 신앙에 부합되는 이유를 적용하기 쉽다. '내 업장을 없애기 위해 스님이 나에게 공양하도록 하셨으니, 정말 스님께 감사한 일이다.'라고 하는 것처럼, 신앙에 기반이 되는 생각을 찾아 자기 말을 얼버무려 받아들이게 된다. 이러한 사고의 맥락에서는 속아도 그것을 알기가 어렵다. 이것이 먼저 무조건 믿는 사람의 단점이다.

그러나 설명하기 어려운 많은 종교 관념에 대하여 말하면, 우리는 때로는 먼저 믿는 태도를 취해야 한다. 믿어야 견지할 수 있다. 의심하면 다소 움츠러들어 도리어 많은 노력을 들이고도 성과는 적다. 예컨대, 스님이 우리에게 좌선(원문은 정좌(靜坐)이다. 엄밀하게 말하면 둘 사이에는 차이가 있지만 이하 우리에게 익숙한 좌선으로 수정하였다 – 편집자)하라고 하는데, 만약 제자들이 늘 좌선의 의미를 의심하고 늘 분명하게 알아야 좌선을 하고 싶어 한다면, 많은 수행도 모두 진행할 수가 없다. 이것이 먼저 의심하는 사람의 단점이다.

이 둘을 조화시키기 위해서, 우리는 어떤 신앙에도 적용될 수 있도록 적어도 먼저 한번 생각해보고, 어떠한 생각이든 모두 '틀릴 수 있다.'는 태도를 가져야 한다. 그러나 만약 좌선하는 것처럼 어떤 수행 방법이 잘못되었다고 여겨지더라도 유익하고 해롭지 않다면, 비교적 걱정하지 않아도 된다. 기필코 실행 가능한 충분한 이유를 찾아야만 실행에 옮길 수 있는 것은 아니다.

특히 불교에서 중요한 많은 지식은 실천한 후에 체득한 깨달음에 기인하므로 실천이 없으면 깨달음[體悟]도 없다. 비언어적 성질에 속하는 이러한 지식들은 말로 분명하게 설명할 수가 없다. 그러나 실천만 한다면 그 속에서 실증(實證)을 얻을 수 있다. 그렇기 때문에 이러한 일에 대하여 말하면, 먼저 믿고 실천하며 다시 몸소 체험을 통해서 검증하는 것이 비교적 좋은 학습 방식이다. 이러한 학습 방식이 동양사상에서 강조하는 '체증(體證)' 방법이다. 사실 이것도 부처님께서 비교적 인정하는 방법이다.

## 침묵도 답이다

불교 경전인 『잡아함경(雜阿含經)』의 기록에 따르면, 한 철학자가 부처님께 도대체 "내가 있어야 합니까?" 아니면 "내가 없어야 합니까?", 즉 유아(有我)인가 무아(無我)인가를 물었을 때, 석가모니 부처님께서는 침묵을 택했다고 한다. 그 철학자는 단지 이론적인 토론을 하려고 하는 것이지, 어떻게 장애를 타개할 것인가 방법을 찾으려 하지 않는다는 것을 석가모니 부처님께서는 알았기 때문이다. 다시 말하면, 석가모니 부처님의 입장에서는 실천하고 해탈의 성과를 얻는 것이 가장 중요한 것이지, 그저 이론만 이야기하고 실천을 하지 않는 것은 결코 의의가 없는 것이다. 게다가 때로는 제한된 언어의 틀에 갇히면 나쁜 점이 더 크다.

그러나 이것은 단지 실천을 기본으로 해야 한다는 것을 강조할 뿐이지, 이론(理論)을 논할 수 없다는 것은 결코 아니다. 이론을 논하는 것은 지혜의 향상에 도움이 된다. 어떤 도리(道理)는 더 많은 생각을 해야 옳은 방향으로 갈 수 있다. 사고(思考)는 우리가 관념을 더 깊게 이해할 수 있도록 도와서 언어의 오해로 인하여 잘못된 길로 빠져들게 하지 않는다. 만약 일반대중들의 성인(聖人)에 대한 이해와 깨달은 자에 대한 기대에 대부분 많은 오해가 내포되어 있다면, 이것은 사이비가 오히려 숭배하는 대중의 눈길을 사로잡기 쉽게 만든다. 좀 더 깊이 생각하는 것이 오해를 좀 더 줄이고, 또 잘못된 길로 빠져들 위험을 낮춘다. 이성적 사고를 많이 하는 이러한 학습 방식은 서양 철학의 논증적 방법과도 매우 닮았다.

## 모든 불교 경전이
## 완전히 신뢰할 만한 것이 결코 아니다

———

틱낫한 스님[一行禪師]은 『틱낫한 불교(The Heart of the Buddha's Teaching)』

라는 책에서 현재 전해 내려오는 불교 경전은 사실 생각하는 것만큼 그렇게 믿을 만한 것은 아니라고 했다. 비록 불교 경전이 최초로 깨달음을 얻은 석가모니 부처님[釋尊]의 구술이지만, 설령 우리가 석가모니 부처님의 지혜를 완전히 믿을 수 있다 해도 문자로 그의 사상을 정확하게 표현할 수 있는 것은 아니다. 게다가 석가모니 부처님 자신도 이러한 장애가 있다는 것을 밝히고, 제자들에게 언어문자에 구속되지 말라고 하였다. 그렇기 때문에 『대반야경(大般若經)』에서 석가모니 부처님께서 말하기를 "내가 성불한 이래 한 글자도 말한 적이 없다."고 하였다. 이것은 석가모니 부처님이 진정으로 언어문자로 불법을 말한 적이 없다고 여겼음을 의미하며, 문자와 참다운 도[眞道]의 거리가 사실 매우 멀다는 것을 보여준다. 만약 생각을 하지 않는다면 오해해도 발견하기는 어렵다.

또 석가모니 부처님이 설법을 했을 때, 그의 말을 제자들이 곧바로 받아 적은 것도 아니며 책으로 엮지도 않았다. 현재 전해지는 불교 경전은 제자와 재전제자(再傳弟子)의 기억에 의지하다가 석가모니 부처님이 도를 전한 지 백 년이 지나서야 문자로 기록한 것이다. 백 년이란 이 기간 동안 기억 자체에 문제가 있을 수 있고, 다시 기록할 때 만약 언어 능력이 부족하면 곡해될 수도 있다. 특히 당시 어떤 관념을 들었을 때 바로 이해하지 못했다면, 기억하기는 매우 어려울 것이다. 그리고 어떤 관넘이 그때 당시 오해가 되었다면 그 기억은 아예 잘못된 것이다. 그렇기 때문에 생각하지 않으면, 경전의 한 글귀마다 글자의 표면적인 의미와 개인적인 해석을 완전히 믿게 된다. 이런 식으로 불교를 학습하는 방식은 위험한 것이며, 잘못된 길로 빠져들었을 때도 즉시 문제를 발견하기 어렵다.

그밖에, 우리가 읽은 것이 가장 오래된 원본이 아닐 때는 의미와 동떨어지게 번역된 것에 더욱 주의를 기울여야 한다. '번역의 부정확성'에 관한 서양 철학자 윌러드 콰인(Willard V.O. Quine, 1908~2000)의 주장에 따르면, 완전히 원래의 뜻[原意]에 부합하는 번역은 사실 근본적으로 불가능한 것이다.

따라서 불교 경전은 석가모니 부처님을 필두로 해서 지혜로운 많은 고승대덕들이 함께 빚어낸 결과물인 하나의 지혜의 결정체로 보아야지, 진리를 완벽히 묘사할 수 있는 신서(神書)로 보기에는 적합하지 않다.

그렇기 때문에 경전의 내용을 자신이 검증하고 자세히 사고하는 것이 반드시 필요한 일이 되었다. 이 부분에 있어서 분석에 강한 서양 철학이 아주 큰 도움이 될 수 있다. 또한 이런 과정은 설령 문자로 표현한 것에 전혀 문제가 없더라도, 생각이 전체 맥락의 전반적인 이해에 도움을 주고, 어떻게 실천해야 할지 이해하는 데도 도움이 된다. 따라서 불교를 공부할 때는 먼저 생각을 돌이켜보고 다시 선택적으로 믿고 실천하고, 실천하는 가운데 검증해서 찾아야 한다. 검증 가능한 것은 대체로 문제가 없지만, 검증이 불가능한 것은 다시 되짚어 생각해야 한다. 이것이 아마 상당히 타당한 학습 방법일 것이다.

## 이 책을 쓰기로 계획한 첫 발상
—

이 책의 완성이 나에게는 철학 쪽에서 불교 쪽으로 넘어오는 하나의 교량이 되었다. 앞으로 불교 경전을 더욱 깊이 연구할 수 있고, 더 많은 수행 경험을 하고 나서 마음으로 깨달은 더 많은 것들을 나눌 수 있기를 기대한다.

　그밖에, 이 책을 완성해준 계동문화(啓動文化) 편집장 짜오치린(趙啓麟) 선생에게 감사를 드린다. 몇 년 전에 했던 한마디가 이 책을 쓸 계획을 마련해 주었기 때문이다. 그날 우리는 타이완대학교 신월대(新月臺) 커피숍에서 한가롭게 담소를 나누었다. 당시 재미있는 하나의 주제에 대하여 이야기하면서 짜오린치 선생은 나에게 "만약 엄청 부유해져서 더 이상 인세 때문에 책을 쓸 필요가 없게 되어도 여전히 책을 쓰고 싶을까?"라는 물음을 던졌다. 나는 "철학서는 쓰고 싶지 않지만 불교 (학)서는 쓰고 싶다."라고 대답했다. 그때 그는 아주 서슴없이 "좋아! 자 네가 쓰면 내가 출판할게."라고 했다. 당시 이 말을 듣고 매우 감동해서 책을 쓰겠다는 마음을 냈다. 판매량을 고려하지 않은 채 책을 한 권 쓸 수 있다는 것은 정말 기분 좋은 일이었기에 어떻게든 해내고 싶은 생각 이 들었다. 비록 그날 이후 여러 해가 지나고서야 글을 쓰기 시작했지 만, 그때의 대화와 승낙이 이 책을 완성하는 데 핵심적인 역량이 되었음 은 의심의 여지가 없다.

# 차례

**상편**

**이고득락의 사색**

**離苦得樂 思索**

• 머리말 – 004

01 누가 불교를 배워야 할까? • 028

02 인생은 본래 고통이라는 비관주의 • 036

03 인생은 즐거움보다 고통이 더 많다는 것은 사실인가? • 044

04 '이고득락(離苦得樂)'의 의의 • 048

05 영혼과 윤회를 믿을 수 있을까? • 057

06 '이고득락'은 탐욕[貪]·분노[瞋]·어리석음[癡]을
   없애는 것으로부터 시작한다 • 069

07 탐욕·분노·어리석음이 어째서 고통의 근원인가? • 078

08 탐욕을 살피고 탐욕을 풀어라 • 088

09 분노를 보고 분노를 풀어라 • 096

10 어리석음을 보고 어리석음을 없애라 • 106

11 무아(無我)란 무엇인가? • 119

12 일체개공(一切皆空)이란 무엇인가? • 136

13 무엇을 '색즉시공, 공즉시색'이라고 하는가? • 157

14 무엇을 '오도(悟道)'라고 하는가? • 164

15 깨달음의 기준 • 176

**이고득락의
수행
離苦得樂
修行**

01 수행과 신비한 체험 • 188

02 '허무감'과 '의미감'을 수행의 지표(指標)로 삼다 • 200

03 자비심 수행 • 207

04 발심(發心)과 도덕실천 • 221

05 무상(無常)의 세계관 수행 • 229

06 좌선 수행 • 239

07 철학의 실천 VS. 불교의 수행 • 248

08 업력(業力)의 수행 • 259

09 일념심(一念心) 수행 • 269

10 정념(正念) 수행 • 278

11 지혜의 수행 • 288

12 염불(念佛) 수행 • 300

13 외왕(外王) 수행 • 312

• 덧붙이는 말 - 318

상편

# 이고득락의 사색

離苦得樂 思索

당신은 즐겁습니까? 당신은 어떻게 하면 삶을 재미있게 사는 것인지 아십니까? 당신은 어릴 적부터 어떻게 하면 더 유쾌하게 살 수 있는지 배우셨나요? 초등학교, 중학교 교육 과정에 즐거운 성장을 함양하는 교과목이 있었나요? 사람들의 대답은 대개 No! No! No! No!일 것이다.

비록 많은 사람들이 결코 즐거움을 인생의 가장 중요한 목표로 여기는 것은 아니지만, 아마 즐거움이 중요하지 않다고 여기는 사람은 없을 것이다. 또한 세상 사람들은 보편적으로 사업이 성공하고 공을 세워 이름을 날리면, 이것이 행복하고 즐거운 인생이라고 생각한다. 그렇기 때문에 자신에 대한 기대와 다음 세대에 대한 교육은 아마 이것을 목표로 할 것이다. 그러나 가만히 생각해보면 이것이 틀렸다는 것을 알게 될 것이다.

좁은 문을 뚫고 들어가야 하는 경쟁은 실패하기 쉽기 때문에 스트레스와 고통이 따른다. 더 최악인 것은 설령 천신만고 끝에 목표를 달성해도 행복과 즐거움이 따라오는 것은 결코 아님을 알게 된다는 점이다. 목표를 달성하지 못한 실수가 실패를 가져온 아픔이라고 생각하기에 아이가 열심히 노력해서 앞으로 나가도록 채찍질한다. 목표를 달성하고도 여전히 고통스러운 것은 더 큰 성공이 있어야 나아진다고 착각하기 때문이다. 겨우 소수만이 이 모든 경쟁의 분위기 속에서 심상치 않음을 느끼고, 이 모든 것에 질문하기 시작한다. 그리고 사람을 속여서 잘못된 소용돌이 속으로 빠뜨리고 서로 잡아당기며 점점 더 깊은 수렁으로 빠져들면서 여전히 이것은 행복을 추구하는 하나의 토너먼트라고 착각하는 것은 아닌가? 이것은 사회 전체가 길을 잃었기 때문에 생긴 하나의 사기극은 아닌가 하고 의심한다.

이 착각은 인류의 근시안적인 천성에서 기인한다. 설령 몇 천 년 동안 지혜로운 자들이 끊임없이 지적해왔지만 똑같이 계속 반복된다. 앞으로도 인류는 계속 그 속에 빠져들 것으로 예상된다.

사실 만약 잠시 길에서 벗어나서 냉정하게 생각해보면, 사회적으로 성공해서 명성을 날리지만 즐거워하지 않는 많은 사람들에게서 이러한 착각을 발견할 수 있다. 즐겁게 사는 사람들을 좀 더 자세히 관찰해보면, 즐거움이 결코 외적인 조건에 얽매여 있는 섯이 아님을 볼 수 있다. 어떤 계층이든 어떤 처지든 즐겁게 사는 사람과 즐겁게 살지 못하는 사람이 있다. 즐겁게 사는 사람이 되려면 약간의 수완이 필요하고, 또 조금의 지혜도 필요하다. 진정 즐겁게 사는 방법은 결코 성공해서 명성을 날리는 것이 아니고, 이러한 능력과 지혜를 갖추어야 하는 것이다. 만약 이것을 교과 과정으로 전환하여 초중등 기초 교육에 적용할 수 있다면, 사회 전체가 착각의 소용돌이에서 벗어나 더 행복하고 즐거운 사회를 만들 수 있을 것이다.

여기까지 말하면, 많은 사람들이 이 관점을 납득할 수 있을 것으로 짐작한다. 그러나 만약 내가 초중등학교에서 철학을 배워야한다고 말하면 많은 사람들이 반대할 수 있을 것이다. 사실 철학은 분명히 이러한 능력과 지혜와 밀접한 관계가 있다. 이는 많은 사람들이 철학을 오해하고 있음을 말해주고 있다. 이외에, 만약 내가 초중등학교에서 불학(佛

學)을 배워야한다고 말하면, 더 많은 사람들이 반대할 것으로 짐작된다. 그러나 사실 불학은 처음부터 끝까지 괴로움에서 벗어나 즐거움을 얻는 '이고득락'의 법을 가르친다. 이것 또한 더 많은 사람들이 불학에 대해 잘못된 이해를 하고 있음을 말해주고 있다.

　　불학의 본질은 결코 재계(齋戒)하고 염불하는 것이 아니다. 출가하여 구름처럼 떠도는 것도 아니다. 그런 것들은 목적지로 가는 하나의 방법일 뿐이다. 불학은 팔만사천법문이라고 하는 많은 학습 방법이 있다. 그리고 그 법문들은 각기 다른 사람에게 맞는 다른 노선을 가지고 있으며, 목적은 모두 이고득락의 종착점으로 가는 것이다. 간단히 말해서, 불학은 '이고득락'을 배우는 것이다.

# ①

# 누가
# 불교를
# 배워야
# 할까?

불교를 논하려면 먼저 불교의 근본 목적이 무엇인지부터 살펴보아야 할 것이다. 이 문제는 두 가지 측면에서 살펴볼 수 있다. 첫째, 불교를 배우는 궁극적인 목적은 바로 성불(成佛)하는 것이다. 둘째, 불교를 배우는 가장 기본적인 목적은 '이고득락'이며, 번뇌와 고통으로부터 해탈을 얻는 것이다. 그렇기 때문에, 만약 삶이 즐겁지 않다면, 심지어 고통스럽다면 불교를 배우러 올 수 있다.

　　그런데 이른바 '불(佛)'이란 사실 깨달은 자이고, 깨달음의 근본적인 의미는 고통의 배후에 있는 것은 허환(虛幻)된 것이라는 사실을 아는 것이다. 일단 진실(眞實)을 똑똑히 보게 되면 고통에서 벗어나게 된다. 그래서 우리는 성불한 사람을 '이고득락'을 가장 완벽하게 이룬 자로 여긴다. 그렇다면 나와 성불한 자의 차이는 이고득락을 이룬 정도가 다름에 있을 뿐인 것이다.

## 누가 불교를 배우기에 적합한가?

불교를 창시한 석가모니 부처님은 도를 이룬 뒤에 녹야원(鹿野苑)에서 처음 법을 전하며(제1차 불법 전수), 종지(宗旨)를 열어 뜻을 밝히고 불교의 기초인 '사성제(四聖諦)' 즉 고(苦)·집(集)·멸(滅)·도(道)를 선포하였다. 사성제는 고통[苦]을 발견하고, 고통을 이해하여, 고통을 극복하고, 고통을 멈추는 것을 의미한다. 이렇게 불교는 삶이 고통스러움을 알고서 이러한 상태를 바꾸어 보려고 사유하고 수행한 것에서 기원하였다.

이는 철학의 기원(起源)과는 다르다. 철학은 호기심에서 출발하였다. 진리를 탐구하고 문제의 해답을 찾고자 생각을 전개하여 지적 욕구를 충족시킨다. 따라서 불교가 철학인가 아닌가를 묻는다면, 양자는 적어도 기원은 다르다고 할 수 있다.

불교를 배우는 사람들은 '이고득락'을 목적으로 한다. 만약 어떤 사람이 즐겁게 살고 있다고 생각하며 어떤 번뇌도 전혀 없다면 불교를 배울 필요가 없다. 그런데 대체로 이러한 사람은 없을 것이다. 도를 깨우쳐 성불한 사람을 제외하고, 대부분은 성찰이 부족하거나 삶에 무감각한 사람만 자신이 번뇌가 없다고 생각할 뿐이다.

그밖에, 만약 즐겁게 살지는 않지만 그런 건 아무렇지도 않다고 생각하고 바꾸고 싶어 하지 않는 사람도 불교를 배울 필요가 없다. 그러나 이러한 사람은 흔히 노력을 게을리 하기 때문에 바꾸려하지 않는 것이지, 결코 정말로 현실에 안주하는 것은 아니다. 그리고 게으름은 사람의 마음을 점점 더 가라앉게 만든다. 정작 돌아눕고 싶어도 대부분 몸을 뒤척이기도 어렵게 된다.

이외에도, 즐겁게 살지 못해서 바꾸어 보려고 하지만, 변화의 목표가 대단히 뚜렷하고 또 이러한 목표가 불교와 아무런 관련이 없다고 생각하면 불교를 배울 필요가 없다.

예컨대, 어떤 사람이 돈이 너무 없어서 고민이 되어 부자가 되고 싶어 한다고 하자. 불교를 배우는 진정한 목적은 결코 부자가 되는 것이 아니기 때문에, 이러한 경우도 불교를 배울 필요가 없다. 기타 인지도를 높이고 싶어 하고, 친구를 많이 사귀고 싶어 하거나 심지어 반려 고양이만 있으면 된다고 생각하는 사람도 이러한 경우와 비슷할 것이다. 자기가 무엇을 원하는지 잘 아는 이러한 사람도 불교를 배울 필요가 없다. 그저 자기가 원하는 것을 추구해가면 된다.

물론, 이러한 사람도 자기가 가장 필요하다고 여기는 것이 내면의 진정한 요구인가 아닌가를 잘 생각해보아야 한다. 불교의 관점에서 말하면, 사실 이러한 것은 모두 허상이고, 내면의 세계를 진정으로 만족시킬 수 없다. 그러나 잘 생각해보고 이러한 것들이 여전히 가장 중요하다고 생각되면, 먼저 추구해볼 수밖에 없다. 갈피를 잃고 헤매는 마음으로 생각이 틀렸는데, 자기가 인정하지 않는 것을 억지로 추구하는 것도 소용없는 일이기 때문이다.

불교를 배우기에 적합한 사람은 적어도 인생이 고통스럽다고 생각하고, 또한 '이고득락'하고 싶어 하며, 지금은 어떻게 이러한 목적을 달성해야 할지 잘 모르는 사람이다. 그러면 시험 삼아 불교를 접해보면서, 불교가 정말 무엇을 변화시킬 수 있는지 좀 지켜보라.

물론 '이고득락'의 방법은 무수히 많다. 거의 모든 종교가 이러한 식의 공언을 하고 있고, 종교 이외에도 행복학, 신시대 사상 등도 이런 주장을 한다. 그런데 대체 어떤 방법이 좋을까? 이 문제는 대답하기 매우 어렵다. 그러나 다행히도 이것은 꼭 대답해야 하는 문제는 아니다. 왜냐하면, 사람마다 다르고 시기마다 알맞은 방법이 다르기 때문이다. 게다가 사람이 평생 한 가지만 선택해야 한다는 법은 없다. 같은 시간에 한 가지만 골라야 한다는 법도 없다. 그래서 모든 학습 방법과 내용이 서로 상충되는 것은 아니다. 사람마다 자신의 취향에 따라, 다방면으로 모색하여 적합한 방법을 찾든 못 찾든 간에 다른 것을 모두 시도해보고 만족할 때까지 하면 된다. 나는 어릴 적부터 어른이 될 때까지 아마 시도해 볼 수 있는 것은 모두 시도해보았을 것이다. 비록 시도할 때마다 새로운 수확이 있었지만, 매번의 시도가 극복하기 어려운 난관에 부딪히기도 했다. 불교에도 팔만사천법문이 있다는 것은 수행할 수 있는 많은 다른 방법이 있다는 것을 의미한다. 그중에서 가장 적합한 것을 꺼내도 이 사람이 현재 상황과 어떤 환경에 처해 있는지를 똑바로 뜯어보면 결코 꼭 맞는 것은 없다. 어쩌면 그때마다 정말 다른 방법이 필요한 것인지도 모른다.

그리고 지금 이 시각, 인연이 되어 이 책을 읽는 독자가 되어 여기까지 읽었다면 아마도 불교를 배울 때가 무르익었다는 것을 의미할 것이다. 눈앞에 이미 불교를 배우는 길 하나가 열렸기 때문이다. 과연 정말 그럴까 하는 것은 계속 읽어가야 비로소 해답을 얻을 수 있다.

## 이 책은 일상적인 언어로
## 심오한 사상을 표현하려고 시도했다

―

그러나 불교를 배우는 것은 결코 쉽지 않다. 불교를 배우려고 시도하는 사람은 수시로 난관에 봉착할 수 있다. 불교 경전은 대부분 읽기 어려워 거의 혼자서 공부할 수 없기 때문이다. 처음 법문을 들으러 갔는데 '일체개공(一切皆空)', '무무명(無無明)', 역무무명진(亦無無明盡)' 같은 말들이 나오면 무엇을 말하는 것인지 알아듣기 어렵다. 알아들을 수 있는 것은 이치가 너무 단순하고 깊이가 얕고 또 반드시 유용한 것도 아니다. 예컨대, '분별심을 내지 않으면 즐거워진다.', '착한 일을 많이 하면 기분이 좋아진다.', '모든 것을 내려놓으면 깨달을 수 있다.'와 같은 것들은 듣기에는 모두 일리가 있지만 실천하기는 쉽지 않다. 어떻게 해야 분별심이 일어나지 않을까? 어떻게 해야 모든 것을 내려놓을 수 있을까? 착한 일을 많이 했을 때 비록 조금은 괜찮은 기분이 들겠지만 때로는 남들이 이득을 보는 것 같아 기분이 더 나빠지기도 하는데, 이것은 자신의 수양이 부족한 것일까 아니면 방법을 잘못 쓴 것일까?

나도 불교를 공부하면서 이러한 장애에 부딪혔기 때문에, 난해한 불교 어휘는 가능한 피하고 더 익숙한 현대어로 심도 있는 불교의 지혜를 진술할 수 있는 책이 있기를 바랐다. 그러나 질질 끌며 기다리고만 있을 수가 없었다. 아마 현재 이러한 책이 없거나, 아직 발견하지 못했거나, 대부분의 책들이 내가 읽기에 적합하지 않았을 것이다.

다행히, 나는 불교가 왕성한 환경에 놓여 있다. 화판대학은 사방이 모두 불교 전문가다. 불학 전문가도 있으며, 베테랑 수행인도 있어서 언제든지 자문할 수 있었다. 덕분에 내가 이해할 수 있는 말로 내가 읽었던 철학 이론과 비교하여, 심오한 많은 불교사상을 발견하여 더욱 명확한 철학 언어로 표현할 수 있었다. 게다가 어떤 철학 이론은 불교를 해설하는 데 보조 수단으로 활용되어 불교가 이론적으로 더욱 설득력을 갖게 하였다. 그래서 나는 이 책을 현실화하기로 마음먹었다. 나와 비슷한 요구를 가진 사람들에게 도움이 되기를 바란다.

나는 철학적 기초가 있고 이미 여러 심오한 철학 이론을 이해하고 있었다. 그 때문에 철학과 유사한 어떤 불교 이론을 만났을 때, 비록 어떤 이론이 다른 사람에게는 매우 어렵겠지만 나에는 오히려 쉬웠다. 마치 김용(金庸)의 소설『의천도룡기(倚天屠龍記)』에서 장무기(張無忌)가 구양신공(九陽神功)이라는 내공의 기초를 갖추자, 다른 무술을 쉽게 배울 수 있던 것처럼 말이다. 나는 철학적 특기를 발휘해 직접 일반적인 용어를 사용해서 고차원적인 사상을 다시 새롭게 표현해낼 수 있었다.

　　이것 또한 오랫동안 철학을 해설하고 철학과 관련된 책을 쓰면서 단련된 나의 특수한 능력이다. 그래서 평범한 문장으로 심오한 사유를 해석하는 데 능숙하다. 그러나 심오한 것을 읽어 이해하고, 그냥 소설책 보듯이 읽어 넘기면 안 되며, 진지하게 생각해보아야 한다. 이것은 피할 수가 없다. 진지하게 생각하지 않으면 사유의 깊숙한 곳에 들어갈 수 없으며, 깊이 있는 학문의 이치를 체득할 수 없다.

　　그런데 불교 사상은 다른 여러 철학 사상과 마찬가지로 여러 가지 다른 해석이 있다. 나도 모든 해석을 다 쓸 수는 없었다. 그렇기 때문에 이 책이 결코 불교 경전을 대신할 수 없으니, 내가 불교를 배우고 마음에서 얻은 것을 여러분이 참고하도록 제공할 수밖에 없다. 중요한 관념에 대하여 깊이 탐구하고 싶으면 반드시 원전(原典)으로 돌아가야 한다. 여기에 쓰인 내용은 내가 들었던 이야기, 나에게 도움이 되었던 것, 혹은 내가 상당히 좋은 해석이라고 여기는 것들이다. 독자가 읽고 자기에게 '이고득락' 측면에서 도움이 되지 않는다고 생각되면 그 관점을 버려라. 도움이 된다고 여겨지면 먼저 그것을 받아들이고, 앞으로 더 좋은 이야기를 듣게 된다면 그 견해를 받아들여라. 결국 '이고득락'이 가장 근본적인 목적이다. 불교를 배우고 자신이 더 즐겁지 않게 되었다면, 그것은 길을 잘못 들었고 본말이 전도되었음을 말한다. 이러한 상황을 만나게 되면 얼른 되돌아보라!

# ②

# 인생은
# 본래
# 고통이라는
# 비관주의

한번 생각해보자. 일상에서 즐거운 시간이 많은가 즐겁지 않은 시간이 많은가? 내 짐작에는 대부분 즐겁지 않은 시간이 더 많을 것이다. 그러나 객관적인 입장에서 말하면, 전 세계 각지와 비교해서 대만은 이미 매우 행복한 곳이라고 할 수 있다. 그런데 왜 이렇게 즐겁지 않은 것일까?

불교에서는 인생은 기본적으로 고통스러운 것이고, 적어도 즐거움보다 고통이 많다고 본다. 속담에서 '인생은 십중팔구 생각했던 대로 되지 않는다.'라고 하는 것처럼, 뜻대로 안 되는 일이 이렇게 많으니, 고통은 많고 즐거움은 적은 것이 당연하다. 심지어 어떤 사람은 불교에서 '일체개고(一切皆苦)'를 주장하는 것 또한 인생 속의 모든 것이 고통[苦]이기 때문이라고 생각한다.

이것은 철저히 인생에 대한 부정적인 생각이라고 할 수 있지만 많은 불교 전문가들은 이런 관점에 반대한다. 경전에 대한 잘못된 해석이라고 생각하기 때문이다. 그런데 우선 경전에 대체 어떻게 쓰였는지, 잘못이 있는지 없는지에 신경 쓰지 말고 생각해보자. 매우 분명한 것은 인생에는 각양각색의 즐거움이 있고, 이것은 부인할 수 없는 사실이라는 점이다. 그렇기 때문에 적어도 문자적인 면에서 보면, '인생개고(人生皆苦)'는 틀린 말이다. 물론, '인생개고'라는 이 문구에 다른 뜻이 내포되어 있을지도 모른다. 예컨대, 모든 것이 고통의 근원일 수 있거나, 모든 것의 근본은 고통일 수 있다. 이렇게 말하는 것이 맞을지도 모른다. 그러나 이 문제는 사실 그렇게 중요하지 않다. 우리는 잠시 이 쟁론을 내려놓자. 어차피 우리는 인생이 기쁨보다 고통이 많다는 것을 알고 있으니, 이것은 아마 문제가 없을 것이다. 이것만으로도 이미 불교를 배울 충분한 이유가 있다.

## 세상에서 가장 행복한 일은 무엇인가?

이러한 비관주의적 사고는 동양에만 있었던 건 아니다. 서양의 고대 그리스 신화에도 이와 유사한 내용이 실려 있다. 어느 날, 행복과 쾌락을 추구하던 프리기아 국왕 미다스가 숲의 신을 만나자 바로 물었다. "세상에서 가장 행복한 일은 무엇인가요?" 숲의 신이 듣고 고개를 가로저으며 동정 어린 눈길로 그를 바라보며 한숨을 쉬며 말했다. "아! 가엾은 인간이여. 이러한 일은 알려고 하지 않아야 좋지만, 기왕 물었으니, 내가 대답해주겠소! 그대가 인간이 된 지금, 이미 가장 행복한 것을 잃었다오. 가장 행복한 것은 아예 태어나지 않는 것이기 때문이오. 그대가 추구할 수 있는 것은 그다음으로 행복한 일뿐인데, 그것은 빨리 죽는 것이오."

이것이 정말로 전형적인 비관주의 사상이다. 그러나 여러분은 이 견해에 너무 연연해하지 않기를 바란다. 사실 많은 이야기들은 작가가 순간적으로 생각이 나서 쓰는 것일 뿐, 그렇게 심사숙고해서 쓰는 것은 아니다. 만약 이 말이 듣기에 우습다고 생각되면 농담으로 여겨도 괜찮다. 게다가 생각하기에 설득력도 별로 없어서, 아마 이러한 견해에 동의할 사람은 많지 않을 것이다.

중요한 것은 옛사람이 무슨 말을 했는지에 있지 않다. 옛사람들이 말한 것이 현대인이 말한 것보다 더 나아 보이지 않기 때문이다. 게다가 이성적인 사고에서는 현대인이 옛사람보다 더욱 풍부한 교육을 받고 훈련되어서, 이치대로 보면 옛사람보다 말을 더 잘 할 수 있어야 하기 때문이다. 그러나 옛사람의 말이 오늘날까지 전해질 수 있었던 까닭은 그것이 어느 정도 참고할 가치가 있기 때문이다. 그러면, 우리는 이러한 말이 어떤 사고를 가져올 수 있는지 생각해보자. 합리적인 논리로 따져 보면 '우리가 인생에서 추구해야 할 것은 즐거움이다. 그런데 인생이 즐 거움보다는 고통이 훨씬 더 많다면 우리는 즐거움을 위해 인생을 떠나 야 하는 것이 아닐까? 그것이 가장 큰 즐거움을 추구하는 것이 아닐까?' 곰곰이 생각해보면 우스갯소리로 보이는 이러한 견해는 사실 그래도 충분히 일리가 있는 것이다.

그러나 좀 더 면밀한 논리로 분석해보면, 이 추리가 성립될 수 있 으려면 적어도 두 개의 가설이 필요하다. 첫째, '고통을 줄이는 것이 즐 거움을 추구하는 것이다.', 둘째, '인생에서 즐거움보다 고통이 많다는 사실은 변하지 않는다.'

첫 번째 가설에 대해 말하자면, '고통을 줄이는 것'은 여러분이 모 두 원하는 것이지만, 고통을 줄이는 것이 결코 행복과 즐거움을 얻는 것 과 같은 것은 아니다. 따라서 이 추리는 기껏해야 '가장 적은 고통을 얻 고 싶으면 빨리 죽는 것이 좋다.'는 결론을 얻을 수 있다. 왜냐하면 사람 들은 천성적으로 고통을 줄이기를 바라기 때문에 그렇게 말해도 어느 정도 일리가 있다. 그러나 이것은 오히려 다른 전제, 즉 타고난 행복과 즐거움을 추구하려는 욕망과 모순된다. 왜냐하면 죽음이 행복하다고 말할 수 없기 때문이다.

　게다가 이러한 추리는 반드시 다음 생을 고려하지 않은 상태에서 성립될 수 있다. 만약 죽음을 모든 것의 종결로 여기지 않는다면, 그 죽음이 반드시 고통에서 벗어날 수 있는 것은 아니다. 왜냐하면 불교는 윤회를 믿어서 죽음이 끝이라고 여기지 않기 때문에 설사 단지 고통을 줄이기 위해서라 하더라도, '빨리 죽는' 이 방법은 소용이 없는 것이다. 즉, '죽음이 고통을 가장 적게 하기 위한 선택'이라는 이 주장은 불교에서는 통하지 않는다. 그런데 윤회는 종교 신앙인 셈이니, 비불교도가 반드시 이 관점을 인정할 필요는 없다.

　두 번째 가설은 '인생에서 즐거움보다 고통이 많다는 사실은 변하지 않는다.'였다. 불교는 오히려 인생의 고통은 초월할 수 있는 것으로 본다. 초월할 수 있다면, 인생에서 최고 행복한 일은 고통이 가장 적은 죽음을 선택하는 것이 아니라 고통을 초월한 뒤 다시 태어남을 얻는 기쁨인 것이다. 그리고 어떻게 이러한 고통을 초월할 수 있을 것인가라는 것이 불교의 가장 중요한 핵심 사상이 되었고, 세상 사람들에게 가장 가치 있는 부분이기도 하다. 따라서 불교에 있어서 말하자면, 그리스 신화와 마찬가지로 인생은 즐거움이라기보다는 더 고통이라고 보지만, 숲의 신의 추리를 인정하는 않는다. 불교의 추리는 다음과 같다. '인생은 비록 즐거움보다 고통이 많지만 변화시킬 수 있다. 고통을 멈추는 법을 기르고 기쁨을 얻는 능력을 키우는 것이 인생이 가야 할 길이다.' 이것이 바로 불교를 배우는 길이기도 하다.

# 불교를 배우는 길을 어떻게 걸어가야 하나?

따라서 불교를 배우는 방법의 상당히 큰 부분은 현재 상태를 바꾸는 것에 있다. 그러나 생활하는 세계의 현실이 바뀌어가는 것이 결코 아니라, 자신이 변화해가는 것이다. 고통의 발생은 외적 세계와 내적 자아, 두 측면에서 볼 수 있다. 외적 세계에 어떤 일이 발생하면 내적 자아는 고통을 느낀다. 예컨대, 싫어하는 상사에게 늘 영문도 모르는 꾸중을 들을 때 매우 고통스럽게 느낀다. 그렇다면 직장을 그만두든가, 중재해줄 사람을 찾든가, 상사를 바꾸거나, 상부에 고발하는 것과 같은 방법으로 외적인 현실 상황을 바꾸어버리면 고통에서 벗어날 수 있다. 또 다른 방법은 내면에 고통의 근원을 찾아서 생각을 바꾸어 포용력을 향상시키는 것이다. 그러면 외적인 사건은 더 이상 방해가 되지 않는다.

두 가지 모두 해결 방법이다. 만약 전자가 가능하다면 현실 상황을 바꾸어가는 것은 문제가 없다. 불교에서도 이 방법을 반대하지 않는다. 그러나 만약 전자가 불가능하다면 자신을 변화시키는 것으로 고통을 극복해갈 수밖에 없다. 불교는 후자를 더욱 중요시한다. 후자가 근본적인 해결 방법이지만, 분명히 결코 쉽지는 않다. 자아를 변화시키려면 지적인 측면 이외에 수행을 실천해야만 한다.

석가모니 부처님은 고통에 대하여 탐구하면서 자아를 변화시키는 것을 통해서 고통이 해소될 수 있다는 것을 발견했다. 이에 그 방법을 기록하여 후세에 전한 것이 이른바 불교다. 이 안에는 지적인 면과 실천적인 면이 포함되어 있다.

## 불교에서 강조하는 자아 변화는
## 근원으로 돌아오는 것이다
—

그러나 교학에서 말하는 자아를 '변화시키는 것'은 일반적인 '변화'의 의미와는 다르다. 예를 들면, 긴 바지 한 벌을 사서 집에 돌아왔는데 바지 길이가 너무 긴 것을 알게 되었다면 길이를 줄이면 된다. 이것이 보편적인 의미의 변화이다. 이러한 의미에서의 자아 변화는 원래 갖추어지지 않은 능력을 끌어올리고 나서 자신을 생활에 더 잘 적응할 수 있도록 하는 것이다. 마치 어떤 사람이 인간관계가 좋지 않아서 생활하는 데 어려움을 초래한다면 인간관계의 기술을 배우러 가게 되고, 배우고 나서는 인간관계 방면에서는 '이고득락'할 수 있는 것처럼 말이다. 이러한 공부는 매우 좋지만, 결코 불교에서 가장 중요시하는 부분은 아니다.

불교가 중요시하는 변화는 사실 본래 갖추고 있었던 것을 원래대로 돌려놓는 것이다. 예를 들면, 가령 어떤 사람이 귤을 껍질부터 먹기 시작하다가 귤 먹는 것이 고역이라고 느꼈다고 하자. 이때, 그가 원래 껍질은 먹는 것이 아니라는 것을 알게 되면 반드시 껍질을 벗겨내야 '이고득락'하는 것처럼 귤을 먹을 수 있게 된다.

불교는 고통의 가장 근본적인 문제는 길을 잃고 헤매는 데 있다고 본다. 마치 귤껍질을 먹는 것으로 오인한 것처럼 말이다. 헤매다가 진실을 찾아 돌이킬 수만 있다면 이것이 바로 해탈하는 방법이다. 따라서 자아를 변화시키는 데 있어서 중요하는 것은 어떻게 세상에 적응하는가를 배우는 데 있는 것이 아니라, 잃어버린 것을 어떻게 본래 있었던 대로 돌려놓는가에 있다.

# 인생은 즐거움보다 고통이 더 많다는 것은 사실인가?

동서양의 전통문화에는 모두 인생은 본래 고통스럽다는 관념이 있다. 하지만 우리가 먼저 생각해 볼 것은 이러한 관념이 옳은 것인가 하는 점이다. 고대에는 옳았다고 하더라도 과학 문명이 발전한 지금에 와서는 변한 것이 아닐까? 우리는 이 문제를 철학적인 문제로 간주하여 사고할 수 있다. '인생의 본질은 정말 고통스러운 것인가?'

우선, 불교 사상의 발원지로 돌아가 보자. 고대 인도인들의 생활은 고통으로 가득했다. 매년 폭염과 메뚜기떼 때문에 상습적으로 기근이 반복되었고, 전염병이 기승을 부렸으며, 적절한 치료를 받지 못해 길거리에서 죽어가는 사람이 부지기수였다. 이러한 환경에서 생활하면 고통이 저절로 즐거움보다 많을 것이다. 따라서 세상이 본래 고통스럽다는 관점도 당연히 있을 것이다. 동서양 모두 정도의 차이일 뿐 유사한 문제가 있었다. 전쟁 시기에 인생은 본래 고통스럽다는 관념이 전 사회에 더욱 쉽게 만연한다. 특히 20세기 초 1, 2차 세계대전 시기에 사람들은 실제 고통스러웠을 뿐 아니라, 인생은 무의미하다고 생각하여 허무주의가 크게 유행하기에 이르렀다.

그런데 시대가 달라지면 관점도 변한다. 특히 문명사회에 살고 있는 현대인에게는 고통이 감소되었다. 과학과 의학의 발달로 인하여 기근이 줄어들었을 뿐만 아니라, 살아가는 즐거움도 더해졌으며, 전염병의 위험도 상당히 낮아졌고, 다양한 사회복지제도가 실업과 질병에 대한 사람들의 불안감을 덜어주었으며, 나아가 도둑과 불량배의 피해를 입을 걱정을 더 이상 하지 않아도 되는 평온한 삶을 누리게 되었다. 다시 말해서, 옛사람들이 고통으로 느꼈던 요소가 모두 현대사회에서 이미 큰 폭으로 개선되었다. 그런데도 인생은 여전히 즐거움보다 고통이 더 많을까? 더 이상 고통이 즐거움보다 많지 않아서 인생의 근본이 고달프다는 비관주의 분위기도 점차 희석될 것으로 보는 사람도 있으리라 여겨진다.

그러나 세상이 고통스럽지 않거나 고통보다 즐거움이 더 많다고 한다면, 그것 역시 사실보다 과장된 말이다. 비록 현대인이 누리는 물질적 생활 수준이 매우 크게 개선되었고, 천재지변에 대한 공포도 현저히 줄어들었으며, 게다가 각종 온라인 게임, 영화, 콘서트와 같은 것들이 다양한 생활의 재미를 주지만, 인간관계에서 오는 갈등, 경쟁하는 삶 속에서 받는 스트레스가 새로운 문제를 초래한다. 항상 만족할 줄 모르는 욕망, 언제나 다른 사람을 이기려 하는 내면의 승부욕, 손해를 보려고 하지 않고 오히려 남의 이익을 얻으려 하는 마음 등과 같이, 인간 본성에 있는 많은 요인들이 항상 고통을 이끌어오는 것 같다. 이러한 인간의 본성은 사람이 아무리 진보된 사회에 살더라도 늘 자기와 타인 간의 고통을 야기한다. 우리가 고통스럽게 여기는 것은 물질적 결핍에서 마음의 결핍으로 바뀌었다. 설사 고통이 여전히 존재할지라도, 사람들은 '인생이 본래 고통스럽다.'는 관념에 여전히 동의하지 않을 수 있다. 그러나 어쨌든 인생에 많은 고통이 있고, 바뀌기를 바란다는 것을 인정해야 한다.

다시 말해서, 인생이 본래 고통스럽다거나 고통이 즐거움보다 많다거나 하는 관념이 맞든 틀리든, 우리가 고통에서 벗어나고 싶어 하는 바람은 변함없이 존재하므로 불교는 여전히 유용하다. 적어도 불교가 정말로 우리를 도와 삶의 번뇌와 고통을 덜어주고 이고득락할 수 있도록 해준다면 말이다.

'불교를 공부하며 즐거움을 얻는 것'과 '온라인 게임으로 즐거움을 얻는 것' 이 두 가지의 의미는 다른 것이다. 온라인 게임은 본래 즐겁지만 불교를 공부하는 것 자체는 반드시 즐겁지는 않다. 심지어 때로는 약간 고통스럽다. 불교를 공부하는 이유는 즐거움을 얻는 능력과 지혜를 기르는 데 있다. 즐거움을 얻는 능력과 지혜를 많이 얻을수록 생활의 고통을 없애기 쉬워지고, 나아가 즐거움이 떠오르게 된다.

당연히 어떤 사람은 불교를 공부하면서 즐거움을 얻을 수 있는데, 그것은 그가 이미 학습 과정의 고통을 없애는 능력을 지니고 있고, 또한 학습 과정의 즐거움을 누릴 수 있었기 때문이다. 이것도 자연스러운 하나의 능력이다. 그리고 이 능력을 기르는 것 또한 불교를 통해 달성할 수 있는 목표 중에 하나이다.

만약 이 '이고득락'의 길을 걸어보고 싶다면 계속 읽어보라!

# '이고득락'離苦得樂의 의의

불교의 주요 목적은 '이고득락'이다. 그런데 어떤 고통과 떨어져야[離苦] 하는 것일까? 현세의 고통과 윤회의 고통, 두 가지 측면에서 말할 수 있다.

현세의 고통에서 벗어난다는 것은 현재의 인생이 매우 고통스러워서 우리의 인생이 행복과 즐거움을 얻을 수 있는 삶으로 변화되기를 희망하는 것을 말한다. 이것은 대부분의 사람들이 이루어지기를 바라는 목표라고 나는 생각한다. 그러나 이 목표를 달성하려면 반드시 인생의 각종 고통을 먼저 이해해야 한다. 그래야 어떻게 고통에서 벗어나야 하는지 알 수 있다. 고통을 이해하고 고통의 근원을 찾은 다음에 힘써 고통을 없애는데, 사실 이러한 절차에 불교 전체의 깊고 오묘한 이치가 존재한다.

현대의 행복학도 사실 이 방면의 연구를 매우 중시하고 있으며, 참고할 가치가 매우 큰 성과도 출현하여 불교와 상부상조할 수 있지만, 불교를 대체하지는 못한다. 불교와 현대 과학 연구의 주요한 차이점은 연구 방법에 있다. 불교의 방법은 주로 내심을 돌이켜 관찰하는 것이다. 마음의 깊은 곳에 있는 고통의 근원을 찾고, 실천을 통해 해탈하는 방법을 스스로 증득하는 것이다. 이러한 부분은 현대과학으로 대체할 수가 없다.

불교 경전인 『장아함경(長阿含經)』에서는 고통을 고고(苦苦), 괴고(壞苦), 행고(行苦) 등 세 가지로 나누고 있다. 이 용어들은 기억하기가 그다지 쉽지 않다. 이 용어와 의미가 비슷하고 기억하기 쉬운 용어로 바꾸어 말하면 몸과 마음의 고통, 기쁨이 사라지는 고통, 집착하는 고통이다.

# '집착'이 고통을 부른다

첫 번째, '몸과 마음의 고통[苦苦]'은 일상에서 가장 익숙한 고통이다. 생리적인 치통, 두통 혹은 심리적인 실연, 혈연과의 이별의 고통은 모두 여기에 속한다. 사실 이러한 고통으로 말하자면, 인생은 이미 대체로 즐거움보다 고통이 더 많다고 할 수 있다. 그리고 우리가 인생은 매우 고통스럽다고 말할 때의 '고통'은 대부분 이런 것들이다. 그러나 불교는 또 기타 부류의 고통에 대해서도 기록하고 있다.

두 번째, '기쁨이 사라지는 고통[壞苦]'은 즐거움에서 오는 것이기 때문에, 다루기도 어렵고 피하기도 힘든 고통의 유형이다. 모든 즐거움은 점점 줄어들다가 결국은 사라진다. 예컨대, 첫 번째 시합에서 우승했을 때는 대단히 기뻐한다. 그러나 두 번째 우승했을 때는 기쁨이 곧 줄어든다. 이후 기쁨이 갈수록 줄어들 뿐만 아니라 스트레스를 받게 되고, 또 우승하지 못하면 고통스러운 처지가 되어버린다. 시험에 줄곧 1등을 차지하던 학생이 시간이 오래 지나면 더 이상 즐겁지 않고 오히려 1등을 하지 못할 것 같은 두려움에 가득차는 것과 마찬가지다.

생활에서 가장 흔히 볼 수 있는 예는 돈이 주는 즐거움이다. 돈을 버는 것은 즐거운 일이다. 부를 쌓으면 미래에 대한 안도감이 더욱 커진다. 하지만 이러한 즐거움은 위험천만한 것이다. 이 재산들이 하루아침에 사라져버리면, 아예 한 푼도 없었을 때보다 더 큰 고통과 불안이 생길 것이다. 장기간 이득을 보고 있던 주식이 하루아침에 폭락을 하면, 혹은 고급차 한 대를 사고 매우 좋아했는데 차가 긁히고 망가지면 아픔이 생기는 것처럼 말이다.

　　마지막으로 '집착하는 고통[行苦]'은 깨닫지 못해서 생기는 고통에 속한다. 아직 깨우치지 못해서 진상(眞相)을 똑똑히 볼 수 없기 때문에 전혀 존재하지 않거나 중요하지 않은 일에 집착하여 고통을 초래하는 것이다. 이러한 고통은 상당히 설명하기 어렵다. 이해하기는 힘들지만 불교의 가장 핵심적인 관점이다. 그리고 이 고통만 해결된다면 앞의 두 가지 고통도 쉽게 풀릴 것이다. 예를 들면, 계속 1등을 하는 공부벌레가 1등에 아예 집착하지 않는다면 스트레스도 없을 것이고, 1등을 하지 못해도 2등이 된 즐거움을 누릴 수 있을 것이다. 이러한 상황에서 기쁨이 사라진 고통도 함께 없어진다. 그리고 깊이 뿌리박힌 집착을 뽑아버렸다면 몸과 마음의 고통도 없앨 수 있다. 그렇기 때문에 불교는 '이고득락'의 초점을 집착의 고통을 제거하는 데 두고 있다.

## 고통의 근원은 공(호)이다
　　—

집착으로 인한 고통을 철저히 뿌리 뽑는 것은 쉽지 않다. 왜냐하면 사람들은 흔히 집착에 빠지고도 알아채지 못하기 때문이다. 심지어는 고통 자체조차도 알아채지 못한다. '고통을 알아채지 못한다.'는 이 표현은 마치 '감각 없는 고통'이란 말과 마찬가지로 매우 의아하게 들린다. 느낌이 없으면 고통이 없는 것일까? 사실 느낌이 없는 것이 아니라 느껴도 알아채지 못하는 것이다. 많은 사람들이 스트레스 속에 살면서 그것에 익숙해지면, 심지어 자신이 어떤 스트레스가 있는지 모르고 있다가 스트레스가 몸을 망칠 때가 되어서야 비로소 상황이 심상치 않다는 것을 알게 되는 것처럼 말이다.

때로는 많은 느낌이 마음속에서 뒤섞여 혼란스러워진다. 그렇다고 이 혼란의 근원들을 반드시 발견할 수 있는 것도 아니다. 이러한 경우 반드시 마음속을 돌이켜보고 먼저 마음을 가라앉히고, 잠시 물러선 뒤에야 볼 수 있다.

그러나 '마음속을 돌이켜보는' 일은 결코 쉽지 않다. 어느 정도 깊이까지 들어갈 수 있는지는 더 봐야 한다. 이것은 불교의 중요한 점 가운데 하나다. 목표는 가장 깊은 그런 집착을 볼 수 있는 마음의 가장 깊은 곳까지 가는 데 있다. 보이기만 하면 가장 근본적인 고통의 근원을 찾을 수 있다. 그러나 매우 재미있는 점은 불교를 수행한 수많은 고승들이 여행을 다녀오고 나서 하하하 웃으며 우리에게 거기에는 아무것도 없다고 말한다는 점이다. 고통의 근원은 '공(空)'인 것이다.

그런데 고통의 근원이 공(空)이라면 고통은 도대체 어떻게 발생한 것일까? 정답은 '무명(無明)'이다. 단도직입적으로 말해서, 불교는 우리에게 고통의 근본은 '스스로 번뇌를 자초하는 데' 있다고 말한다. 그러나 고통 속에 빠져 있는 사람은 자기가 스스로 자초한 번뇌에 빠져 있다는 것을 깨닫지 못한다. 그렇기 때문에 불교의 이러한 말에 동의하지 않는다. 하지만 이것이 바로 미혹된 자와 깨달은 자의 차이이다. 불교를 공부하는 목적은 깨달은 자가 되는 데 있다. 깨달음 뒤에는 모든 고통이 사실 스스로 자초한 번뇌일 뿐임을 알게 된다. 그리고 어떻게 깨달은 자가 될 것인가, 라는 것이 불교를 배우는 목적이다.

## 무명(無明)은 집착의 고통을 만들어낸다

—

집착의 고통을 이해하려면, 인간은 태어나면서부터 이른바 '무명'이라고 하는 잘못된 생각의 속박에 빠지게 된다는 것을 우리는 먼저 알아야 한다. 그리고 이러한 사상적 속박은 집착을 가져오며, 집착은 끊임없는 번뇌와 고통을 낳는다. 지혜의 측면에서 간파할 수만 있다면, 바로 해탈을 얻어서 근본적으로 고통에서 풀려난다. 달라이 라마가 『관용(Transforming the Mind)』이라는 책에서 "우리가 세상을 보는 방법은 완전히 잘못된 것이다. 그런데 이러한 잘못이 인생의 각종 고통을 야기한다."라고 말한 것처럼, 우리는 이러한 착오 속에 습관적으로 빠져 있으면서 자각하기 어렵기 때문에, 잘못된 세상에 대한 떨쳐버릴 수 없는 집착이 생기고 점점 더 깊이 빠져들게 된다. 이러한 고통에서 벗어나려면 불교를 공부해야 한다. 불교를 공부하면 예전의 관점에서 탈피해 바른 견해[正見]가 세워진다.

예를 들어, 우리가 어떤 동굴 안에 갇혀 있는데, 동굴 밖에 있는 사람이 돌, 칼, 도끼를 들고 있고, 심지어 수류탄을 동굴 안으로 던질 준비를 하고 있다고 상상해보자. 이러한 상황이 우리를 두렵게 만들어 계속 피하려고 해도 감히 밖으로 나오지 못한다. 그러나 동굴 안에는 다른 출구가 없다. 피할 곳도 도망갈 곳도 없어 벗어날 수 없는 곤경에 빠진 것 같다. 시간이 한참 지나서 우리는 이러한 공포에 익숙해지면 고통 속에서 즐거움을 찾을 수밖에 없다. 그러나 이것들은 모두 허상이다. 이러한 공포 속에서 벗어나려면, 참모습을 보기만 하면 된다고 불교에서는 말한다.

그러던 어느 날, 우리의 지혜가 갑자기 깨어나서 동굴 밖에 있는 사람들이 들고 있는 돌과 칼 등이 모두 빵으로 만든 것임을 알게 되면, 이때 마침내 모든 위험이 사실은 허상일 뿐이었음을 깨닫게 된다. 이때 우리는 두려움에서 벗어나 동굴 밖으로 나오든 계속 동굴 안에 머물든 자유자재로 행하게 된다. 이러한 해탈이 곧 '이고득락'이다.

사람들은 모두 죽음을 두려워한다. 죽음에 대한 두려움은 마음의 고통, 즉 첫 번째 고통[苦苦, 몸과 마음의 고통]에 속한다. 다시 말해서, '인간은 모두 죽는다.'는 것이 고통의 근원인 것이다. 사람이 죽지 않을 수 있거나 죽음을 두려워하지 않는 용기를 길러야 이 고통에서 벗어날 수 있다. 그러나 근본적인 문제를 따져보면, 우리는 이미 '죽음은 두렵다.'는 것을 받아들이는 일에 너무 익숙해졌기 때문에 우리가 실제로 이렇게 생각해서 죽음의 고통을 초래한다는 것을 더 이상 알아차리지 못하게 된 것이다. 죽음을 매우 두렵게 여겨서 야기된 고통은 세 번째 고통[行苦, 집착의 고통]에 속한다. 만약 죽음이 전혀 두렵지 않다고 생각한다면 이러한 고통은 없을 것이다. 그렇다면 우리는 왜 죽음을 두려워하는 것일까? 만약 이 일이 허망한 것이라면, 이 집념(집착)만 없어지면 죽음의 고통에서 완전히 벗어나게 된다. 이것이 근본적인 해결 방법이다.

# 깨달은 자는 동시에 윤회의 고통에서 벗어난다

———

몸과 마음의 고통, 기쁨이 사라지는 고통, 집착하는 고통은 우리가 세상을 살아갈 때 부딪히는 고통의 근원이다. 불교가 처음에 하나의 전형적인 종교로 발전하기 전에, 아마도 주로 이러한 현세의 고통에만 치중했을 것이다. 석가모니 부처님이 아직 싯다르타 태자였을 때, 인간의 생로병사를 보고 해탈하는 방법을 찾고 싶어서 마침내 보리수 아래에서 선정에 들었고, 결국 도를 깨닫고 부처가 되어 완전한 이고득락의 경지에 들어갔다. 이 수행의 본래 목적은 현세의 고통에서 완전히 벗어나는 데 있어야 한다. 그런데 고대 인도의 주류 사상이었던 바라문교의 교리에는 이미 윤회의 관념이 있었다. 사람이 끊임없이 윤회한다면 현세의 고통을 벗어난들 무슨 소용이 있을까? 내생을 다시 더 겪어야 하는 것인가? 그렇기 때문에 석가모니 부처님의 해탈은 불교에 있어서 영세의 고통에서 벗어난다는 또 다른 의미를 부여했다.

이때 불교는 더 많은 종교적 요소를 갖추게 되었다. 그래서 석가모니 부처님의 해탈은 현세뿐만 아니라, 세세생생의 윤회의 고통을 벗어나는 것이다. 다시 말해서, 그는 더 이상 윤회를 겪지 않고 고통에서 완전히 벗어나 영원한 기쁨을 얻었다. 이것은 물론 사람들이 가장 기대하는 결과이기도 하다. 윤회와 같은 이러한 종교 신앙이 없거나 이러한 관점을 그다지 받아들이고 싶어하지 않는다면, 이 종교관은 신경 쓰지 않아도 된다. 현세의 고통에서 벗어나는 데 의의를 두면 된다. 단지 이러한 목적만 있어도 우리가 노력할 충분한 가치가 있다. 만약 정말로 윤회가 있고, 세 가지 고통을 벗어난 뒤에 윤회를 벗어나 영원한 기쁨을 얻는다면, 그것은 이익이 되었다고 생각해도 좋다.

윤회를 믿고 안 믿는 것은 중요한 문제는 아니다. 하지만 실제로 많은 과학적 증거가 윤회가 존재할 가능성을 확실히 지지하고 있다. 빈사(瀕死. 거의 죽을 지경에 이른 것 - 편집자) 상태의 경험과 전생의 기억 등과 같은 증거는 모두 영혼과 사후 생명의 존재를 지지하는 경향이 있다. 그러나 물론, 엄밀한 과학적 견지에서 말하면, 현재까지의 증거는 윤회의 존재가 사실이라는 걸 완벽하게 증명하지는 못하고 있다.

# 영혼과 윤회를 믿을 수 있을까?

현대인들은 대개 영혼의 존재를 믿지 않으며 더욱이 윤회는 아예 미신이라고 생각한다. 이런 이유로 불교의 교리를 인정하기 어려워하는 사람들이 많다. 이러한 생각 때문에 불교를 배우려는 염원을 접는 사람들도 있다. 그런데 여기에는 다음과 같은 두 가지 주목해야 할 점이 있다. 첫째, 불교는 이고득락을 배우는 것이고, 석가모니 부처님과 역대 고승들이 마음 깊이 들어가 고통의 근원을 탐색한 후에 생겨난 지혜다. 설사 윤회를 논하지 않더라도 불교는 공부할 가치가 있다. 둘째, 영혼과 윤회를 무조건 무시하고 미신일 뿐이라고 여기는 과학관은 당신이 아는 것과 달리 사실 시대에 뒤떨어진 것이다.

## 과학은 신뢰할 가치가 있지만 결코 진리는 아니다

—

근 백여 년 동안, 과학은 비약적으로 발전하며 인류 문명에 지대한 공헌을 했다. 이러한 상황에서 과학이 틀린 것이라고 한다거나 과학은 또 다른 미신일 뿐이라고 주장한다면, 이것은 정말로 헛소리일 것이다. 하지만 의사인 친구는 내게 종종 이렇게 말한다. "과연 과학의 약물치료로 완치된 사람이 많을까? 아니면 종교적 믿음으로 완치된 사람이 많을까?"

과학에는 착오가 있을 수 있다. 착오가 없다는 주장은 본래 과학이라고 할 수 없다. '틀릴 수 있는 것'이 과학의 본질이다. 이 때문에 과학은 기존의 이론을 끊임없이 의심하며 마음을 열고 예전의 이론을 번복할 증거가 나타나기를 기다려야 한다. 이것이 철학자 칼 포퍼(Karl

Popper, 1902~1994)의 '반증주의'적 지혜이다. 과학이 '진실을 증명할 수 있는 이론'으로 정의되었던 과거와 달리, 과학은 '거짓으로 증명될 수도 있는 이론'으로 바뀌었다. '진실임을 증명하는 것'은 본래 불가능한 일이기 때문이다. 이것은 과학과 철학을 배우고 과학을 깊이 돌이켜보면 동감할 수 있는 관점이다.

따라서 우리는 오늘날 과학이 최후의 진리라고 확신할 수 없다. 아직 발견되지 않은 착오가 있을 수 있을지도 모르며, 더욱이 미래에 대폭 수정할 기회가 생길 수도 있다. 그러나 오늘날 각종 과학 이론은 실제로 이미 다양한 실험과 반증에 의해 검증되었고, 또한 많은 불가사의한 쾌거를 이루었다. 그 신빙성은 이미 기존에 있었던 모든 관념을 넘어섰다. 최소한 만약 우리가 과학에 위배되는 어떤 전통 이론이 옳다고 주장하려면, 그것은 상당히 대담한 용기가 있어야 한다. 지금은 거의 무식한 사람만이 과학의 신빙성을 깊이 생각하지 않고 경솔하게 부정할 수 있다고 말할 수 있다.

과학이 인정받는 이유는 주로 정신적인 사고에 있어서 어떠한 이성적인 도전도 용인하는 데 있다. 우리는 가능한 한 과학 이론이 틀릴 가능성이 있는 곳을 찾아서 의심할 수 있다. 좋은 과학 이론이라면 반드시 이런 도전을 이겨낼 수 있어야 한다.

예를 들면, 가령 어느 날 내가 진찰을 받으러 갔는데, 의사가 독감 진단 키트로 진찰하고 내가 독감에 걸렸다고 주장한다면, 나는 이 진단 키트 진단법에 대해 의심을 제기할 수 있다. 만약 의사가 진단 키트로 검진하는 방법이 이미 99퍼센트 유효하다는 것을 증명할 증거를 제시

한다고 해도, 나는 여전히 내가 그 예외의 1퍼센트일 것이라고 추측할 수 있다. 이성적으로 말해서, 나는 내가 독감이 아닐 확률이 1퍼센트라고 주장할 수 있다. 의사도 부인할 수 없지만, 의사도 내가 독감일 확률이 99퍼센트라고 주장할 수 있다. 그러나 이외에, 나는 더 나아가 의사의 테스트 방법이 좋지 않았다고 의심할 수 있다. 왜냐하면 의사가 표본 추출할 때 마스크를 쓰지 않았고, 계속 다른 사람과 말을 했으므로 진단 키트에서 검출된 독감 바이러스가 의사의 것인지 내 것인지 알 수 없기 때문이다. 이 추측도 타당성이 있다. 과학 정신에 근거해서, 만약 더 확인하고 싶으면 측정자가 시약을 오염시킬 가능성을 배제하고 반드시 다시 측정해야 한다. 다시 측정해도 결과가 똑같다면, 병원의 공기 중에 독감 바이러스가 가득 차 있는 것은 아닌지 추측할 수 있다. 만약 공기 중에 확실히 어떤 상황에서 잘못된 결과를 초래할 것이 있다면, 반드시 이러한 가능성을 배제해야 한다. 이러한 의심은 끝이 없다. 그래서 잘못된 결과가 야기될 수 있는 결론을 많이 배제할수록 신뢰도는 높아진다. 설령 우리가 절대적으로 정확한 기준에 영원히 도달하지 못할지라도 점점 더 높은 합리성과 신뢰성을 향해 나아갈 수 있다. 이것이 과학 정신의 연구 방법이고, 왜 과학이 인정받을 수 있었는가 하는 이유이기도 하다.

따라서 우리가 과학을 대할 때는 결코 일방적인 한 가지 주장만 인정하는 태도를 버려야 한다. 거의 모든 이론에는 회의론자와 반대론자가 있다. 진상은 여전히 풀리지 않은 것들도 많으며, 심지어 때로는 어떤 이론에 대해서는 공감대가 형성된 주류 이론조차도 아직 없이 여전히 서로 다른 이론들이 서로 경쟁하고 있다. 설령 우리가 잘 아는 주류 이론이라 하더라도 반드시 다른 학파의 도전을 완전히 이겨낼 수는 없다. 그렇기 때문에 어떤 사람들의 마음속에서 인정되는 과학관이 과학계에서는 아직도 오리무중 속에서 치열한 논쟁 중일지도 모르며, 기껏해야 주류적 사고 혹은 일시적인 공감대라고 할 수밖에 없다.

## 과학이 신봉하고 있는 유물론이
## 반드시 정확한 것은 아니다
—

우선, 가장 중요한 과학의 기본 관점은 '유물론'이라고 할 수 있다. 유물론은 오늘날 과학의 선입견으로, 사람의 모든 심리 활동을 포함한 세상의 모든 활동은 다 물질의 작용으로 인한 것이라고 주장한다. 다시 말해서, 우리의 어떠한 사상, 감정, 이념, 나아가 의식까지 모두 물질(대뇌)의 작용으로 생겨난 것이라는 것이다. 유물론적 관념 속에 사후에도 존속할 수 있는 (비물질적) 영혼의 존재에 대한 여지는 없다. 영혼이 없다면 윤회를 논하기는 매우 어렵다. 그렇기 때문에 이러한 관점에서 말하면, 윤회를 주장하는 불교는 과학에 위배되는 것이다. 만약 과학적인 신념에 위배되는 것이 미신이라고 할 수 있다면, 불교가 내세우는 윤회관은 곧 미신이라는 점을 바로 추리해낼 수 있다. 이것이 오늘날 많은 지식인들의 생각일 것으로 나는 추측한다.

그러나 비록 유물론적 관점이 분명히 오늘날 과학의 주류이기는 하지만 사실 아직 실증되지 않았으며, 또한 학계는 이 의제에 대해 아직도 대립하는 논쟁으로 가득차 있다. 예를 들면, 만약 정말로 유물론을 믿어야 한다면, 인간 마음의 모든 활동은 넓은 의미의 물리적 현상이며, 물리적 현상은 거의 일정한 법칙에 의하여 작동한다고 주장해야 한다. 이것은 당구로 비유할 수 있다. 우리가 당구공을 치는 그 순간 이미 테이블에 있는 모든 공은 어떻게 배열될지 결정된다. 이걸 결정하는 것이 바로 물리 법칙이다. 설령 우리가 미시적인 세계에 확률성을 띠고 있는 양자 법칙을 집어넣는다 해도, 기껏해야 서로 다른 확률의 변화를 증가시킬 뿐 대체로 모든 것은 물리 법칙을 따른다.

그런데 여기에 무슨 잘못이 있을까? 이러한 경우에 문제가 되는 점은 우리가 살면서 결정을 하는 줄 알았던 여러 가지 선택들이 사실 모두 허상일 뿐이라는 것이다. 즉 '자유의지'라는 것은 존재하지 않는다는 것이다. 다시 말해서 우리의 모든 결정은 100퍼센트 다 자기의 의지로 결정되는 것이 아니다. 왜냐하면 진정으로 결정을 내릴 의지의 존재가 전혀 없기 때문이다. 의지라는 것이 작동하는 방식은 계산할 수 없으며, 결정되기 전에는 미래가 아직 결정되지 않아서, 이러한 것은 어떠한 물리법칙으로도 분류할 수 없기 때문에 물질의 작동에 속할 수도 없다. 바꾸어 말하면, 우리의 행위가 선천적·후천적 요인의 방해를 얼마나 많이 받든지 간에, 만약 우리가 인류에게 최소한 1억분의 1이라도 좋으니 그 정도는 결정할 자유가 있다고 믿는다면 이는 사람의 마음이 100퍼센트의 물질이 아님을 나타낸다. 따라서 마음이 비물질적 존재임을 받아들어야 한다. 이것만 받아들일 수 있다면 유물론은 틀린 것이다. 이렇게 되면 영혼과 윤회의 가능성도 열리게 되는 것이다.

물론 자유의지는 허상에 불과하다고 주장하는 학자도 많지만 자유의지가 전혀 존재하지 않는다는 생각은 본래 우리 삶의 직관에 위배되는 것이다. 만약 우리가 자유의지를 믿지 않는다면 더 이상 어떤 범죄자도 질타할 수 없다. 왜냐하면 어떤 범죄도 범인이 내린 결정이 아니기 때문이다. 이렇게 되면 누구든지 어떠한 책임도 져서는 안 된다. 왜냐하면 모두가 책임을 질 만한 결정력이 없기 때문이다. 그렇다면 법원은 어떤 사건도 심리하지 않아야 하며, 교도소는 폐쇄하고 모든 범죄자를 석방해야 한다. 그들도 무고한 피해자이기 때문이다. 그런데 유물론을 믿는 사람은 대부분 깊은 생각을 하지 않은 채 자유의지를 믿고 있다. 언뜻 보아도 모순이다. 하지만 이런 관념을 해체하기는 쉽지 않다.

물론, 설령 모순을 일으킨다 해도 결코 유물론이 반드시 틀렸음을 뜻하는 것이 아니다. 자유의지의 존재에 대한 우리의 생각이 너무 익숙하고, 또 직관에 너무 일치하여 그것에서 벗어날 수 없을 뿐이다. 그렇기 때문에 우리도 유물론이 반드시 틀렸다고 말할 수는 없는 것이며, 우리는 '자유의지가 단지 착각'일 가능성을 확실히 배제할 수 없다.

그러나 유물론에 도전할 수 있는 것은 또한 자유의지의 문제만은 아니다. 오늘날 양자역학에서 관찰되는 입자 현상도 유물론이 틀렸을 가능성이 매우 크다는 것을 알려주고 있다.

# 불확실한 방식으로 존재하는 입자의 세계

—

과학자들은 입자가 관찰되지 않았을 때는 일종의 확률적인 방식으로 존재하지만, 관찰된 뒤에는 확실한 존재로 바뀌게 된다는 것을 발견하였다. 예를 들어, 우리가 컴퓨터에 칩이 내장된 스크린 카드를 만든다고 가정해보자. 이 카드는 아마 스페이드 A일 수도 있고, 다이아몬드 A일 수도 있다. 확률은 반반이다. 이렇게 하기는 참 쉽다. 컴퓨터 프로그램으로 이러한 상황을 만들고, 아직 결정되지 않은 상태로 놔두게 할 수 있다. 입자가 관찰되기 전에는 이러한 존재 방식처럼 불확실한 상태에 속해 있지만, 우리는 확률의 방식으로 읽어낼 수 있다. 그런데 우리가 그것을 관찰해갈 때, 이러한 확률적인 모습이 전개되지 않고, 직접 확정적인 방식으로 보여준다. 그 카드처럼 스페이드 A로 바뀌거나 아니면 다이아몬드 A로 바뀔 것이다. 확률은 각각 반이다.

이러한 확률적인 존재 방식은 보통은 생각해낼 수 없는 상태이다. 마치 대자연계의 원시적인 모습처럼 사실 이와 같으리라고는 상상할 수 없다. 현재 과학자들은 양자가 왜 이러한 특질을 가지고 있는지 전혀 모른다. 우리는 그것들은 이렇다고 말할 수밖에 없다. 이것이 과학 실험실에서 발견한 상황이다. 이 현상에서 중시해야 할 점은 '관찰'이 왜 입자의 상태를 변화시킬 수 있는가에 있다. 오늘날 과학 실험은 이미 상상할 수 있는 모든 물리적 교란 요소를 제거할 수 있기 때문에, 우리가 관찰하는 순간에 무슨 일을 해서 입자의 작동을 방해하는 것은 전혀 아니며, 우리가 어떤 방식으로든 그것을 관찰해가면, 그것은 곧 확정적인 존재로 바뀔 것이다.

중요한 점은 입자는 어떠한 물리적 방해를 받지 않지만, 그것들의 존재 방식은 오히려 바뀌게 된다는 것이다. 우리가 인과율에 호소한다면, 모든 사물의 변화에는 반드시 그 원인이 있음을 믿게 된다. 그렇다면 입자의 변화를 가져오는 원인은 무엇일까? 물질적 요인이 아니라면 비물질적 요인만 있을 뿐이다. 만약 정말 그렇다면 이것도 유물론의 신화를 깨뜨릴 수 있을 것이다. 이렇게 되면, 과학도 반드시 크게 바뀌어야 한다.

더욱이, 만약 이러한 비물질적 요인이 인류의 관찰에서 나왔다면, '관찰'은 또 하나의 마음의 힘인 것이다. 그것은 곧 사람의 마음이 비물질적인 특성을 지니고 있다는 것을 나타낸다. 이 결론도 영혼과 윤회의 존재에 대한 가능성을 높여주는 것이다.

당연히 현재 아직 해답을 얻지 못한 이러한 문제는 논쟁 중에 있다. 따라서 유물론이 틀렸다는 것을 의미하지 않으며, 단지 우리가 그 속에서 방해하는 물리적 요소를 아직 발견하지 못했을 뿐이다. 그러나 이러한 결과는 이미 유물론에 대한 우리의 신념을 큰 폭으로 약화시켰다.

## 과학이 여전히 풀지 못하는 빈사 경험과 전생의 기억

이밖에, 빈사(임사) 경험과 전생의 기억에 관한 일은 영혼과 윤회에 대한 신빙성도 상당히 높이고 있다.

빈사 경험이란 거의 죽음에 임박하여 응급처치를 받은 뒤나 심지어 사망선고를 받고도 다시 살아난 사람들의 경험을 말한다. 이들 중에는 새카만 터널을 통과하거나 터널의 끝에서 빛을 발견하거나 터널 입구에서 죽은 가족을 만나는 체험을 했다고 주장하는 사람도 있다. 이러한 보고서의 양이 대단히 방대하기 때문에 지금은 더 이상 환자가 허구로 만들어낸 것으로 생각하지 않는다. 단지 이러한 경험들이 어쨌든 사실의 진상을 드러내는 것인지 아니면 환자의 환각에 불과한 것인지는 여전히 논쟁 중이다.

전생의 기억에 관한 사례는 매우 많다. 그리고 수천 건의 연구가 과학 리포트로 신중하게 발표되었다. 결코 가십 잡지에 실린 루머가 아니다. 더욱이 많은 사례들도 우연의 일치로 해석하기는 어렵다. 예컨대, 2차 세계대전 중에 미군이 환생한 사례가 있다. (윤회를 믿지 않는) 미국의 기독교 가정에서 태어난 한 아이가 어릴 적부터 계속 비행기가 땅으로 추락하는 악몽에 놀라서 깨어났고, 부모조차도 모르는 비행기에 관한 전문 용어와 당시 전쟁의 세세한 일들을 정확히 얘기하고, 그때의 동지들을 알아보았다. 이 일은 나중에는 텔레비전과 신문에도 나왔으며, 책도 나와서 베스트셀러가 되었다. 이 사건은 단순한 조작이라고 하기에는 너무나 많은 사람이 관련되어 있었다. 아이의 정신과 의사, 교회의 친구들, 퇴역군인, 아이의 가족 등등. 만약 어떤 조작이 있었다면 폭로나 고발이 있었겠지만 아직 그런 소식은 없다.

이 방면의 연구는 오늘날 과학의 주된 관점에 대한 도전이기 때문에 확대경을 가지고 엄정하게 조사된다. 특히 오늘날 과학으로도 풀지 못하는 사례에 대해서는 대부분 우선 놓아두고 앞으로 더욱 심도 있는 연구를 기다리고 있기 때문에 이 문제는 논란거리라고 할 수밖에 없다.

그러나 이러한 연구 논문들은 하나같이 모두 영혼이 존재할 가능성을 지지하고 있다. 이런 연구에 따르면 불교의 윤회관에 대한 신빙성은 높아진다. 윤회관이 결코 과학에 위배되는 것이 아님을 말해주고 있기 때문이다. 정리하면 윤회관이 오늘날 과학의 주된 관점에 부합되지는 않지만, 앞으로 주된 과학이 될 가능성이 있음을 말해주는 것이며, 나는 이런 가능성이 결코 낮은 편은 아니라고 생각한다.

그러나 여기에는 문제가 있다. 영혼이 존재한다 해도 불교에서 인정하는 영혼과 일반 세속에서 인정하는 영혼은 사실 다르다. 불교에서는 무아(無我)를 주장하기 때문이다. 불교에서는 '나[我]'를 허망한 관념으로 본다. 그렇기 때문에 윤회할 수 있는 영혼은 당연히 그런 허망한 '나'를 포함하지 않는다. 달라이 라마의 설명에 따르면, 윤회에 들어가는 것은 결코 (마치 하나의 자아와 같은) 구체적인 비물질적인 영혼이 아니며, 다만 인연으로 뭉쳐진 일련의 계속된 의식의 흐름일 뿐이다. 그러나 사실 이렇게 주장해도 유물론에 부합하기는 어렵다. 왜냐하면 이러한 연속적인 의식의 흐름이 어떻게 한 사람에서 다른 사람에게 넘어가는지 설명하기 어려운 것은 똑같기 때문이다. 이 부분을 이해하기 위해서는 마음과 물질을 초월하는 새로운 세계관을 가정해야만 한다.

불교의 세계관은 이렇다. 불교를 공부하는 것도 이러한 세계관을 함께 배우는 것이다. 그리고 그 가운데 가장 중요한 공부의 관건은 관념적으로 기존의 세계관을 내려놓을 수 있는 데 있다. 기존의 세계관을 버리지 못하는 한 새로운 관념이 들어올 수가 없다. 그리고 원래의 세계관은 곧 무명(無明)의 근원이고, 버리지 못하면 곧 집착이 된다. 그런데 불교는 이 새로운 세계관이 단지 철학 이론일 뿐이라고 결코 여기지 않는다. 증득해 깨달을 수 있는 진리라고 본다. 증득해 깨닫는 것이 바로 불교를 배우는 종착지이다. 어떻게 그것을 증득해 깨달아가는지가 바로 불교를 배워가는 길이다.

# ⑥

'이고득락'은
탐욕[貪]·
분노[瞋]·
어리석음[癡]을
없애는
것으로부터
시작한다

그러면 핵심적인 문제인 행복과 즐거움을 추구하는 문제로 돌아가 보자. '이고득락하는 방법은 도대체 무엇인가?'

　머리가 아플 때 '고통에서 벗어나는' 가장 간단한 방법은 진통제를 먹는 것이다. 어떤 고통도 없지만 매우 따분하다고 느껴진다면 '즐거움을 얻는' 가장 간단한 방법은 온라인 게임을 하는 것이다. 이것이 현대인에게서 흔히 볼 수 있는 생활 형태이다. 그러나 안타깝게도 생명은 결코 단순하지 않다. 모두 그렇게 편하게 지낼 수는 없다는 것이다.

　생활하면서 경쟁하는 스트레스, 업무 스트레스, 경제적인 스트레스, 질병에 대한 스트레스, 인간관계에서 오는 스트레스, 심지어 죽음에 대한 스트레스 등과 같은 많은 스트레스를 받을 수 있다. 이러한 스트레스는 대부분 쉽게 해소되지 않는다. 그런데 해소하지 못하면 고통이 따른다. 스트레스 이외에 또 욕망이 있다. 마음의 측면이든 물질적인 측면이든, 욕망이 채워지지 않는 것도 고통이다. 이것이 불교에서 말하는 첫 번째 고통인 몸과 마음의 고통[苦苦]이다.

　사람들은 고통에서 벗어날 수 없을 때, 각종 쾌락을 추구하며 고통을 등한시한다. 그런데 불교의 고승들은 욕망을 충족시키고 즐거움을 추구하는 방법으로는 진정한 이고득락을 할 수 없다는 것을 깨달았다. 왜냐하면, '고통을 등한시하는 것'은 한순간의 효과가 있을 뿐 진정으로 고통을 해소할 수 없다. 고통은 계속 끊임없이 엄습해오기 때문이다. 그리고 한순간의 즐거움은 오래 갈 수 없고, 권태로워지고 재미가 없어지며 심지어는 삶의 의미도 없는 허무감이 떠올라 진정으로 이고득락할 수가 없다. 이것이 불교에서 말하는 두 번째 고통인 즐거움이 사라지는 고통[壞苦]이다.

그러면, 먼저 자신이 벌써 잘못된 길을 걷고 있는 것은 아닌지 돌이켜보자. 고승들이 말했던 대로인지 아닌지 개인적인 경험을 한번 떠올려보자. 이러한 검증 방식은 불교를 공부하는 데 매우 중요한 과정이다. 검증하고 나서야 옛사람들의 지혜를 정말로 받아들여 자신의 능력으로 전환할 수 있다.

그밖에, 세 번째 고통인 집착하는 고통[行苦]이 있다. 이것은 잘못된 관념으로 인하여 야기된 고통이다. 이것은 사람을 고통의 깊은 늪으로 더욱 쉽게 빠져들게 해 헤어나기 어렵게 한다. 고승들은 마침내 어떤 고통에 관한 것이든 이고득락을 하려면 반드시 수행을 해야 한다는 것을 발견하였다. 수행은 자신을 변화시키고 지혜를 향상시키고 염원을 바꾸게 한다. 자신이 행복과 즐거움을 주관하는 하나의 담지체(擔持體)로 바뀐다.

## '지혜[知]'와 '수행[行]'을 병행하여 불교를 배운다

—

이러한 변화는 크게 다음과 같은 두 부분으로 나눌 수 있다. 첫 번째는 '지혜[知]'부터 시작하는 것이다. 불교는 고통의 주된 근원 가운데 하나가 잘못된 지식이나 잘못된 사고에서 나온다고 본다. 지성적인 문제만 해결된다면 상당히 많은 정도의 고통이 풀리는 것이나 다름없다. 두 번째는 '수행[行]'부터 하는 것이다. 즉 실천에 의해 자신을 변화시키는 것이다. 예컨대, 만약 한 사람을 미워하지 않아도 된다면 자신도 좀 더 편한 마음의 세계를 얻을 수 있다. 만약 마음이 자라나서 더욱 자유로워질 수 있어서 과거에 할 수 없었던 많은 일들을 할 수 있게 된다면 여러 가지 많은 고통에서 벗어날 수 있으리라는 것을 우리는 모두 알고 있다. 고통의 근원만 뿌리 뽑으면, 저절로 이고득락하게 될 것이다.

　나의 경우 이름이 좀 특별나서 어려서부터 친구들에게 놀림감이 되었다. 특히 성이 '지(冀, 기)'인 사람은 '펀(糞, 분)'으로 불렸던 경험이 있을 것이다.(糞은 똥이라는 뜻이다 - 편집자) 글자의 모양이 매우 비슷해서 쉽게 연상되기 때문에 항상 자기가 유머러스한 사람이라고 생각하는 사람이 눈곱만큼도 창의적이지 않은 이러한 농담을 하기를 좋아한다. 어렸을 때는 이러한 일에 엄청나게 신경을 써서 화가 많이 났다. 그러나 관념이 바뀌고 집착에서 벗어나게 되자 이러한 일에는 아예 신경을 쓰지 않게 되었다. 어느 날 편의점에서 소포를 수령하는데 점원이 내 이름을 보자 조금 망설였지만, 역시 용감하게 '펀지엔쯔(糞劍制, 분검제)'라고 읽었다. 나는 그저 어이없게 웃기만 하다가 그에게 그 글자는 '지(冀)'라고 말했다. 그는 급히 사과했다. 그러나 나는 손을 저으며 괜찮다고 했고 정말로 전혀 신경 쓰지 않았던 일을 기억한다.

　이름의 글자에 대한 집착을 내려놓자 당장 번뇌가 줄어들었다. 어떤 사람이 나에게 편지를 썼는데 본래 '冀劍制收'라고 써야 할 것을 '紀建志(지지엔즈) 收(받음)'이라고 썼다. 한 글자도 맞는 것이 없었다. 나는 읽고서도 고개만 갸웃거리다가 너무 터무니 없어 그냥 웃기만 했다. 그 밖에 출판사에서 내 이름으로 책을 추천할 때 이름을 잘못 인쇄하여 '翼劍制(이지엔쯔)'가 되었다. 그들이 이런 오자를 발견했을 때는 이미 몇

천 권이 인쇄된 후였다. 출판사는 급하게 나에게 편지를 써 사과했다. 나는 마찬가지로 개의치 않았고, 오히려 그들을 위로하며 "걱정하지 마세요. 아무도 알아채지 못할 것입니다."라고 말했다. 만약 이처럼 좋은 것만 있고 나쁜 것은 없다는 집착을 버릴 수 있다면, 인생은 당연히 번뇌를 바닥까지 내릴 수 있을 것이다. 그러나 사람마다 모두 극복하기 어려운 점이 있고, 각고의 노력을 해야 극복해낼 수 있는 것이 있다. 불교의 중요한 점 가운데 하나는 바로 어떻게 하면 여러 가지 마음의 집착을 없앨 것인가를 탐구하는 것이다. 그러려면 반드시 먼저 고통의 근원을 탐색해야 한다.

## 고통의 근원은 탐욕[貪] · 분노[瞋] · 어리석음[癡] 이다

불교 경전 『장아함경(長阿含經)』에서는 고통의 근원을 삼불선근(三不善根)이라고 했다. 『사해탈경(四解脱經)』에서는 삼독(三毒), 즉 탐욕[貪] · 분노[瞋] · 어리석음[癡]이라 부른다. 탐(貪)은 탐욕을 뜻하고, 진(瞋)은 성낸다는 뜻이며, 치(癡)는 사고(思考)의 장애로 생기는 어리석음[無明]을 가리키는 것으로, 즉 사리에 어둡다는 뜻이다.

만약 불교를 공부하는 목적이 이고득락의 효과를 얻으려는 것이라면 불교를 자기와 무관한 학문으로만 여겨 연구해서는 안 되며, 반드시 시시각각 마음속으로 돌이켜 검증해야 한다. 따라서 탐욕 · 분노 · 어리석음이 어떻게 번뇌의 근원이 되는지 알아야 하며, 반드시 자신의 내면의 탐욕·분노·어리석음을 살피는 것에서부터 출발해야 한다. 그러나 사실 이것도 쉬운 일은 아니다. 내가 불교를 처음 접했을 때 나 자신은 어떤 탐욕·분노·어리석음도 없다고 생각했었다.

　나는 줄곧 내가 탐욕이 없는 사람이라고 생각했다. 적어도 욕심을 부리지 않으면서 자랐다고 할 수 있다. 더욱이 나이가 들어서는 금욕을 주장하는 스토아주의자로 자처하기 시작하면서 서양 철학의 공평과 정의의 이념을 실천하였다. 그 실천하는 과정도 모두 순조로운 편이었으며, 무엇을 탐내기 위해서 공평과 정의를 위배하지 않았다. 분노의 경우도 마찬가지다. 비록 때로는 어떤 일을 당해서는 매우 화가 났고 심지어는 자제하기 어려웠지만, 이러한 경우는 매우 적었다. 단언컨대 동료들의 눈에는 아마 내가 EQ가 매우 높은 사람으로 보였을 것이다. 그래서 전반적으로 문제가 크지 않았다. 어리석음에 대해서라면, 객관적인 논리적 사고는 나의 특기였기 때문에 이 부분은 나에게 더욱 영향을 주지 않았다. 그래서 그동안 나는 탐욕·분노·어리석음이 더 이상 나의 큰 골칫거리가 아니라고 생각했다. 이러한 관점에서 말하면, 나는 이미 인생의 번뇌가 되는 근원지에서 멀리 떨어진 것 같다.

　비록 이렇게 자신이 있긴 했지만 늘 어딘가 좀 찜찜하고 그다지 당당하지 않았던 건 사실이다. 왜냐하면 나는 무슨 대단한 수행을 한 것도 아닌데 어떻게 이러한 높은 성과를 냈을까? 설마 내가 천성적으로 타고난 근성이 너무 좋아서일까?, 라는 생각이 들었기 때문이다. 나는 평소 명예와 이익에 거리가 먼 많은 사람들이 나와 비슷한 생각과 의혹을 갖고 있으리라 짐작한다.

## 오관 법사(悟觀法師)는
## 무엇을 가리켜 탐욕·분노·어리석음이라고 하였나?

—

앞에서도 얘기했지만 나는 탐욕·분노·어리석음이 내 마음을 지배하는 주력군이라고 생각한 적이 없었다. 기껏해야 외곽의 순찰병 정도라고 생각했다. 그러던 어느 날 심수관음선사(深水觀音禪寺)의 주지이자 화판 대학 이사장인 비구니 오관 법사와 이야기를 나눌 기회가 있었다. 스님 은 당신이 탐욕·분노·어리석음에 대해 체득해 깨달은 경험에 대한 이 야기를 들려주었다.

그날, 심수관음선사에서 스님이 세심실(洗心室. 마음을 닦는 방이라는 뜻으로 우리나라로 치면 참선을 하는 방정도로 이해하면 된다 – 편집자)에 홀로 좌선 을 하고 있었는데, 내면에 수행이 진전되는 기쁨을 느끼던 바로 그때, 개미 한 마리가 소리 없이 탁자 위에 나타나서 천천히 이동하며 스님의 마음 세계를 어지럽혔다. 늘 깨끗한 것을 좋아하는 스님은 자기도 모르 게 소매를 흔들어 작은 개미를 털어내려고 했다. 이 순간 스님은 탐욕· 분노·어리석음의 본모습을 보았다. 세심실 안은 이미 충분히 깨끗했다. 개미 한 마리를 용납하지 못하는 것은 '욕심'이다. 그 개미가 만든 조그 마한 흠에 실낱같은 화가 느껴지는 것은 '분노'이다. 완벽한 청결에 대 한 아집은 '어리석음'이다.

이 얘기를 듣고, 원래 사람들의 마음과 생각이 처음 막 움직일 때, 이미 탐욕과 분노 그리고 어리석음에 떨어진다는 것을 나는 그제야 알 게 되었다. 이러한 생각들은 대부분 마음 깊은 곳에 숨겨져 있어서 알아채기 어렵다. 깨닫게 되었을 때는 이미 고통이 치성한 상태다. 만약 우리가 탐욕과 분노 그리고 어리석음을 멀리하고 완전히 달라지기를 바란다면 반드시 그 최초의 생각으로 돌아가 탐욕과 분노 그리고 어리석음의 모습을 살펴보아야 한다. 그래야 교란하는 힘을 송두리째 뽑아버릴 수 있다.

이 대화는 나에게 매우 큰 충격을 주었다. 사실 나는 줄곧 탐욕과 분노 그리고 어리석음이 가득한 고통의 바다에 빠져 있었으면서 자각하지 못했다는 것을 알게 되었기 때문이다.

탐욕은 명예와 이익을 탐할 뿐만 아니라 계속 더 많은 것을 얻으려는 마음이다. 나에게 있어서 가장 명료한 상태는 연구하고 집필하는 기간이다. 시간이 제한되어 있었기 때문에 항상 매일 조금 더 쓰려고 했고, 이 욕심은 쉽게 과로로 이어져 생체리듬의 균형이 깨지게 되었다. 이 발견이 충격을 주는 이유는 깨닫기 전까지 나는 줄곧 내가 학업에 전념하고 열심히 일해서 집필하고 연구하는 데 과로했던 것으로 생각했기 때문이다. 이러한 표면적인 해석에 만족하고 뿌듯해져서 스스로 대견하게 생각했다. 건강이 나빠진 것도 그다지 개의치 않았다. 그러나 근본을 돌이켜 따져보니, 욕심이 장난을 치는 것일 뿐이었다.

나는 학교 회의에 참여하면서 지루함을 느낄 때가 많았다. 그 시간에 더 의미 있는 일을 할 수 있다는 생각 때문이었다. 이것이 분노이다. 이전에는 이 화나는 마음을 보지 못하고 회의가 끝날 때마다 피곤함을 느꼈을 뿐이다. 그래서 나는 회의에 적합하지 않은 사람이라고 착각했다. 그렇기 때문에 언제나 회의에 대해 매우 큰 반감을 가지고 있었다.

사실 피곤함은 회의 내내 끊임없이 계속되는 부정적인 감정에서 기인하는 것이다.

그밖에, 내가 회의는 반드시 의미가 있어야 한다고 고집하는 것과 이러한 회의는 무의미하다고 여기는 견해는 모두 어리석음이다. 이러한 것들은 모두 원래 보지 못했던 문제들이었다. 그래서 공부하고 스스로 탐욕과 분노 그리고 어리석음을 검증하고 나서 줄곧 나를 힘들게 하는 문제의 근원을 보게 되었다. 그리고 그것을 본 것이 바로 변화하는 계기가 되었다.

생각을 바꾸고 회의에 참여하면서 동료들과 대화하는 시간이 자연스레 늘었다. 이렇게 하니 회의 자체가 별 의미가 없다 해도 심신을 안정시키는 효과는 있었다. 그리고 회의에서 진지하게 생각하고 토론에 참여하면 사실 학교에 기여하는 것도 있어서 회의가 다 무의미한 것도 아니었다. 연구하고 집필하는 일에 마음을 편히 먹고 많은 욕심을 내지 않으니 도리어 글이 더욱 잘 써졌다. 이렇게 생활하는 곳곳에서 탐욕과 분노 그리고 어리석음의 영향을 받은 곳을 찾아내고 성찰하며 자신이 변할 수 있다면 이고득락의 길로 성큼 나아갈 수 있다.

## 7

# 탐욕·분노·
# 어리석음이
# 어째서
# 고통의
# 근원인가?

불교는 탐욕과 분노 그리고 어리석음이 고통의 근원이라고 주장한다. 이점에 대하여 우리는 우선 논리적으로 그것이 타당한지 검토해 볼 수 있다. '정말 그럴까?', '왜 그런가?' 이렇게 사유한 결론이 어떻든 간에 우리는 고통의 근원을 더욱 뚜렷이 알 수 있게 된다. 더욱이 탐욕과 분노 그리고 어리석음이 고통의 근원이라면, 이것에 대해 생각하고 난 다음에는 이러한 고통에서 벗어나는 법을 더 잘 알게 될 것이다.

우선, 탐욕이 왜 고통의 근원일까? 한번 생각해보자. 우리가 다른 사람의 재산이나 아름다움을 탐내려고 할 때, 그저 얻지 못한다고 상상하는 것만으로도 고통스럽다. 왜냐하면 상상은 욕망을 불러오고, 욕망이 생기면 욕망을 채우려고 하고, 욕망을 채울 수가 없으면 고통을 느끼기 때문이다. 또한 정당하지 않은 방법으로 욕망을 추구하다 보면 다른 사람을 침범하거나 법을 위반하는 행동을 하기 쉽고, 이는 마찬가지로 화를 불러올 수 있기 때문이다. 그래서 탐내는데 얻지 못하는 것이 고통이다. 이 부분에 대한 추론은 문제가 없을 것이다.

그런데 반대로, 욕심이 채워진다면 고통스럽지 않을 뿐만 아니라 오히려 즐거울까? 만약 그렇다면, 이고득락의 가장 좋은 방법은 탐욕을 없애는 것이 아니라 오히려 탐욕을 채우려고 힘을 써야 하는 것이다. 그렇지 않은가?

## 고위 관료들은 탐욕을 즐겨도 되는가?

---

확실하다! 언뜻 듣기에 매우 일리가 있다. 그래서 사회에 많은 사람들이 이렇게 생각하고 이렇게 한다. 이것도 사람들이 돈과 권력을 추구하는 이유이다. 왜냐하면 이러한 것들은 사람이 탐욕을 채우는 데 가장 편리한 도구이기 때문이다. 그렇다면 다음과 같은 물음을 한번 던져보자. 권력이 있는 고위직이나 부자가 된 사람이 탐욕으로 인해 저지른 악덕한 일은 없을까? 주민들을 마구 짓밟고도 여전히 떳떳할 수 있을까?

분명히 이것은 위험한 것이다. 특히 현대사회에서는 법적인 처벌을 받을 수 있다. 설령 전체주의 시대에 독재자와 친분이 있다 해도 무사함을 보장할 수 없다. 그러면 자신이 독재자이며 욕망을 최고로 채워도 위험할 것이 없는 황제라면 욕심을 부려도 나쁜 무엇이 없을까? 여기에서 여러분은 '황제가 되면 정말 좋겠구나!'라는 생각이 들 것이다. 그러나 정말로 그럴까?

아마 불교도는 "안 돼! 그러면 업을 짓고 지옥에 떨어질 거야!"라고 할 것이다. 그러나 이러한 견해는 반드시 종교적인 믿음에 호소해야 한다. 현재 우리는 업력과 지옥이 반드시 존재한다고 주장할 객관적인 증거가 충분하지 않다. 그래서 이러한 견해는 신도에게는 아마 유용하겠지만 비신도에게는 설득력이 떨어진다. 게다가 사실 모든 불교 교리가 업보와 지옥에 관한 관념을 지지한 것은 아니다. 그러면 고통의 근원이 되는 것 가운데 하나인 탐욕은 억압받는 서민에게만 고통의 근원이 되는 것일까?

사실 결코 그렇지 않다. 아무리 독재자나 모든 권력을 쥐고 있는 황제가 업보나 지옥을 생각하지 않더라도 탐욕은 똑같이 고통의 근원이다. 주된 요인은 '탐욕은 불만의 근원이며, 불만은 끝없는 고통을 가져온다.'는 데 있다. 누구나 설사 정당한 경로로 욕망의 만족을 추구했더라도, 욕망이 충족되고 나서는 비록 즐겁겠지만, 이 충족을 위해서는 욕망이 갈수록 커져 채우지 못해 이르게 되는 고통에 대한 대가를 치러야 한다. 이고득락을 하려고 반드시 모든 욕망을 끊어야 하는 것은 아니지만, 적어도 어느 단계에서는 멈추어야 한다. 욕망에 계속 흔들리는 마음을 멈추는 것은 사실 곧 탐욕을 멈추는 것이다.

## 즐거움이 사라지는 고통[壞苦]은 탐욕의 즐거움이 지속될 수 없게 한다

—

예컨대, 현대인이 추구하는 행복과 즐거움을 예로 들어보자. 도대체 어떤 생활이 행복하고 즐거운 것일까? 나는 학창 시절에 오토바이 한 대를 갖고 싶어했다. 왜냐하면 오토바이가 있으면 버스를 기다리는 시간을 들이지 않아도 되고 마음대로 돌아다닐 수 있었기 때문이다. 그런데 막상 오토바이가 생기고 나니 비록 처음에는 기분이 매우 좋았지만 한참 지나자 곧 익숙해져서 그 즐거움이 줄어들었다. 겨울에 비가 오는 날이면 습하고 추워서 오토바이 타기가 몹시 괴로웠다. 그래서 자동차를 가진 사람이 부러웠다. 그런데 자동차를 갖게 되자 점점 자동차의 장점에 또 값비싼 차를 타면 훨씬 좋겠다는 생각이 들기 시작했다.

갖고 싶은 욕망과 상관없이 이 마음이 하루도 멈추지 않았다. 좋은 차를 사고 나면 요트나 비행기를 갖고 싶어 할지도 모르며, 심지어 언젠가 개인 우주선을 갖고 싶어 할지도 모른다. 우리가 끊임없이 내적인 갈망을 좇기만 하면 만족할 날이 없을 것이다. 여기에서 어떤 사람은 아마도 자신의 욕망은 그리 크지 않다고 생각할 것이다. 그러나 사실 나는 지금도 개인 비행기를 탈 생각을 해본 적이 없지만 다른 사람을 보면 나를 알 수 있다. 자신의 욕망이 크지 않은 것이 아니라 단지 시기가 되지 않았을 뿐이다.

기존에 충족된 욕망이 주는 즐거움은 끊임없이 줄어들 뿐만 아니라 새로운 욕망에 대한 불만족은 고통을 야기한다. 따라서 우리가 어느 단계까지 욕망을 채우든 간에 고통에서 벗어날 수 없다. 고통에서 벗어나려면 계속 더 많은 것을 갖고 싶어하는 욕심을 부리지 말고 욕심을 어느 단계에서 멈춰야 한다.

사람들은 항상 '내 욕망은 높지 않아. 조금만 더 있으면 나는 그것으로 만족해.'라고 생각한다. 그러나 사람들은 흔히 "옷장에 아무리 옷이 많아도 늘 입을 옷이 없어.", "행복은 멀지 않은 곳에 있지만 영원히 도달할 수 없어."라고 말한다.

고대에 불교를 수행한 사람들은 이러한 이상한 심리가 생활에 끊임없이 불만족의 고통을 가져다주고, 심지어 이러한 욕망을 추구하기 위해 애를 쓰며, 심지어는 부당한 수단을 써서 화를 불러오게 하는 것을 발견하였다. 그래서 고통의 근원을 따져보니 탐욕이 화를 부르는 것임을 깨닫게 되었다.

따라서 이고득락을 추구하는 과정에서 탐욕을 멈추는 것이야말로 우리가 진정으로 노력해야 할 목표이다. 그렇지 않으면 진시황(秦始皇)처럼 모든 것을 가졌지만 더 많이, 더 오래 가지기 위해 불로장생을 위한 약을 찾아다니다 결국 구하지 못해 실망과 실의에 빠져들 뿐이다. 결국 마음의 평안을 얻을 수 없으면 행복은 없다고 할 수 있다.

## 분노는 왜 고통의 근원일까?

—

그렇다면 '분노'는 또 어째서 고통의 근원일까? 이 문제는 오히려 간단하다. 왜냐하면 화내는 것(분노) 자체가 곧 불쾌한 일이며, 사람과 사람들 사이에 갈등을 일으키기도 쉽기 때문이다. 화내는 것을 최소한으로 줄일 수 있거나 심지어는 화를 내지 않을 수 있다면 당연히 생활이 훨씬 즐거울 것이다. 그러나 주의할 점은 화를 적게 내거나 화를 내지 않는 것이 결코 화를 억누르고 울분을 삼키는 것을 의미하는 것은 아니라는 것이다. 즉각 올라오는 분노는 참아내야 한다. 그것이 충돌을 피할 수 있는 능력이며 우리는 그런 능력을 길러야 한다. 하지만 참기만 하면, 그리고 그것이 오래되면 더 큰 문제가 생길 수 있다. 우리는 참는 것이 아니라 멈추는 능력을 길러야 한다. 이것이 가장 좋은 방법이다. 그래야 비로소 진정으로 이 고통의 근원에서 벗어날 수 있다.

그러나 여기에서 여러분은 아마 '분노를 멈추는 일이 가능한가?'라는 큰 의문이 생길 것이다. 화를 참고 성내지 않는 것도 어려운데 어떻게 그것을 가라앉힐 수 있을까? 당연히 이것은 매우 어려운 일이다. 수행하여 단련하지 않은 많은 사람들에게는 정말 불가능한 일이다. 그러나 고대 성현 대덕들이 많은 시행을 해보고 나서 우리가 불가능하다고 여기는 것들이 사실은 가능하다는 것을 깨달았다. 불법을 수행하여 자신을 변화시키면 분노는 더 이상 사람의 마음을 흔들지 못한다. 이는 또한 마음의 내면세계에 깊이 들어가 문제의 근원을 찾은 것에서 배태되어 나온 교설임을 알려주는 것으로, 불교의 탁월함을 보여준다. 이를 어떻게 실천해야 할 것인가에 대해서는 뒤에서 자세히 논하기로 하겠다.

## 어리석음은 왜 고통은 근원일까?

그러면 '어리석음'은 또 어떤가? 이 부분도 이해하기 매우 쉽다. 잘못된 사고와 그릇된 지식은 흔히 화의 근원이 된다. 가장 간단한 예를 들어보면, 그릇된 건강 관념이 고통을 야기하지 않을 수 있을까? 어떻게든 사고능력을 바로잡아 우리가 잘못된 지식을 배제하고 잘못된 추리를 줄이면 저절로 고통이 생기는 것을 줄일 수 있다.

더 중요한 문제는 어리석음과 집착은 서로 밀접한 관계가 있다는 점이다. 우리가 강력한 집착으로 인해 어떤 일을 내려놓지 못할 때는 보통 생각이 어떤 관념에 갇혀 벗어나지 못하기 때문이다. 만약 각종 허상을 간파하여 사고가 더욱 자유로워질 수 있게 하면 저절로 집착을 깨고 이고득락을 할 수 있을 것이다.

어리석음이 야기하는 고통에 관해서는 아마 서양 철학이라는 원과 불교라는 원이 겹쳐져 교집합을 이루고 있는 부분일 것이다. 서양 철학은 이 분야에서 많은 연구 성과를 냈다. 이런 서양 철학의 도움을 받으면 불교 공부를 하는 사람들도 다른 각도에서 많은 도움을 받을 수 있다. 어리석음[無明]의 통제를 벗어나면 이고득락할 수 있다. 이 부분은 10장에서 다시 자세히 논하기로 하겠다.

## 어떻게 탐욕과 분노, 그리고 어리석음을 멈추게 할 것인가?

—

탐욕과 분노, 그리고 어리석음이 고통의 근원이라면, 어떻게 그 근원을 끊고 이고득락을 할 것인가? 여기서 우리가 처음 부딪치는 문제는 그 근원을 끊는다는 것이 탐욕과 분노 그리고 어리석음을 없애자는 것을 말하는가?, 라는 점이다. 즉 마음속의 탐욕과 분노 그리고 어리석음을 완전히 없애버리는 것이다. 정말 그럴까?

탐욕과 분노 그리고 어리석음을 없애는 것은 당연히 한 번의 고생으로 영원히 편해지는 방법이지만, 말이 쉽지 막상 하려고 하면 어떻게 그렇게 할 수 있을까? 이는 그야말로 인간 본능에 도전하라는 말인가! 아마도 어떤 특수한 수행을 한 다음에 할 수 있을 것이다. 그러나 할 수 있다 해도, 분명 지극히 하기 어려운 수행이고 단시간에 절대 할 수 없으며, 사람마다 모두 도달할 수 있는 목표도 아니다. 만약 기어이 이러한 임무를 완수하려 한다면 반드시 실패할 확률이 매우 높을 것이다. 다음과 같은 점을 한번 생각해보자. 그 고통의 근원을 끊으려고 반드시 탐욕과 분노 그리고 어리석음을 끊어야 하는 것일까?

이 문제에 대하여 우리는 어리석음과 관련된 서양의 비판적 사고 교육을 참고할 수 있다. 사고의 오류로 인한 간섭을 우리는 어떻게 극복해야 할까? 잘못된 사고는 본능적인 것이다. 사람들의 타고난 논리적 사고력은 불완전하기 때문에 오류를 범하기 쉽고 뿌리를 뽑기도 매우 어렵다.

당신이 낯선 나라로 여행을 간다면, 그 나라에 대한 첫인상이 곧 그 나라에 대한 전체 모습이라고 생각할 가능성이 크다. 예컨대 마주친 사람이 매우 무례하면 그 나라 사람들은 매우 무례하다고 느낄 것이다. 우리가 가보지 않은 숲에 들어섰을 때 입구에서 독사 한 마리를 본다면 숲속에 온통 독사가 있을 것으로 생각할 것이다. 하나로 전체를 평가하는 이러한 식의 사고는 거의 바꿀 수 없는 우리의 인지본능이다. 수행을 통해 고치려 한다면 설령 해낼 수 있다 해도 반드시 온갖 고생을 해야 한다. 그러나 사실 이러한 선천적인 인지적 결함을 제거하려고 반드시 본능을 변화시켜야 하는 것은 아니다. 새로운 능력을 증가시켜서 본능에 의한 방해를 미리 막을 수 있다. 예컨대, 만약 그릇된 사고에 대한 예민한 신경을 단련할 수 있다면, 오류가 발생했을 때 즉시 그것을 찾아내어 오류가 우리의 사고와 의사결정을 방해하지 못하게 할 수 있다. 이렇게 하면 오류로 인한 고통을 상당히 차단할 수 있다.

따라서 탐욕과 분노 그리고 어리석음에 의한 고통에서 필사적으로 벗어나려고 해야 하며, 적어도 노력하는 첫걸음은 이와 같이 해야 한다. 마음의 내적인 움직임을 관찰하는 법을 배우고, 탐욕과 분노 그리고 어리석음에 대한 마음이 생기는 것을 탐지하는 예민한 신경을 훈련해내서 생각이 떠오르는 순간 낚아채 어지럽히는 것을 막아야 한다. 그러면 당분간 자신의 탐욕과 분노, 어리석음의 본능에 대해 고민하지 않아도 된다. 그것이 발현되면 탐욕과 분노, 어리석음에 사로잡힌 심리 작용을 이해하고 그것들이 이끄는 대로 따르지 않는 것만으로도 그것들이 야기하는 고통을 상당히 막을 수 있다.

따라서 탐욕과 분노, 어리석음을 멈추게 하려면 반드시 내면의 탐욕과 분노 그리고 어리석음을 없애야 하는 것이 아니라, 그것들이 작용하는 영향력을 멈추게 해야 한다. 정말로 나를 완전히 바꾸고 싶으면 탐욕과 분노 그리고 어리석음에 대한 본성을 지워버리는 것에 도전해보라. 아마 가능하다 하더라도 이것은 매우 어렵고 대단한 과정이 될 것이며 수행의 한 단계를 넘어갈 수 있는 도전이 될 것이다.

# 탐욕을
# 살피고
# 탐욕을
# 풀어라

불교는 고통의 근원이 탐욕과 분노, 그리고 어리석음이라고 본다. 이 말은 쉽게 '탐욕과 분노, 그리고 어리석음이 모든 고통의 근원'이라고 풀이될 수 있지만 이는 적절치 못한 해석이다. 그나마 적절한 해석은 '탐욕과 분노, 그리고 어리석음이 많은 고통의 근원이다.' 혹은 '탐욕과 분노, 그리고 어리석음은 고통의 주된 근원이다.'라고 할 수 있다. 필연적으로 어떤 고통은 다른 생각에서 기인한 것이다. 예컨대, 어떤 불교 경전에서는 고통의 근원이 탐욕[貪]·분노[瞋]·어리석음[癡]·교만[慢]·의심[疑]이라고 말한다. 원래의 삼독(三毒)에 교만과 의심이 더해졌다. 그러나 다섯 가지 항목으로 늘어났다 해도 이 오독(五毒)이 모든 고통의 근원이라고 이해하는 것도 적절치 않다. 분명히 이 안에 들어 있지 않은 것들이 있을 것이다. 예컨대 교만[慢]을 늑장을 부리는 것 혹은 나태하고 산만한 것으로 보는 사람도 있다. 나태하고 산만하면 자신이 맡은 업무를 소홀히 해서 자연스럽게 고통을 초래할 것이다.

불교의 주된 목적은 이론을 수립하는 데 있는 것이 아니라 실제 수행을 통해 체험하는 데 있다. 이론을 세우는 것은 논리가 모두 포함되었는지를 따져보아야 하겠지만, 실제 수행하는 데 있어서 이 문제는 결코 중요하지 않다. 이론이 탐욕과 분노 그리고 어리석음을 모두 극복했는데 아직도 그물을 빠져나온 물고기가 있다면, 그물을 빠져나온 고통을 계속 수행하는 것은 전혀 문제가 없다. 그리고 이론이 탐욕과 분노 그리고 어리석음조차 극복할 수 없어도, 실제 수행하는 데 있어서 탐욕과 분노, 어리석음이 모든 고통의 문제를 포함하는지 안 하는지는 조금도 중요하지 않다.

그러나 사람마다 타고난 성품과 자라온 환경이 다 달라서 누군가에게는 가장 큰 걸림돌이 탐욕과 분노 그리고 어리석음이 아니라면 그래도 괜찮다. 그 또한 상관없다. 불교를 참고하여 자신의 문제에 도움이 되는지를 보고, 먼저 자신의 가장 큰 걸림돌을 극복해가면 된다. 불교를 배우는 데 더욱 중요한 문제는 우리가 고통을 가져오는 이러한 자신의 마음을 어떻게 극복하는가에 있다. 탐욕과 분노 그리고 어리석음은 사람들 대부분의 공통된 걸림돌이기 때문에 불교가 먼저 우리를 이끌어 우리가 이 세 가지 독을 깨닫고 어떻게 '이고득락'할 것인지를 깨우치게 해야 한다. 먼저 '탐욕'을 살펴보자.

## 탐욕은 끊임없이 더 많은 것을 가지려 하는 생각이다

사람들은 티가 날 정도의 탐욕과 분노가 일어나게 되면 당연히 별다른 신경을 쓰지 않아도 알아챌 수 있다. 우리가 배워야 할 것은 마음이 미세하게 움직일 때 그것들을 파악해 조치를 취하는 것이다. 그러나 처음에는 사람들 대부분 자기 내면의 미세한 변화를 관찰하는 것에 서툴다. 어느 정도 분명한 심리 상태에서부터 스스로를 일깨워야 한다.

우선 '탐욕'의 특질을 분명히 알아야 한다. 탐욕은 끊임없이 더 많은 것을 가지려 하는 생각이다. 자아를 관찰하면서 더 많이 가지려는 생각을 탐욕보다 더 쉽게 알아챌 수 있기 때문에, 우리는 이러한 심리 상태를 탐욕을 알아채는 중요한 지표로 삼아야 한다. 그러나 더 많은 것을 추구하려는 모든 생각이 다 탐욕에서 기인하는 것은 결코 아니다. 예컨 대 우리가 남을 도와주기를 좋아하고 유기동물을 보살펴주기를 좋아할 때, 시간과 정신 그리고 금전적으로 부담할 수 있는 범위 내에서는 영원 히 많다고 꺼리지 않고 그 속에서 즐거움을 찾는다. 이러한 일을 더 많 이 하고 싶어 하더라도 탐욕으로 인한 것은 아니다.

탐욕은 적어도 마약 중독과 같은 욕망의 덫에 걸린 상태를 내재하 고 있다. 이러한 상태에서는 사람이 도덕에 위배되는 행동을 하기 쉽다. 특히 평소 소소한 이득을 탐하는 것이 몸에 배었을 경우, 이러한 마음이 가장 쉽게 보인다. 또한 상인들은 사람의 이러한 마음을 아주 잘 이용하 여 손님에게 쓸모없는 물건을 한 무더기 사게 하여 결국 고객이 손해를 보게 만든다. 평소 소소한 이득을 탐하는 것이 탐욕을 키우는 가장 큰 온상이다. 시간이 오래 지날수록 탐욕은 점점 커져 걷잡을 수 없게 된다.

자신의 탐욕을 극복하려면 탐욕이 일어나는 순간을 잡아낼 수 있 는 능력부터 훈련해야 한다. 처음에는 정확하게 탐욕을 알아내기는 어 렵겠지만, '줄곧 더 많은 것을 가지려고 하는' 마음은 꽤 쉽게 잡아낼 수 있을 것이다. 그래서 먼저 이러한 생각을 차단하고 나서 다시 탐욕인지 아닌지를 자세히 판단할 수 있다.

그러면 생활하면서 계속 더 많은 것을 가지려고 하는 이러한 생각 이 언제 나오는 것일까?

## 생활 속에서 자신의 모든 탐욕을 찾고 인식하라

—

이미 가지고 있는 것에 대해 스스로 만족하지 못하고 더 많은 것을 얻고 싶은 심리 상태를 알게 되었을 때, 탐욕의 작용이 아닌지 유념해야 한다. 예를 들면 우리는 로또 2등에 당첨되었을 경우 왜 1등이 아니지 하고 생각한다. 우리가 맛있는 음식을 먹을 때 좀 부족하다고 느끼면 근사한 호텔 레스토랑에서 먹으면 얼마나 좋을까 하고 생각한다. 우리가 이미 그런대로 괜찮은 월급을 받고 있을 때도 항상 월급이 조금 더 많으면 얼마나 좋을까 하고 생각한다. 시의원에 당선되어 권력을 누려보고 나서 국회의원에 뽑히면 얼마나 좋을까 하고 생각한다. 이와 같은 일들은 우리 주변에서 항상 발생한다. 자신이 '더 많이 소유하고 싶어하는 것'을 알게 될 때, 반드시 경각심을 가지고 내면에 마약 중독과 같은 욕망의 덫에 걸린 것은 아닌지 돌아보아야 한다. 나아가 이 생각이 우리를 공평하지 않고 정의롭지 못한 행동을 하도록 이끄는 것은 아닌지 돌아보아야 한다. 만약 생활하면서 시시각각 탐욕이 일어나는 것에 주의한다면 탐욕이 이는 첫 순간에 그것을 잡아내고 녹여버릴 수 있는 기회가 주어진다. 방법은 이러한 생각을 멈추는 것이고, 또한 이미 가지고 있는 것의 아름다움을 돌아보고 즉시 욕심을 떨쳐버리면 된다. 늘 이렇게 할수록 탐욕의 작용력은 줄어든다.

그런데 생활 속에서 자신의 탐욕을 발견하고 그것을 녹여버린 뒤에 기억해야 할 한 가지 중요한 일이 있다. 우리의 인식은 '무지에 호소하는' 사고의 오류를 범할 수 있다는 것이다. 즉 보이지 않는 것을 존재하지 않는 것으로 생각하여, 자신이 이미 내면의 모든 탐욕을 볼 수 있다고 착각하기 쉽다. 사실 탐욕은 항상 잘 숨어 있어서 발견하기 어렵다. 예컨대 살다보면 겉으로는 좋은 일처럼 보이지만 이면의 동기는 탐욕에서 나오는 것이 많다. 이러한 탐욕은 발견하기 매우 어렵다. 많은 연구자들이 더 많은 논문을 발표하기 위해 밤낮없이 노력하는 것처럼, 겉으로 보기에는 자신의 일에 온 힘을 다하는 것 같기도 하고, 세상 사람들을 행복하게 하는 것 같기도 하다. 그러나 내면의 동기는 명예와 이익만을 탐하고 있을 수 있다. 이러한 상황에서는 과로로 인하여 질병이 생기기 쉬울 뿐 아니라 논문을 조작하는 행위도 저지르기 쉬워진다. 실험을 하는 목적이 단순히 연구와 세상 사람들을 행복하게 하는 데 있다면 분명히 조작을 하지 않을 것이다. 왜냐하면 조작은 무의미한 것이기 때문이다. 그저 온갖 어려운 문제를 어떻게 극복해야 할지만을 생각할 것이다. 그러나 진정한 내면은 명예와 이익을 추구하는 것이라면, 나쁜 길로 빠져들어 발을 한 번 잘못 내디딘 것으로 패가망신할 위험을 초래하기 쉽다. 만약 처음부터 이 탐욕의 힘을 발견하고 따르지 않을 수 있다면 잘못된 길로 빠져들 잠재적 위험을 줄일 수 있다.

## 더 많은 명예와 이익을 추구하는 것이
## 반드시 탐욕은 아니다

물론 명예와 권력을 적극적으로 추구한다 해도 그 모든 것이 반드시 탐욕에서 나온 것은 아니다. 예를 들어, 월급이 쓰기에 현저히 부족해서 더 많기를 바라는 것이 꼭 탐욕스러운 것만은 아니다. '쓰기에 부족한' 이것이 도대체 어떻게 쓰기에 부족한 것인지 살펴보아야 한다. 만약 어떤 것을 탐내기 때문에 쓰기에 부족하다면, 그것은 마찬가지로 탐욕이다. 하지만 만약 돈이 필요한 이유가 생활을 위해서이거나 이념을 위해서이거나 혹은 더 의미 있는 다른 일을 위한 것이라면, 이것은 탐욕이 아닐 가능성이 높다. 고위직에 오르려는 것이 권력을 탐하기 때문이라면 이것은 탐욕이다. 하지만 만약 단순히 국민을 위해 일할 기회를 더 많이 갖고, 사회를 개혁하고, 사회에 기여하는 커다란 일을 하려는 것이라면, 이것은 탐욕이 아닐 가능성이 더 높다. 사람들이 지식을 탐구할 때도 마찬가지다. 넘치는 호기심에 항상 더 많은 것을 알고 싶어할 수 있다. 이러한 생각은 비록 영원히 채워지지 않는 갈증이 있긴 하지만 지식과 지혜의 근원을 찾는 것이니 탐욕이라고 할 수 없다. 물론 바라보는 입장에 따라 이걸 탐욕이라고 생각할 수도 있다. 하지만 적어도 우리가 살펴보고 있는 고통을 야기하는 탐욕은 아니다. 이건 고통의 근원인 탐욕, 분노 그리고 어리석음에 해당하지 않으며, 이고득락을 위해 멈추어야 할 부분도 아니다.

## 탐욕의 판단 기준

우리가 계속 더 많은 것을 바라는 생각을 한다면 다음과 같은 두 가지

기준을 적용해보고 그것이 정말 탐욕인지 아닌지 판단해볼 수 있다. 첫째, 부적절한 방법으로 추구하려는 것인가? 둘째, 추구하지 못할 때, 부정적인 느낌이 일지 않는가? 이런 느낌이 인다면 그건 탐욕이다. 이게 바로 탐욕의 특징이다. 어떤 물건을 탐할 때, 보통 정당하지 않은 방법으로 얻으려 하고, 또 얻을 수가 없으면 상실감 같은 부정적인 감정이 생길 수 있다. 한 번에 이 두 가지가 모두 없다면 '더 많은 것을 추구하는' 이러한 마음가짐은 그나마 탐욕에 해당하지 않는다. 그렇지 않다면 탐욕에서 비롯된 동기일 수 있다. 만약 탐욕에 이끌려 정당하지 못한 방법으로 무언가를 추구하면 자신과 남에게 해를 끼치고 위험한 경지에 처하게 할 수 있다. 탐욕에 의해 무언가를 추구하는 경우 그것을 얻든 얻지 못하든 간에 영원히 진정으로 만족할 수가 없다. 또한 탐욕에 단단히 사로잡힌 상태는 그 자체가 바로 고통이다.

지혜롭게 관찰하여 자신의 탐욕을 분명히 살피면 그것이 고통의 근원임을 이해하게 되며, 탐욕에 복종하는 원동력을 멈추게 하면 평온한 내면의 세계로 돌아가게 된다. 그러면 곧 차츰 탐욕의 굴레에서 벗어나 이고득락의 길에 오를 수 있다.

# 9

## 분노를
## 보고
## 분노를
## 풀어라

분노는 화를 내고 성내는(노여워하는) 것이다. 이것은 상당히 분명한 정서이기 때문에 발견하기는(알아채기는) 탐욕보다 더 쉽지만 벗어나기는 탐욕보다 훨씬 더 어렵다. 우리가 탐욕을 알아챌 수 있을 때, 원하기만 하면, 적어도 당장 탐욕의 원동력을 막을 수 있다. 그러나 분노는 매우 다르다. 마치 껌이 신발 바닥에 붙은 것처럼 떼어내기 매우 어렵다. 그러나 이것은 나의 생각이고, 사람에 따라 다를 수 있다.

중국 드라마 〈철치동아 기효람〉(鐵齒銅牙紀曉嵐. 국내에는 〈기효람〉이라는 제목으로 방영된 총 40부작 중국 드라마다 – 편집자) 속에 재미있는 한 장면이 기억난다. 그 장면에서 탐관오리 화신(和珅)이 이미 뇌물수수 사건으로 위험에 빠졌으나 또 참지 못하고 부정한 돈을 받았다. 받자마자 후회하고 자신의 손을 보며 '이것을 잘라버려야지.' 하고 말한다. 손을 탓하는 것이다. 하지만 사실 진짜 뇌물을 받은 것은 손이 아니라 손을 부리는 사람이다.

내가 이 드라마에 경각심을 느끼지 않고 흥미를 느꼈던 까닭은 뇌물을 거절하는 것이 내게는 상대적으로 쉬운 일이라 화신처럼 그렇게 마음에 갈등이 가득찰 수 없기 때문이었다. 거절하고 싶으면 거절하는데 마음에 거리낌이 없다. 뇌물을 받는 것은 탐욕이 작용하는 것이다. 아마도 탐욕이 나에게 미치는 영향력은 꽤 적을 것이다. 그러나 정말로 어떤 사람은 화신처럼 탐욕이 작용하지 못하게 하는 수행은 대단히 어려운 것이라고 생각할 수도 있다.

반대로, 나는 늘 분노에 휩싸여 있다. 그걸 마음속에서 털어내기 어렵다. 그러나 다른 사람에게는 이것이 도리어 문제가 되지 않을 것이다. 이러한 차이는 타고난 개성, 후천적인 교육과 경험뿐만 아니라 심지어 생활 습관까지도 영향을 미친다. 그러나 아무래도 좋다. 좋고 나쁨이란 없다. 사람과 사람 간의 비교도 그리 큰 의미가 없다. 어차피 모든 사람이 자기의 어려움에 맞추어 변해가야 한다. 탐욕과 분노 그리고 어리석음의 지배에서 벗어나기 시작할 수 있다면 이고득락의 삶으로 나아가기 시작할 것이다.

## 지혜를 높여 분노를 극복하라

자신에게 분노의 마음이 일어나는 것을 알아챘다면 어떻게 극복해야 할까? 분노의 마음을 극복하는 것은 대략 두 가지 방면에서 시작할 수 있다. 첫째, 지혜를 향상시키는 것이다. 화내는 이면에는 보통 이유가 있는데, 어떤 이유이든 간에 불교에서 해석하기는 모두 물거품 같은 환상이다. 다시 말해서 모두 일종의 집착인 것이다. 관념적인 집착을 내려놓기만 하면 분노의 마음을 가라앉힐 수 있다. 이 부분은 지혜가 성장하는 것에 해당한다. 불교를 수행함에 따라서 지혜를 향상시키면 점차 효과를 거둘 수 있다.

불교의 지혜가 있는 사람일수록 화를 쉽게 내지 않는다. 사실 사람들이 성장하는 데는 모두 이러한 과정을 거쳐야 한다. 주위의 사람들 가운데 어떤 사람은 특별히 어떤 일에 신경을 써서 그 일에 특히 화를 잘 낸다는 것을 안다. 그걸 이해하게 되면 아마 잔잔한 호수 수면 위에 떠

있는 밝은 달처럼 전혀 개의치 않을 것이다. 자신의 어린 시절을 생각해 보자. 낮잠 시간에 옆 짝꿍의 팔꿈치가 책상 중앙선을 넘어오면 엄청 화가 났던 것처럼, 어떤 일에 대단히 신경을 썼을 것이다. 그러나 어른이 되고 나서 돌아보면 그러한 마음이 가소롭게 여겨질 것이다. 이러한 것들이 모두 지혜가 향상된 것이다. 이러한 성장 궤적을 계속 따라가기만 하면 화내는 일은 갈수록 줄어든다.

다시 말해서, 성장하면서 지혜는 삶의 이력에 따라 향상될 것이다. 물론 이것은 옳은 방향으로 갈 때이고, 때로는 방향이 잘못되면 내심은 오히려 갈수록 분노하기 더 쉬워진다. 그런데 불교는 우리가 옳은 방향으로 나아가도록 이끌 수 있고 더 멀리, 더 깊이, 더 빨리 갈 수 있도록 해준다.

일본의 상좌부불교협회(上座部佛敎協會) 장로(長老)인 알루보물레 스마나사라(Alubomulle Sumanasara)는 『화를 다스리면 인생이 달라진다』에서 특히 사람들이 분노의 방해를 받을 때 불교는 그것을 어떻게 완화시키는지에 대하여 강조하고 있다. 그 가운데 한 가지 중요한 관건은 화내는 이면에는 항상 일종의 집착, 즉 '자신이 반드시 옳다고 생각하는 것'이 있다는 것이다. 그런데 문제는 자신이 반드시 정확하다고 생각하는 것이 실제로는 일종의 무지의 표현이라는 점이다. 따라서 '무지가 화를 초래한다.'는 말은 실제로 지당한 명언이다.

우리가 조금만 더 지혜로워지면 자신이 반드시 정확하다고 확신하는 것이 사실 대단히 위험한 것임을 알 수 있다. 특히 삶의 여러 가지 관점에서 깊이 생각해보면 표준이 되는 정답은 결코 없음을 알게 된다.

표준이 되는 정답이 없는데 어떻게 자신이 반드시 정확한지를 판단하겠는가? 여러 가지 관점이 흔들릴 정도로 생각을 깊이 할 수 없다고 하더라도, 사실 자신의 지식과 지혜는 모두 한계가 있음을 알기만 하더라도, 자신이 반드시 옳다고 여길 만큼 오만해지지는 않는다. 이러한 상황에서 스스로 옳다고 여기는 표준에 근거하여 다른 사람이 무엇을 잘못했다고 생각하기는 쉽지 않다. 그 무지함을 아는(자신이 아는 것이 부족함을 아는 것) 지혜가 있기만 해도 쉽게 분노하지 않는다. 더구나 사람과 사람 간에는 쉽게 오해가 생긴다. 진실한 상황을 분명히 알기 전에 모든 분노는 모두 무지한 것이며 터무니없는 것이다.

　따라서 일상생활 속에서 수행하는 방법은 화가 날 때마다 내면을 돌이켜 도대체 내가 무엇을 반드시 옳다고 생각해서 이러한 분노가 생긴 것인가를 찾아가는 것이다. 먼저 스스로 옳다고 여기는 그런 표준을 찾아내어 곰곰이 돌이켜보아도 실제로 문제를 찾아내지 못하겠으면, 먼저 철학을 배운 친구를 찾아가 이야기해보기를 권한다. 그래도 해결되지 않으면 학교나 지역사회에서 하는 철학 수업을 듣거나 철학 토론회에 참가하여 직접 철학자들과 토론하는 것도 생각해 볼 수 있다. 그러면 철학자는 반드시 당신에게 이 관점이 왜 틀릴 수 있는지 설명해줄 수 있을 것이다. 그래도 자신에게 문제가 없고 자신의 관점이 맞다고만 생각한다면, 축하드린다. 당신은 하나의 획기적인 학설을 찾은 것이다. 왜냐하면 수천 년 동안 우리는 아직 화를 낼만 하면서도 전혀 의심할 수 없는 것을 찾지 못했기 때문이다.

　이외에 반드시 정확하다고 확정할 수 없지만, 어떤 관점은 그래도 대단히 신뢰할 만하다. 예컨대, 만약 어떤 사람이 단지 재미로 작은 동물을 학대하는 것을 보았다면, 철학에서는 여전히 그것이 반드시 잘못된 행동이라고 장담할 수 없지만, 이러한 행동을 지지할 만한 어떤 이론도 없다. 그러나 그렇다 해도 혹시 그 안에 어떤 오해가 숨어 있을 수 있기 때문에 문제는 여전히 남는다. 재미 삼아 하는 것은 아닌가? 사실 우리가 모르는 다른 속사정이 있는 것은 아닌가? 가능한 한 오해하지 않는 상황에서 근원을 깊이 캐고 나면 이따금 범인을 동정할 만한 일면을 보게 된다. 비록 여전히 인정은 못하지만 분노는 결국 가라앉는다.

이것이 '앎[知]' 방면에 해당되는 수행이다. 깊이 있는 사고를 거쳐 의심해보거나 우리가 당연하게 여겨서 쉽게 분노를 일어나게 하는 생각을 부정해보자. 아마 지속적으로 분노를 일어나는 일이 많이 줄어들 것이다.


## 정력(定力)으로 분노의 작용에서 벗어나라

'앎[知]'에 해당하는 첫 번째 수행 이외에, 두 번째 방법은 실천 공부이다. 실행하기는 좀 어렵지만 대단히 중요한 '정(定)'에 해당하는 수행이다.

불교의 '삼무루학(三無漏學)'의 관점에 근거하여 탐욕과 분노 그리고 어리석음을 극복하는 주된 방법이 바로 계(戒)·정(定)·혜(慧)이다. '계(戒)'는 자신이 어떤 일을 하지 못하도록 하는 것으로 자기 행동을 통제하는 능력에 속한다. '혜(慧)'는 자신이 여러 가지 일들을 똑바로 보도록 하는 것으로 자기가 잘못된 생각을 하지 않도록 하는 능력에 속한다. 그리고 '정(定)'은 움직이지 않는 마음이며, 고요히 멈추어 흔들림이 일어나지 않게 하는 것으로 자신의 내면을 통제하는 능력에 속한다.

분노하는 마음에 대하여 말하면, '계'는 우리로 하여금 분노하는 마음이 분노의 행동을 하지 않도록 하는 것이다. 그리고 '혜'의 작용은 바로 앞에서 말한 잘못된 생각이 빚어내는 분노를 피하게 하는 것이다. 마지막으로 '정'은 분노가 일어나지 않게 하고 분노를 멈추게 하는 능력을 훈련해내는 것이다.

우리가 언제든지 무엇 때문에 화가 날 때, 특히 감정이 북받쳐 이성적으로 생각하기 어려울 때 사고를 가장 잘 친다. 무슨 말을 하든, 무엇을 하든 간에 모두 자기와 타인에게 큰 폐를 끼칠 수 있다. 이러한 때, 감정을 가라앉혀야 할 뿐만 아니라 '계'를 지키는 마음으로 자신에게 행동에 옮기지 못하도록 해야 한다. 가장 좋은 것은 그것을 녹여 없애버리는 것이다. 녹여 없애는 방법은 이성에 호소해서 지혜로 풀어내는 것 이외에 마음을 다스리는 방법도 있다. 생각하지 않는 상황에서 그대로 분노를 달래는 것이다. 쉽게 말해서 그것을 무시하거나 개의치 않거나 내버려두면 바람 빠진 풍선처럼 분노가 까마득하게 사라질 것이다.

이러한 정력(定力)은 언뜻 듣기에 매우 불가사의한 것 같지만 이론적으로 단련해 낼 수 있는 능력이다. 불교 수행자는 평소 좌선을 통해 잡념을 가라앉히고, 심지어 선정(禪定)에 이르는 공부를 연마할 수 있다. 이러한 공부로 일상생활 속에서 분노를 다스릴 수 있다. 나 역시 이렇게 해서 분노를 멈춘 경험을 한 적이 있다. 누구나 분명히 해낼 수 있다.

이러한 능력은 평소 분노가 적을 때 바로 단련을 시작해야 성공하기 쉽고 요령을 터득하기 쉽다. 화가 났을 때는 어떤 것도 잠시 생각할 필요가 없다. 특히 누가 옳고 누가 그른지 생각하지 말아야 한다. 이 절차는 매우 중요하다. 특히 우리가 어떤 관념 속에 빠졌을 때는 생각할수록 화가 나기 쉽다. 그런데 생각하지 않으면 감정을 계속 자극하지 않을 수 있다. 대개 화가 나면 혈관이 확장되고 심장박동이 빨라지며 머리가 어지럽다. 하지만 화나게 하는 사고의 소용돌이에서 벗어나면 이런 생리적 반응이 가라앉게 된다. 그리고 분노했던 심리 상태는 잠시 누그러진다. 생각 속에서 계속 분노를 북돋우지 않는 한 생리적 반응은 저절로 가라앉을 것이다. 불쾌한 감정은 세찬 바람이 지나가고 바람이 멈추면 나부끼던 나뭇잎이 멈추는 것처럼 잠잠해질 것이다.

이 수행을 처음 시작했을 때는 효과가 없다고 느낄 수도 있다. 그래도 괜찮다. 낙담할 필요가 없다. 모든 사람이 다 똑같을 것이라고 나는 생각한다. 사실 사람들은 끊임없는 연습을 통해서만 익힐 수 있는 것을 배울 때, 처음에는 아무런 효과를 느끼지 못한다. 늘 영원히 배울 수 없을 것 같은 착각을 하기도 한다. 자전거 타는 법을 배울 때처럼, 처음에는 끝내 영원히 배우지 못할 것 같은 생각이 든다. 그러나 어느 정도 계속 노력하다 보면 조금씩 나아지는 것 같기도 하고, 뭔가 모를 요령을 터득한 것 같음을 느끼게 된다. 자전거 타는 연습을 계속하다 보면 점점 더 능숙해지고, 갈수록 자신감도 더 생기게 된다. 철학에서 일반적으로 '실천적 지식'이라고 하는 이러한 종류의 지식은 반드시 실천을 통해서만 습득할 수 있는 지식이다.

분노를 자제하는 실천적 지식에서 나오는 이러한 능력은 일반적으로 우리가 EQ라고 부르는 능력과 비슷하다. 그리고 이러한 능력을 단련하는 것은 우리의 마음을 더 자유롭게 해주기 때문에 불교를 배우는 수행 과정에서 대단히 유용한 기본기이다. 자유로운 마음이 없으면 진정으로 더 깊이 있는 수행으로 나아갈 수 없다.

## 내관(內觀)으로 분노의 마음을 멈추어라

—

앞에서 이야기한 알루보물레 스마나사라는 분노를 가라앉히는 데는 마음 가라앉힘[定心] 수행 이외에도 '내관법(內觀法)'이 유용하다고 말한다. 내관법 역시 석가모니 부처님이 전한 것으로, '바로 지금 이 자리의 몸과 마음을 관조(觀照)하는 것'이다. 즉 화가 난 바로 지금 자신이 화내는 것을 보고, 자기 마음속의 화를 자세하게 관찰해가면 '알고 보니 이것이 바로 화가 난 것이었구나!', '알고 보니 화가 나면 이러한 지나친 생각을 할 수 있겠구나!', '알고 보니 화가 날 때 심장박동이 빨라지는구나.' 알아채는 것이다. 이처럼 마음속의 변화, 느낌, 생각을 분명히 이해할수록 분노의 마음은 구름이 걷히듯 더 쉽게 사라진다. 마음 가라앉힘[定心]과 내관법 두 가지는 사실 병용할 수 있다. 왜냐하면 충분한 마음의 가라앉힘이 없으면 분노했을 때 내면을 관찰하는 것[內觀]은 매우 어렵기 때문이다. 적어도 먼저 자신이 마음속을 분명히 이해하고 나서야 자신이 내면을 관찰할 수 있다.

그런데 사람들은 항상 잘못된 관념으로 스스로 분노를 내려놓지 않으려 한다. 그것은 바로 분노가 곧 상대방을 벌주고 있는 것이라고 착각하기 때문이다. 만약 화내지 않으면 상대방을 편하게 하는 것 아닐까? 내가 상대방을 생각해서 왜 이렇게 힘들게 수행을 해야 하나? 그러나 이것은 분명히 잘못된 관념이다. 왜냐하면 당신이 화내는 것은 상대방에게 아무런 영향을 주지 않지만, 반면에 화가 나면 매우 불쾌해지고 벌 받는 것은 자신이기 때문이다. 정말로 상대방을 벌주고 싶거나 진짜로 그럴 필요가 있다고 여겨지면 전혀 화를 낼 필요 없이 이성에 기대야 한다. 특히 교육자는 더욱 주의해야 한다. 화가 났을 때 가르치는 것은 보통 더 나쁜 결과를 초래하기 쉽다. 화를 내지 않고 가르칠 방법을 고민한 다음에 잘못을 저지른 사람을 처벌하면 종종 목표를 더 잘 달성할 수 있다. 그래서 자신이 화를 내지 않게 하는 능력이 사실 오히려 가장 좋은 대답을 찾아낼 수 있는 방법이다.

화내는 것이 상대방이 당신을 두려워하기를 바라는 것이라면, 그러면 한번 생각해보자. 당연히 화를 내야 하는데 화를 내지 않아 그의 마음속에 어떤 생각이 있는지 모르는 사람을 우리가 만났을 때 훨씬 더 무섭지 않은가?

**⑩**

# 어리석음을
# 보고
# 어리석음을
# 없애라

'어리석음[痴]'은 쉽게 말하면 사리에 밝지 못한 것이다. 불교에서는 보통 '무명(無明)'이라고 한다. 그런데 이 고통의 근원을 풀기는 매우 어렵다. 가장 어려운 점은 바로 첫 단추인 '그것을 알아채는 것!'이다. 왜냐하면 자신이 사리에 어둡다고 생각하는 사람은 없으며, 사리에 밝지 못한 것은 남이지 자신이 아니라고 생각하기 때문이다. '어리석음'의 문제는 눈에 잘 보이지 않는다. 문제가 보이지 않으면 문제를 해결할 수가 없다.

## 이지(理智)로 자신의 어리석음을 알라

자신의 어리석음을 보는 것은 정말로 어렵다고 생각하지만 '자신에게 이 문제가 있을 수 있다는 추측에' 이르는 것은 오히려 간단하다. 그렇기 때문에 그곳을 출발점으로 삼을 수 있다. 마치 자신이 병에 걸렸다고 생각하는 사람이 병원에 가서 신체검사를 꼼꼼하게 받는 것과 같다. 자신의 문제를 발견할 기회가 더 많아지는 것이다.

우선, 우리는 자신에게 '어리석음'의 문제가 있는지 어떻게 판단할까? 불교에서는 최고 기준의 성불 단계에 도달하지 않는다면, 진정으로 사리(事理)를 완전히 아는 사람은 없다고 말한다. 따라서 의심의 여지없이, 아직 성불하지 않았다면 모든 사람이 다 이해하지 못하는 사리가 있다. 다만 정도가 다를 뿐이다. 아직 앎이 부족해야 미지(未知)의 세계에 발을 들여놓을 수 있다.

자신이 이미 성불했는지를 판단하는 것은 매우 간단하다. 자신이 아직 번뇌가 있는가를 보고, 만약 있다면 그것은 아직 성불하지 않은 것이다. 비록 아직 나의 무명(無明)은 보이지 않지만 마음속에 무명의 존재가 있음을 믿는다면, 더 강한 동기를 가지고 그것들을 찾아갈 것이다. 이것이 바로 하나의 좋은 출발점인 것이다.

그러나 우리가 불교를 배우기 위해서 자신이 사리에 어둡다는 것을 믿는다 해도 자신의 '어리석음'에 대한 진보에 있어서는 여전히 커다란 한계가 있다. 만약 자신의 무명을 단지 '믿기만 하고', '본 것'이 아니라면 사리를 이해한 쪽으로 힘써서 진정으로 난국을 타개할 수 없을 것이다. 자아를 인식하는 데 있어서 중요한 부분에 속하는 자신이 이해하지 못한 사리를 보는 것 그 자체도 이루기 어려울 것이다. 이 또한 서양 철학자 소크라테스가 대단히 강조한 '무지(無知)의 지(知)'의 지혜이다.

## 소크라테스의 '무지의 지'의 지혜

—

소크라테스는 자신이 무지함을 아는 것은 매우 중요한 철학적 지혜라고 보았다. 그러나 여기에서 말하는 '무지(無知)'를 '아무것도 모른다.'라고 해석하는 것은 적당하지 않다. 우리는 분명히 많은 지식을 습득했는데 어째서 자신이 아무것도 모른다고 말해야 할까? 어떤 사람은 소크라테스가 매우 겸손했기 때문이라고 말한다. 그러나 소크라테스가 겸손했기 때문이라는 건 지나친 억지이고, 변론은 사실과 현저히 부합하지 않아서 진리 추구를 목표로 하는 철학자가 하는 주장 같지 않다.

'무지'에 대한 보다 나은 해석은 사람마다 모두 어떤 사물에 대하여 실제는 이해하지 못하지만 스스로 잘 이해한다고 여기고 있는 때이다. 이 내적인 측면을 보는 것이 바로 '무지의 지'의 지혜이다. 즉 자신이 원래 잘 안다고 생각하지만, 실제로는 알지 못하는 능력이다. 어느 날 하나를 발견할 수만 있다면 여전히 앞으로 커다란 기회가 있고, 아직 발견되지 않은 다른 무지가 있다는 것을 알게 될 것이다. 이 경지에 이르면 자신이 '스스로 안다고 여기는 것'에 대해 경계심이 생기게 된다.

이러한 무지는 사회 구석구석 가득하여 우리는 다른 사람의 이러한 심리 현상을 쉽게 볼 수 있다. 특히 자신의 특기에 대하여 말하면, 다른 사람의 무지를 보고 자신이 옳다고 여기기는 쉽지만 자신의 무지를 보는 것은 매우 어렵다.

예를 들면, 대부분의 부모들은 아이는 어떠어떠해야 한다는 부모의 기준을 가지고 있고, 그런 관점에 따라 아이를 가르친다. 설사 이미 역효과가 나고 심지어 아이와 갈등을 빚어도 여전히 자신이 가지고 있는 '부모의 기준'에 대하여 투철한 믿음을 가지고 있다. 이러한 믿음은 도대체 어디에서 나오는 것일까?

설령 진정한 교육 전문가일지라도 마찰이 빚어지면 자신의 교육 이념이나 교육 방법이 잘못된 것은 아닌지 즉시 되돌아보게 된다. 그런데 교육 이론조차도 읽어보지 않은 거의 대부분의 부모들은 도대체 왜 자신의 생각에 저렇게 대단한 자신감을 갖고 있는 것일까?

그밖에, 우리는 인터넷에서 정치적 입장을 달리하는 사람들이 서로 공격하고 욕하는 것을 볼 수 있다. 그런데 그들 중에 아마 일상에서 나쁜 사람은 하나도 없을 것이다. 어쩌면 자기 주변에 가까운 친척이나 친구들에게는 다 온화하고 선량하게 대할 수도 있다. 그러면 어째서 인터넷에서는 그런 표현을 하는 것일까? 그것은 그들이 자신의 '정치적 올바름'에 대하여 확신하기 때문이고, 반대 입장에 있는 사람을 적대적으로 대하기 때문이다. 그런데 이러한 신념은 도대체 어디에서 나오는 것일까? 사고력이 매우 강한 철학자일까? 아니면 정치에 대해 깊이 언구한 학자일까? 거의 대부분의 사람들은 그렇지 않다. 그리고 설령 철학자나 정치학자라도 학술대회에서도 이렇게 강한 자신감을 표현하는 사람은 없다.

따라서 매우 분명한 점은 이러한 자기 확신은 결코 권위 있는 지식에서 나오는 것이 아니라는 것이다. 무지에서 나온 것이다. 그리고 자신의 무지함도 모르는 데서 나오기 때문에 그렇게 강한 자심감이 있는 것이다. 이러한 무지한 지식은 아무런 가치도 없는 갈등을 일으키고 화근을 만들기 쉽다. 생활 속에서 매우 주된 번뇌의 근원인 것이다.

자신에 대한 여러 방면의 무지를 살피는 법을 배우면 여러 가지 어리석음[無明]에서 벗어나 이고득락에 나아갈 수 있다.

이러한 어리석음[無明]을 찾는 방법에 있어서 '스스로 믿는 마음'은 아주 중요한 단서가 된다. 우리가 어떤 사물에 대하여 스스로의 믿음이 있을 때, 이 스스로의 믿음이 권위 있는 전문 지식에서 나오는 것인지, 아니면 빈 수레의 요란한 소리나 수박 겉핥기식의 무지한 마음에서 나오는 것인지 생각해보아라. 조금밖에 모르면 스스로 믿는 마음도 조금 가져야 하고, 전문가면 전문가 수준의 스스로 믿는 마음을 가져야 한다. 그러나 전문가도 자신이 틀릴 수 있다는 것을 알기 때문에 스스로 믿는 마음이 항상 그다지 강하지 않다. 무지한 자만이 신처럼 행동할 수 있고, 자신은 틀리지 않을 것이라고 생각한다. 자신의 확신과 갖추고 있는 지식 수준이 일치하지 않는 것을 보게 되면, 반드시 경각심을 가져야 한다.

## 무명의 서로 다른 단계

—

근본적으로 무명을 벗어나려면 무명을 두 단계로 나누어 생각해보아야 한다. 첫 번째 단계는 서양 철학의 논리와 비판적 사고에 가까워 비교적 이해하기 쉽다. 하지만 상대적일 뿐 사실 쉬운 편은 아니다. 두 번째 단계는 불교에서 비교적 중요시하는 사물의 본질에 대한 잘못된 인식에 해당한다. 이 두 단계 역시 사람의 마음을 탈바꿈하는 관건이며 더욱 심오한 지혜에 속한다. 대부분의 불교 경전도 이 분야를 전문적으로 다루고 있어 학습 난이도가 비교적 높다.

우리는 불교 서적을 읽을 때 심오하여 이해할 수 없는 경우가 많다. 우선은 이해할 수 없는 전문 용어들 때문이며, 그것을 제외하면 대부분은 불교가 말하는 것이 이미 세속적인 세계관에서 벗어나 완전히 다른 각도로 세계를 보고 있기 때문이다. 우리가 기존의 세계관에서 벗어날 수 없으면 이러한 불교 사상들을 이해할 수 없는 것이다.

그러나 '어리석음'이란 고통의 근원에서 벗어나려면 반드시 세속적인 세계관에서 벗어나는 것을 출발점으로 삼아야 한다. 이 부분은 서양 철학의 논리와 비판적 사고를 배우는 것이 도움이 된다.

## 논리와 비판적 사고를 배워서
## 첫 번째 단계의 무명을 극복하라

—

간단히 말해서, 사람들이 타고난 논리적 사고는 결코 완벽하지 않고 허점이 많아 그럴듯하지만 잘못된 추리를 하고도 스스로 알지 못하는 경우가 많다. 우리가 잘못된 추리로 형성된 잘못된 지식에 근거하여 생활하게 되면 이것이 화근이 되어 고통이 되기 쉽다. 따라서 이러한 그럴듯하지만 잘못된 추리를 분별하는 법을 배우고 예민한 시각으로 발견하고 그것들을 피하면, 재난이 될 일을 상당히 막을 수 있다.

철학자들은 이러한 그럴듯하지만 잘못된 추리를 '오류'라고 일컫는다. 그러고 나서 이를 몇 가지로 나누는데 이러한 특징들을 통해 일상생활에서 실수를 탐지하는 예민성을 기른다. 즉 '실수탐지신경'이라고 하는 것을 향상시키면 오류로 인해 혼란이 이는 것을 방지할 수 있다. 일상생활에서 흔히 보이는 오류는 앞에서 언급했던 '일부로 전체를 평가하는 것'이며, 일부로 전체를 평가하는 특징이 바로 '소수로 다수를 개괄하는 것'이다. 우리는 자신이 소수로 다수를 개괄하는 식의 추리를 하고 있는 걸 알면 자신이 잘못된 추리를 하고 있는 것을 발견할 수 있을 것이다. 물론 잘못된 추리가 반드시 잘못된 결론을 만들어내는 것은 아니다. 그러나 잘못된 추리를 발견해야만 더욱 심사숙고하여 잘못된 결론에 도달하는 것을 모면할 수 있다.

생활 속에서 가장 흔히 보이는 또 다른 오류는 '경솔하게 인과를 연결하는 오류'이다. 이 오류의 특징은 '경솔하게 하나의 원인[因]을 가지고 하나의 결과[果]로 연결 짓는 것'이다. 우리는 자신이 인과를 연결하는 식의 추리를 하고 있는 것을 발견하게 되면, 이러한 인과의 연결이 너무 경솔한 것은 아닌지 다시 생각해보아야 한다.

어느 날 감기에 걸리고 말았다. 그런데 전날 감기에 든 한 학생이 나를 찾아와 질문을 했던 게 생각이 났고, 그 학생 때문에 감기에 걸린 게 아닌가 생각이 들어 화가 났다. 그런데 나는 여기서 인과추리, 즉 '내가 학생에게 감염되었다.'는 것을 원인으로 삼고, '나는 감기가 걸렸다.'는 것을 결과로 연결하고 있는 나를 발견하였다. 그러나 이러한 인과 연결은 너무 경솔한 것은 아닐까? 그때 학생은 질문하는 내내 마스크를 쓰고 있었고, 대화를 나눈 시간도 길지 않았으며, 게다가 바람이 잘 통하는 복도에 있었다. 이러한 상황에서는 전염되기는 결코 그렇게 쉽지 않을 것이다. 이외에, 어제 강의를 하고 오늘 감기에 걸렸는데, 하루도 안 되는 잠복기를 지나 감기에 걸릴 확률은 그리 높지 않아 보인다. 물론 이러한 인과 결과가 반드시 틀렸다는 말은 결코 아니다. 마찬가지로 이러한 가능성이 있지만 곰곰이 생각해보면 이러한 추리는 매우 경솔한 것이며, 경솔하게 추리할수록 틀릴 확률이 높다는 것을 발견하게 되었다. 따라서 이러한 경각심이 생겨서, 반대로 감기에 걸릴 수 있었던 진짜 원인이 무엇인가를 처음부터 다시 찬찬히 생각해볼 수 있었다. 예를 들어, 어쩌면 내가 며칠 전에 손을 닦지 않은 채 과자를 집어 먹은 것이 원인이었을지도 모른다. 만약 더욱 합리적인 원인을 찾았다면 진상(眞相)일 가능성이 있고, 습관을 고치게 되면 더욱 효과적인 예방을 할 수 있다. 이것이 진정으로 이고득락할 수 있는 방법이다.

우리는 살면서 오류로 인한 실수를 매우 많이 한다. 어떻게 분별력을 기르고 실수를 탐지하는 신경을 향상시킬 것인가라는 문제는 이야기할 가치가 있는 주제이다. 그런데 내용이 너무 방대해서 이 부분은 여기에서는 많이 논하지 않겠다. 관심이 있다면 내가 쓴 『논리오류 감식반[邏輯謬誤鑑識班]』 혹은 『사고할 것인가? 생각을 너무 많이 할 것인가?[是思考, 還是想太多]』 두 권의 책을 참고해도 된다. 이밖에, '1호 수업'이라는 모바일 오디오 수업 과정에도 '신의 논리를 깨면 인생에 잘못을 범하지 않는다[破解神邏輯, 人生不犯錯]'라는 수업이 있는데, 모두 위와 관련된 상세한 설명이 있다.


## 불교는 더 깊은 단계의 어리석음에 중점을 둔다

—

그러면 우리는 이제 두 번째 단계의 '어리석음', 즉 비교적 깊이 있는 어두운 사리에 대하여 이야기해보자. 불교는 일반적인 상식과 매우 다른 인성관(人性觀)과 세계관(世界觀)을 가지고 있다. '인성관'이란 인성(人性)을 대하는 방식을 가리킨다. 불교에 근거하여 사람을 평가하는 것과 상식에 근거하여 사람을 평가하는 것은 매우 다른 것이다. '세계관'은 세계를 보는 방식을 가리키는 것이다. 우리가 습관적으로 이 세계를 대하는 방식은 불교가 추구하는 세계관과 크게 다르다.

불교를 배우는 것은 사실 새로운 관점을 배우는 것이다. 그러나 새로운 관점을 배우는 것과 새로운 지식을 배우는 것은 다르다. 새로운 지식을 배우는 것은 이전에 알고 있는 지식을 기반으로 하지만 새로운 관점을 배울 때는 반드시 기존의 관점을 아예 제거해야 한다. 이런 학습 과정은 일종의 지식 전체에 대한 혁명이라고 할 수 있다. 바다에서 낡은 배를 완전히 뜯어내고 새 배를 만드는 것만큼 어려운 것이다. 그리고 이미 습관이 되어버린 기존의 낡은 관점을 아예 제거해야 하는 이러한 일 자체가 가장 어려운 단계이다. 이 어려움 또한 집착에서 기인하는 것이다.

그런데 여기에는 철학적인 문제가 하나 있다. 우리가 정말로 옛것을 제거하고 새것으로 바꾸는 데 성공했다 하더라고, 본래의 지식 기반이 이미 제거되어 아무런 지식 기반이 없는데 어떻게 새로운 지식이 기존의 낡은 지식보다 더 진상(眞相)에 가깝다는 것을 알 수 있을까? 이점에 대하여 불교는 대체로 진짜로 새로운 관점을 파악한다면, 저절로 이것을 진실로 생각하게 될 수 있다고 본다. 진상을 발견하는 이러한 인식 과정을 '지혜의 직관(直觀)을 통한 깨달음'이라고 한다. 마치 탐정이 안개처럼 뒤섞인 실마리 속에서 갑자기 하나로 꿰뚫는 일관된 생각을 보았을 때, 영감이 번쩍이고 안개가 걷히며 세상의 모든 것을 간파하여 하하 하고 크게 웃으며 한없이 기뻐하는 것과 같다. 의심의 여지 없이 이 단계에 이르러서야 불교를 읽고 이해했다고 할 수 있다. 어떤 사람은 이러한 상태를 '도를 깨우쳤다[悟道]'라고 한다. 하지만 도를 깨우쳤다는 것은 너무 많은 의미를 담고 있고 그 단계 역시 다양하기 때문에 이렇게 한마디로 정리하는 건 적절하지 않을 수도 있다.

　그러나 어쨌든, 사람들이 정말로 이러한 새로운 관점으로 바꿔서 세계를 볼 수 있다면 본래 기존의 낡은 관점과 고통을 가져오는 관점에서 벗어날 수 있다. 이것이 바로 해탈이고 깨달음이다. 그런데 단지 이러한 관점을 배운 것을 문자로 표현하는 것은 사실 쓸모가 없는 것이다. 왜냐하면 이렇게 표현하는 것은 현재 지니고 있는 지식의 기반 위에 새로운 관점을 더하는 것일 뿐이며, 이때의 새로운 관점은 기존의 낡은 관점에 의해 왜곡된 것이기 때문이다. 불교를 이해하려면 반드시 진정으로 체득해 깨달아야 한다. 체득해 깨달으면 진정으로 새로운 관점을 깨달아 기존의 관점을 완전히 내려놓게 된다.

　예를 들면, 불교에서는 '일체개공(一切皆空)'과 '무아(無我)'와 같이 자주 언급되면서 매우 중요한 몇 가지 개념이 있다. 유아(有我)에 익숙한 옛 관점 안에서 '무아'를 논하는 것은 무의미한 것이다. 반드시 마음에서 유아관(有我觀)을 버리고 무아와 공(空)의 세계에 들어가, 바로 새로운 관점의 위치에 서서 새로운 안목으로 직접 보아야 한다. 그래야 불교를 제대로 배우는 셈이다.

## 새로운 관점으로 전환하여
## 탐욕과 분노, 그리고 어리석음을 멀리 떠나라
—

모든 것이 다 공(空)하다면 무슨 탐욕이 있고, 무슨 분노가 있겠는가? 또 옳고 그름, 맞고 틀림이 무슨 상관이 있겠는가? 탐욕과 분노, 그리고 어리석음도 무슨 상관이 있겠는가? 내가 없는 무아(無我)라고 한다면 무엇을 탐하고, 무엇에 분노하고, 무엇에 어리석겠는가? 내가 없으니 누가 탐하고, 누가 분노하고, 또 누가 어리석겠는가?

만약 우리들이 모든 것이 다 공하다는 일체개공(一切皆空)과 무아(無我)라는 지혜를 체득해 깨달을 수 있다면, 세계관이 바뀔 것이다.

새로운 관점에서는 탐욕과 분노 그리고 어리석음 자체는 이미 철저히 사라져서, 관조하는 법과 멈추는 법을 배울 필요가 없으며, 논리와 비판적 사고도 배울 필요가 없다. 『반야심경』에서 '무무명'(無無明. 정말로 사리에 어둡다고 할 수 있는 것은 어떤 것도 없다.)을 주장하는 지혜와 같다.

처음 단계의 불교에서는 무명은 고통의 근원이라는 것을 주장하지만, 보다 깊은 단계에 있어서는 무명 자체도 또한 존재하지 않는다고 말한다. 이러한 고통의 근원은 또한 참답게 존재하는 사물이 아니고, 이러한 단계에 도달한다면 번뇌와 고통 및 번뇌와 고통의 근원도 모두 흩어져 사라진다.

그러나 듣기만 하면 이러한 관념은 아무런 작용을 할 수 없다. 반드시 지혜가 진정으로 이 관념의 영역 안으로 들어가 그것들을 체득해 깨달아야 비로소 진정한 작용을 발휘할 수 있다. 이와 같은 공부는 불교에서 가장 어려운 부분이지만 가장 중요한 부분이라고도 할 수 있다. 그런데 대부분의 사람들은 배우고 싶어도 갈피를 제대로 잡지 못하는데, 보통 이러한 지혜를 이미 진정으로 터득한 선사가 반드시 각기 다른 제자의 속성에 따라 차근차근 잘 가르쳐야 비로소 깊은 지혜를 이끌어낼 수 있기 때문이다.

그렇다면 불교를 배워서 바로 이 깊은 단계의 지혜를 깨달아야 할까, 아니면 순서를 따라 점차 앞으로 나아가며 탐욕과 분노 그리고 어리석음에 대해 수행하는 데서 시작해야 할까? 이것은 아마 불교사에서 말하는 '돈오(頓悟)'와 '점오(漸悟)'의 논쟁일 것이다. 개인적으로 나는 사실 이것은 그렇게 논쟁할 것도 없다고 생각한다. 왜냐하면 두 가지가 결코 상충하지 않아 같이 추구해도 전혀 문제가 없기 때문이다. 점오의 수행도 돈오에 도움이 되고 돈오의 수행도 점오에 도움이 되기 때문이다. 이러한 상황에서 어떤 길이 더 좋은가를 생각하는 것 또한 단지 스스로 고민을 만드는 일이다.

서양 철학 역시 2천여 년 동안 발전하는 가운데 불교와 비슷한 관념을 만들어냈다. 똑같지는 않더라도 표현하기 쉬운 서양 철학의 관점을 보조수단으로 삼으면 불교 속에 있는 큰 지혜를 배우는 데 도움이 될 것이다. 이 부분은 앞으로 몇 장에 걸쳐 계속해서 토론할 것이다.

# ⑪

# 무아 無我 란
# 무엇인가?

'탐욕과 분노 그리고 어리석음은 고통의 근원이며, 탐욕과 분노 그리고 어리석음이 초래하는 혼란을 없애는 것이 이고득락하는 근본적인 방법이다.' 이 견해는 그래도 이해하기 쉬운 불교의 주장이다. 물론 옳은 관점이라고 할 수 있다. 그러나 불교는 다른 차원의 견해가 있고, 깊어질수록 이해하기가 더 어렵다.

더 깊이 들어간 불교 사상에서는 탐욕과 분노, 그리고 어리석음이 결코 고통의 가장 근본적인 원인이 아니다. 그것들의 배후에 '나[我]'라고 하는 더욱 원초적인 기원이 있다. 그래서 불교는 '무아(無我)'를 주장한다. 다시 말해서, 고통의 가장 근본적인 원인이라고 하는 '나'는 결코 존재하지 않는다는 것이다.

아마 대부분의 사람들은 모두 '만약 고통의 근원이 존재하지 않는다면, 고통은 도대체 어디에서 오는 것일까?'라고 궁금해서 물어볼 것이다. 이에 대한 답은 고통은 아예 존재하지도 않는다는 것이다. 고통은 그 자체가 곧 허망한 것이다. 이 점을 깨달으면 바로 이고득락으로 직행한다.

다시 말해서, 만약 무아를 체득해 깨달을 수 있다면 대체로 탐욕과 분노 그리고 어리석음의 방해가 없어진다. 왜냐하면 탐욕과 분노 그리고 어리석음은 모두 반드시 '나[我]'라는 토대에 의지해서 비로소 작용할 수 있기 때문이다. 내가 없으면 나의 탐욕과 분노, 그리고 어리석음이 있을 수 없다. 따라서 만약 어떤 사람이 기본적으로 무아를 체득해 깨달았다면, 탐욕과 분노 그리고 어리석음은 저절로 멈출 것이다. 완전히 멈추지 않는다 하더라도 적어도 생활에 혼란을 야기하는 영향력은 잃고 다시 고통을 가져오지 못하게 될 것이다. '나'에 대한 집착 때문에 초래되는 고통이 고통의 분류 가운데 세 번째 고통인 '집착의 고통[行苦]'이다. 이것 역시 불교가 가장 주요하게 탐구하는 부분이다. 그러면 우리는 무아를 어떻게 체득해 깨달아야 하는 것일까?

사실 어떻게 무아를 체득해 깨달을 것이지 캐묻기 전에 아마 우리가 더 묻고 싶어 하는 문제는 '나는 진짜 존재하지 않는 것인가? 이것은 너무 말도 안 되는 것 아닌가?'일 것이다. 이러한 질문에 서양 철학이 오히려 큰 도움이 될 수 있다. 왜냐하면 서양 철학에도 이와 같은 무아의 주장이 있기 때문이다.

## 흄의 자아에 대한 의심

18세기 영국 철학자 흄(David Hume, 1711~1776)은 자아의 존재에 대하여 의심했다. 흄은 우리가 어떤 사물이 존재한다고 공언할 때, 반드시 우리의 여러 경험에 의존해야 한다고 주장했다. 만약 우리가 이러한 것들을 경험할 수 없다면 자연스럽게 그것을 반드시 의심하게 된다. 예컨대, 내가 앞에 나무 한 그루를 보고, 이로써 나는 이 나무가 존재한다는 것을 주장한다. 내가 천체망원경으로 우주 먼 곳에 있는 붉은 색 별을 보았기 때문에 나는 이 별이 존재한다고 주장하는 것이다. 물론 반드시 오관으로 경험하지 않고 느낌으로 해도 된다. 내가 즐거움을 느꼈을 때, 나는 즐거움의 느낌이 존재한다는 것을 알게 된다. 그런데 내가 무엇을 경험해야 그것으로 내가 존재한다는 것을 주장할 수 있을까? 우리가 자아를 경험할 수 있나? 만약 할 수 있다면 자아는 무엇을 느낄까? 다시 말해서 우리가 만약 자아를 경험할 수 있다면 우리가 경험한 것은 도대체 어떤 것일까?

일상생활 속에서 우리는 기쁨, 분노, 슬픔, 즐거움 등의 다양한 감정 기복을 경험할 수 있지만, 이러한 것들은 모두 자아의 느낌일 뿐이지 결코 자아 자체는 아니다. 우리는 또 마음속 내면의 여러 가지 생각들을 경험할 수 있지만, 이러한 것들은 생각의 흐름이지 결코 자아가 아니다. 그렇다면 자아는 도대체 어디에 있는 것일까?

아마 우리는 우리가 기쁨, 분노, 슬픔, 즐거움을 경험할 때나 우리가 생각이 흐르는 것을 경험할 때, 이러한 것들의 배후에 이것을 소유한 사람이 있고 이 소유한 사람이 바로 자아라고 말할 것이다. 이러한 견해는 매우 좋지만, 이 소유한 사람은 어디에서 온 것일까? 우리는 정말로 이 소유자를 경험한 것일까? 아니면 단지 소유자가 그런 것들을 경험하고 있다고 상상하는 것일 뿐일까? 이 소유자는 실제로 존재하는 것일까? 아니면 우리가 무의식 중에 그것을 조작으로 만들어낸 것일까?

모든 생각과 느낌의 뒤에 소유자가 있다고 상상하는 것을 멈추려고 시도해보자. 그러한 생각과 느낌은 모두 비 온 뒤에 죽순이 돋아나는 것처럼 홀로 솟아나는 것들일 뿐이라고 상상해보자. 만약 우리가 더 이상 기쁨, 분노, 슬픔, 즐거움 뒤에 소유자가 있다고 상상하지 않는다면 이 소유자가 연기처럼 사라지는 것을 발견하게 될 것이다. 우리는 다른 사람이 기뻐하고 분노하고 슬퍼하고 즐거워하는 모습을 보는 것처럼 우리도 소유자가 기뻐하고 분노하고 슬퍼하고 즐거워하고 있다고 상상한다. 하지만 상상일 뿐 거기에 실제적인 경험은 없다. 그런 것들의 뒤에 진짜로 자아가 있는지 없는지는 아무도 모른다. 우리는 애니메이션을 보면서 그 내용과 장면에 감동을 받는다. 그리고 이 캐릭터들 뒤에 소유자가 존재한다고 상상할 수 있다. 하지만 그들 뒤에는 사실 아무도 없는 것과 마찬가지다.

## 자아라는 상상은 고통을 가져온다

다시 말해서 '자아'는 실제로 존재하지 않을 수 있다. 그러나 일상생활 속에서 자아에 관한 관념은 많은 고민과 고통을 만들어낸다. 만약 어떤 사람이 대중 앞에서 나를 욕한다면 나는 매우 창피하게 여길 것이다. 이때 내 상상 속에서 어떤 녀석이 모욕을 당했는데, 이 녀석이 바로 가상으로 만들어낸 나라면, 실제로 모욕당한 녀석은 아무도 없을 수 있다. 그러나 우리는 있다고 착각한다. 욕먹는 사람도 있다고 생각하고, 욕하는 사람도 있다고 생각해서 아수라장이 된다. 그런데 곰곰이 생각해보면 도대체 어떤 녀석이 모욕을 당한 것일까?

내 수행이 잘 되었으면 모욕을 당했다고 전혀 느끼지 않을 것이다. 만약 내가 모욕을 당했다고 느끼지 않는다면, 모욕당한 것은 없는 것이다. 나를 모욕하려던 그 사람은 도대체 무슨 의미 있는 일을 한 것일까? 그는 도대체 누구를 모욕주려고 한 것일까? 만약 내가 모욕당했다고 생각한다면, 나는 모욕을 당한 것이다. 모욕 여부는 완전히 나의 상상에 달려 있다. 내가 있다고 상상하면 있고, 내가 없다고 상상하면 없는 것이다. 이렇게 자아는 단지 가상적인 존재일 뿐이지 않을까?

내가 고급 브랜드 옷을 입었을 때, 나는 스스로 매우 고귀하다고 느꼈다. 내가 강단 위에서 박수갈채를 받았을 때, 나는 내가 매우 환영을 받는다고 생각했다. 만약 내 영혼이 자유로웠다면 나는 낡고 허름한 것을 입고도 스스로 고귀하게 여겼을 수도 있고, 강단에서 한바탕 야유가 쏟아질 때도 자랑스러움을 느낄 수 있었을 것이다. 만약 사회의 다양한 가치관에 아랑곳하지 않는다면, 이러한 속박은 없을 것이다. 그렇다면 이러한 '나'는 결코 실질적으로 존재하는 특질을 가지고 있지 않은 것이다. 그러면 우리가 늘 이야기하는 나는 도대체 어떠한 존재일까?

## 자아는 단지 경험의 흐름이라는 집합일 뿐이다
—

흄은 '자아란 사실 일련의 경험의 흐름'이라고 보았다. 이 견해는 이해하기 쉽지 않다. 타오르는 불꽃을 가지고 비유해서 이 주장을 설명해보도록 하겠다. 우리가 '이 불덩이'를 말할 때 가리키는 것은 무엇인가? 먼저 이 불덩이 속에 도대체 어떤 것이 있는지 분석해보자. 우선 타는 물건이 있어야 하는데, 가령 한데 모아놓은 나뭇더미가 있고, 이 나뭇더미가 타고 있으며, 타오르는 불꽃이 모여서 불덩이를 이룬다고 가정해보자. 따라서 실제로 이 불덩이는 서로 다른 여러 개의 불꽃이 모여서 이루어진 것이다. 그리고 모든 불꽃마다 모두 순식간에 사라지며 목재가 다 타거나 꺼질 때까지 새로운 불길이 계속 뿜어져 나온다. 그러면 이 불덩이의 생멸로 보면, 도대체 무엇이 생한 것이고[生], 무엇이 사라지는 것[滅]일까?

따져보면 개별적인 불꽃이나 다른 구성 성분 등 이 불덩어리를 대표할 수 있는 것은 아무것도 없다는 것을 발견하게 될 것이다. 즉, 그 불을 대표할 수 있는 것이 목재도 아니고 공중에 있는 열기도 아니며, 게다가 그것도 심지어는 본원적으로 아예 불이라고 할 수도 없다는 것을 알게 될 것이다. 우리가 이러한 것들을 모두 제거하고 나면 '이 불덩이'의 내용은 이미 텅 비어버리고, 그 안에 다른 어떤 것도 없음을 알게 된다. 다시 말하면 이 불덩이를 대표할 수 있는 것은 결코 아무것도 없다. 이 불덩이는 다만 어떤 시공간의 배경하에서 우연히 한데 모여 끊임없이 출현하는 많은 불꽃들이 공동으로 하나의 연속 현상을 이루며 만들어낸 산물일 뿐이다. 우리는 비록 이 연속 현상을 '불덩이'라고 부르지만, 실제로 그것은 결코 '같은 것'으로 여겨지기에 적합하지 않다. 그리고 우리에게 같은 것으로 취급되어지는 존재 방식은 허구적인 존재이다.

또 다른 비유 하나를 들어보자. 불덩이를 상상했듯이 야시장을 오고가는 '한 무리'를 상상해보자. 모이기 시작해서 흩어질 때까지의 이 생멸 과정에 도대체 무엇이 생기고 또 무엇이 소멸된 것인가? 도대체 '한 무리의 사람들은' 어떠한 존재인가? 그것은 하나의 집합적인 현상일 뿐이다. 결코 하나의 존재 사물로 여기는 것은 적합하지 않다.

이러한 관점으로 자아를 돌이켜보면, 우리들의 생각과 감정은 모두 각기 작은 불꽃과 같다. 이 불꽃들이 전부 한데 모여 하나의 순간적인 자아를 형성하며, 이러한 순간적인 자아들이 끊임없이 나타나서 하나의 연속성을 갖게 되고, 이러한 연속성이 태어나서 죽을 때까지 하나의 자아라는 상상을 만들어낸다. 그런데 이러한 상상 속에서 우리는 이 자아의 존재를 뒷받침하는 데 쓸 수 있는 항상적인 사물을 찾을 수 있을까? 다시 말해서, 이러한 경험의 흐름 이면에는 자아 존재의 토대가 될 수 있는 항상적인 것이 존재하고 있을까?

사실상 없거나 혹은 적어도 보이지 않는다고 할 수 있다. 아마 어떤 사람은 '보이지 않는다고 없는 것은 아니다.'고 말할 것이다. 이러한 발상은 아주 좋다. 왜냐하면 보이지 않는 것을 모두 없는 것으로 간주하는 것은 '무지에 호소하는 오류'라고 하는 일종의 오류 추리에 해당하기 때문이다. 그런데 문제는 보이지 않는데, 그러면 평소 우리 생각 속의 그 자아는 도대체 무엇을 가리켜 언급한 것인가 하는 점에 있다. 이러한 감정과 생각의 모임 현상의 배후에 자아가 존재하든 존재하지 않든, 적어도 우리가 볼 수 없다면 우리가 희노애락의 배후에 자아가 있다고 여길 때, 우리 스스로 존재한다고 여기게 하는 이 자아는 보이지도 않고 알지도 못하는 그 참된 자아가 꼭 아닐 수도 있으며, 단지 하나의 허구적인 존재일 수 있다. 참된 자아가 있다고 해도 이처럼 공교롭게 우리가 허구로 만들어낸 것과 똑같을 수는 없다.

다시 말해서, 생활 속에서 우리가 흔히 생각하는 그 자아는 사실 허황된 것이다. 이 허구의 자아는 사실 불꽃과 인파와 흐르는 강물처럼 단지 인연에 따라 모인 현상일 뿐이지 존재하는 사물이라고 할 수는 없다.


## 파초(芭蕉)를 겹겹이 벗기면 속이 텅 비어 있다
—

성엄(聖嚴) 법사는 『완전한 깨달음[完全證悟]』이라는 책에서 매우 생동감 있는 경전의 고사를 가지고 무아에 대한 수행을 이야기하였다. 그는 자아를 찾는 것을 파초의 줄기를 벗기는 것에 비유했다. 한 겹 한 겹 벗기기 시작해서 끝까지 벗겨보면 아무것도 없는 것과 똑같다. 따라서 마음속에서 어떤 것을 찾더라도 파초나무의 껍질처럼 참된 나[我]가 아니며, 성불의 염원도 포함해서 망념으로 여겨 버릴 수 있어야 한다고 했다.

우리의 희노애락, 생각, 염원과 같은 내재된 모든 지각은 다 한 겹의 파초나무 껍질과 같다. 우리가 그 껍질 한 겹이 파초나무를 대신할 수 있다고 여기지 않는 것처럼, 비록 내재된 이러한 지각이 모두 나에게 속해 있지만, 우리는 이것이 '나[我]'를 대신할 수 있다고 여기지 않는다. 파초나무가 그 껍질의 더 안에 있다고 생각하는 것처럼, 우리는 '나'가 이러한 지각의 더 안에 있다고 생각한다. 그런데 한 겹 한 겹 벗기기 시작해서 끝까지 벗겼을 때 안에는 아무것도 없는 것을 발견하게 된다. 마치 우리가 온갖 지각의 이면을 꼼꼼히 생각하며 자아를 찾았을 때, 결국 그 안은 텅 비어 있다는 것을 알게 되는 것과 똑같다.

　　우리는 파초나무가 바로 모든 껍질의 총체인 것처럼, '나'는 곧 이러한 지각들의 총체라고 말할 수 있다. 그러나 이 견해 역시 틀렸다. 만약 파초나무 껍질이 땅에 흩어져 제각각 독립한다 해도, 파초나무가 되지 않을 것이며, 그것들은 반드시 겹겹이 꼭 붙어 있어야만 파초나무 한 그루가 이루어질 것이다. 따라서 '나' 역시 나의 지각의 총체인 것이 아니며, 어떤 인연이 모인 경우에 특정한 연속성을 이루어야만 '나'를 이룰 수가 있다. 그리고 이 나는 끊임없는 인연의 모임 속에서 변하고, 그 이면에는 결코 어떠한 본질적인 것도 없다. 그러나 그렇다고 그것이 결코 아무것도 아닌 것은 아니다. 실존체가 없는 상황에서, 눈 깜짝할 사이에 지나가는 많은 것들이 줄곧 끊임없이 연속적으로 나타나 어떤 인연이 모여드는 힘이 결집되는 가운데 형성되는 것이라고 할 수 있다. 이러한 속성이 곧 불교에서 일반적으로 말하는 '공성(空性)'이다. 우리가 말하는 '무아'와 '나는 비었다.[我是空]'의 뜻이 바로 이와 같다. 그리고 인연이 모여드는 이 힘이 곧 넓은 의미의 업력(業力)이다.

## 좌선을 통해서 무아를 깨닫다

물론 아마 마음속 깊은 곳에 아무것도 없는 것이 아니라, 단지 어떤 것들은 쉽게 발견해낼 수 없거나 우리가 보지 못할 뿐이지, 결코 존재하지 않는 것은 아닐지 모른다. 이때, 우리는 반드시 실천해서 몸소 증득하는

데 호소하고, 깊이 있는 내면의 성찰을 통해서 우리가 관찰할 수 있는 영역을 강화하여, 진정으로 자아라고 할 수 있는 독립된 존재체를 더 깊이 있는 내면세계에서 찾을 수 있는지 살펴보아야 한다.

우리의 잡념이 완전히 가라앉은 후, 생각하고 있는 나를 찾아 돌아보아라. 경전에서 기록하고 고승들이 말하는 것처럼 우리는 마치 파초나무 껍질을 다 벗기고나면 그곳은 텅텅 비어 아무것도 없다는 것을 알게 될 것이다. 칠정(七情, 기쁨·분노·근심·두려움·사랑·증오·욕심 등 사람이 가진 일곱 가지 감정 - 편집자), 육욕(六欲. 여섯 가지 욕정 - 편집자)과 여러 가지 사유를 제외하고, 이러한 모든 물건들의 근본적인 담지체로 쓰일 수 있는 '나'는 거기에 아예 없다.

## '나'에 대한 집착은 어디에서 오는 것인가?

사람들은 만약 정말로 '나'가 없다면, 도대체 이 허구적인 이 '나'는 어떻게 엮어졌는지 궁금해 할 것이다.

구멍을 통해 안을 들여다보면 안에 들어 있는 색유리 조각의 영상이 거울에 비쳐 아름다운 대칭 무늬를 이루는 만화경을 비유로 들 수 있다. 우리가 만화경 속이 형형색색으로 끊임없이 변하는 것을 보고 있을 때, 그 속에 끊임없이 색과 모습이 변하고, 게다가 다양한 형태로 바뀌는 가장 주된 꽃이 있는 것을 쉽게 볼 수 있다. 그런데 우리는 한 가지 꽃이 존재하고 있다고 생각한다. 그러나 이것은 당연히 틀린 것이다. 사실 이러한 꽃은 없지만, 처음부터 그것을 하나의 같은 것으로 대했기 때문에 우리의 사고는 이러한 변화무쌍한 세계 속에서 하나의 주요한 주체를 만들어놓기 쉽다.

우리들 또한 처음부터 모든 칠정과 육욕, 그리고 모든 생각을 통합해서 한 가지 것으로 간주한 다음 이러한 것들을 중심으로 생활하면서 모든 감정과 사유를 승계 받은 주역에 '나[我]'라는 개념을 만들어낸다. 그리고 이 '나'는 바로 그것이 존재하는 지위를 갖기 시작한다. 그것은 자존심이 필요하고, 중시되어야 하며, 감사해야 하며, 성취감이 필요하고, 주재(主宰)되어야 하며, 긴장할 수도 있고, 두려울 수도 있고, 사랑할 수도 있고, 미워할 수도 있다. 우리는 차츰 이러한 '나'에 관한 상상과 관념을 구축해내고 나서 또 '나는 존재한다.'는 세계관을 만들어낼 뿐만 아니라 이 세계는 '나'를 중심으로 움직인다고 생각하며 '나를' 마음 깊이 두기 시작한다. 오랜 시간이 지나 우리는 이미 내가 존재한다는 생각에 너무 익숙해져서 벗어날 수 없게 되면, '나'에 대한 집착에 빠지게 되어 '나'에 관한 여러 번뇌가 일어나게 된다.

우리가 이러한 허구의 나를 내려놓아도 긴장과 두려움, 사랑, 원한의 칠정 육욕은 여전히 나타나지만, 그것은 그냥 바람과 함께 일어나 먼지와 함께 날아가는 그런 존재일 뿐이다.

# 가짜 나[假我]를 없애면 진짜 나[眞我]가 있을까?

---

간단히 말해서, 생각의 대상이자 번뇌의 근원인 나는 사실 가공적인 존재이다. 이걸 체험해 깨달을 수 있으면 고통을 야기하는 '아집(我執)'을 어느 정도 벗어난 셈이다. 그러나 다른 측면에서 말하면, 발견할 수 없고 또 그렇게 고통을 주지 않는 자아(自我)가 여전히 존재하지 않을까? 만약 존재하고 있다면 또 어떤 상태로 존재할까? 모든 것이 다 텅 비었으니[一切皆空] 그것도 마찬가지로 존재하지 않는다고 할 수 있을까?

그런데 이 부분에서 불교의 관점이 일치하는 것은 아니다. 중관학파(中觀學派)처럼 배후에 아무것도 없다고 보는 불교 이론도 분명히 있다. 그러나 불교는 기본적으로 윤회를 주장하는데, 만약 모든 것은 다 인연이 모인 현상일 뿐이라 항상하는 '나'가 없다고 한다면 누가 윤회하고 있는 것일까? 그렇기 때문에 '나'가 가장 근본적인 존재물로써 늘 윤회할 수 있는 것이 되어야 한다. 유식학처럼 이렇게 주장하는 불교 이론도 분명히 있다. 그러나 유식학에서 말하는 윤회의 주체 '아뢰야식(阿賴耶識)'이라고 하는 근본 의식도 독립적으로 스스로 존재할 수 있는 자아가 아니다. 그것은 '나'에 관하여 인연이 모이게 할 수 있는 힘으로, 이러한 힘이 있어야 '나'를 형성할 수 있지만, 나와 상관되어 모인 모든 사물은 다 눈 깜짝할 사이에 지나간다. 다른 측면에서 말하면, 이 근본 의식과 공성(空性)이라는 것은 별다른 차이가 없을지도 모른다.

여기서 이제 한걸음 더 들어가면 심오한 불교 이론[佛理]에 대한 토론에 들어서게 된다. 이러한 이론적인 논쟁이 '이고(離苦)'에 반드시 도움이 된다고 할 수는 없다. 하지만 이러한 종류의 문제를 탐구하다보면 재미를 느끼는 사람도 있다. 재미뿐 아니라 '득락(得樂)'에 대단히 유용할지도 모른다. 그러나 만약 이러한 문제에 대하여 결코 관심이 없다면 특별히 이러한 학문을 깊이 연구할 필요가 없다. 왜냐하면 철학 문제처럼 표준적인 정답이 없어서 탐구만하다 보면 한갓 번뇌만 늘어나기 때문이다.

## 내가 없다면[無我] 누구를 위해 불교를 배울까?

—

'무아'의 문제를 접할 때면, 항상 '내가 없다는데 왜 불교를 배워야 하지? 누구를 위해서 불교를 배우지?'라는 의문이 있었다. 이것은 매우 재미있는 문제이다. 왜냐하면 불교를 배우는 가장 주된 목적의 하나가 바로 '이고득락'이고, '이고득락'은 당연히 내가 고통에서 벗어나 나의 즐거움을 얻는 것이니, 만약 아예 내가 없다면 무슨 고통에서 벗어나고 무슨 즐거움을 얻는 것일까?, 라는 생각 때문이었다.

이것에 대한 해답도 매우 흥미롭다. 왜냐하면 그것들은 거의 전부 한데 뒤섞여 있기 때문이다. 간단히 말해서, 불교를 배우는 것은 사실 무아(無我)를 분명히 인식하는 것이고, 무아는 사실 이고득락의 중요한 관건이다. 일단 무아를 알게 되면, 불교를 배우지 않아도 된다. 이미 이고득락을 했기 때문에 다 배운 것이라고 할 수 있다. 하지만 도대체 누구의 고통에서 벗어나고, 또 누구의 즐거움을 얻었다는 것인가?

이 두 가지 문제의 해답은 오히려 달라도 너무 다르다. 우리는 나의 고통에서 벗어났다고 말할 수 있다. 왜냐하면 고통에 빠져 있는 이 나는 허구의 존재이기 때문에, 우리가 이 점을 분명히 인식하면 나와 고통은 함께 떨쳐진다. 그렇기 때문에 고통에서 벗어남과 동시에 나에서도 벗어난다. 그런데 그런 면에서 즐거움이 아직 있을까? 불교 경전의 내용에 의하면 무아에 대한 체험은 기쁨으로 충만한 것이기 때문에 즐거움을 얻게 되는 것이다. 그러나 다만 이러한 득락(得樂)은 결코 본래 허구적인 자아에 의지한 즐거움이 아니다. 이러한 즐거움은 '기쁨이 사라지는 고통[壞苦]'에 해당하며, 고통의 근원 가운데 하나이다. 그러나 나를 없앤 다음에 체험하는 즐거움은 결코 이러한 종류의 즐거움이 아니다.

그러면 이때 우리들은 철학적인 문제를 다시 물으려고 한다. "이러한 진실한 기쁨은 누구의 즐거움인가? 설마 나의 즐거움이 아니란 말인가?" 이 문제는 혼동을 가져오기 쉽다. 우리는 확실하게 '나의 즐거움'이라고 말할 수 있지만 이때의 '나'는 본래 허구의 '나'와 다른 것이며, 다른 존재 방식에 해당한다. 이러한 존재 방식은 근원적인 존재의 체(體)가 결코 없으며, 인연이 모이는 상황에서 강이 계속 흐르고 화염이 계속 타오르는 것과 같은 존재에 해당된다. 이 존재는 바로 흐르고 있는 기쁨의 물이고, 타고 있는 밝은 불인 것이다. 이러한 자아의식은 반드시 무아의 관상(觀想)을 통해서 인식해야 한다. 이러한 인식 과정이 바로 수행이다. 마음의 사유가 본래의 허구적 자아에서 완전히 벗어나 기쁨과 광명이 충만한 자아에서 살고 있을 때가 바로 불교의 종착역이다.

# 새로운 경험을 해야 새로운 지혜를 얻을 수 있다

—

그런데 모든 사고와 토론은 모두 '이치[理]'적인 면에 해당한다. 이치적인 면에서 무아를 인식하면 인지적인 측면에서 자아에 대한 집착이 줄어든다. 그러나 마지막으로 진정으로 무아를 인식하려면 반드시 직접 몸소 증득하는 체증(體證)의 과정을 통과해야 한다. 이는 우리가 반드시 무아를 직접 보고 증득해야 무아를 제대로 깨달을 수 있음을 뜻한다.

예를 들어, 대부분의 사람이 보라색을 본 적이 없는데, 다만 특별히 수행을 한 소수의 사람만 보라색을 볼 수 있다고 하자. 그러면 보라색을 본 사람은 이치의 측면에서 "보라색은 파란색과 빨간색의 사이에 있다."라고 하거나 "보라색은 빨간색과 파란색이 혼합된 것이다."라고 말할 수 있다. 그러나 보라색을 본 적이 없는 사람은 아무리 생각해도 에둘러 상상만 할 수 있을 뿐, 보라색의 신비로움을 진짜로 들여다볼 수 없다. 만약 수행한 사람이 "보라색은 매우 신비롭게 느껴진다."라고 하면 사람들은 여러 가지 복잡한 이론을 도출해서 차분한 파란색과 열정적인 빨간색이 어떻게 신비로운 보라색을 만들어내는지 토론할 것이다. 아마 어떤 사람은 차분함과 열정은 충돌하는 감정이며, 충돌하는 감정이 한데 섞일 때 신비감을 조성하기 쉽다고 주장하는 매우 일리 있는 논문을 쓸 것이다. 마치 어떤 사람이 차갑다가도 열정적으로 보이면, 그 사람이 신비롭게 느껴지는 것과 같다. 그러나 이러한 학술연구는 매우 일리가 있는 것처럼 들리지만 잘못된 길로 갈 수 있다. 보라색을 볼 수 있는 사람 입장에서는 그저 빙그레 웃기만 하고 이렇다 저렇다 말하지 않을 것이다.

　어느 날, 나와 중허(中和) 남산(南山)의 방생사(放生寺)에 있는 연일 법사(演日法師)와 이 화제에 대하여 토론하였는데, 연일 법사는 무아관(無我觀)을 불꽃에 비유해 설명했다. 그는 나에게 "불이 꺼졌을 때, 무아를 볼 수 있다."라고 말했다. 불꽃을 각기 다른 여러 가지 감정과 사상에 비유하여, 불꽃이 꺼진 것은 이러한 감정과 사유가 모두 없어졌다는 것을 의미하지만, 그 의식의 지속성은 오히려 여전히 존재한다는 것이다. 이것이 곧 일반적으로 '순수의식'이라고 하는 것이다.

　서양 철학에서는 일반적으로 의식은 반드시 피의식적인 것이 있어야 한다고 여긴다. 이 성질을 특별히 '의향성'이라고 명명하는데, 의식은 항상 어떤 방향이 있고 어떤 내용을 향하고 있다는 의미이다. 내용이 없으면 의식이 있을 수 없다. 그러나 이 관점은 수행이 없는 상태에서 하는 관찰에 해당한다. 수행을 거치고 나면 보통을 초월하는 경험을 할 수 있으며, 그 불꽃이 꺼진 순수의식이야말로 수행하여 무아를 몸소 증득하는 가장 중요한 과정이다. 보라색을 보고 나야 진짜로 보라색을 알 수 있는 것처럼, 이 체험을 해야 정말로 무아를 깨닫는다. 에둘러 말하는 것으로는 결코 참다운 도를 깨달을 수 없다.

# ⑫

# 일체개공一切皆空 이란 무엇인가?

불교를 배운 적이 없는 사람이라도 아마 '일체개공'이라는 말을 들어보았을 것이다. 모든 것이 텅 비어 있기 때문에 우리가 신경을 쓰고 추구하는 것은 사실 모두 공허할 뿐이라는 것이다. 그렇기 때문에 모든 것을 내려놓기만 하면 바로 '이고득락'하게 된다.

물론 이 말은 매우 일리가 있지만, 말로만 듣는 것은 소용이 없다. 마치 경기에 나가는 선수에게 "긴장하지 마.", "긴장하면 좋을 게 없어.", "편하게 해."라는 격려의 말을 하는 것과 마찬가지이다. 이러한 말은 맞기는 하지만 별로 소용이 없다. 선수라고 긴장을 하고 싶어서 긴장을 하고 있을까? 모든 사람이 다 긴장하는 것이 좋지 않다는 것을 알고 또 긴장감에 빠지지 않으려고 하지만, 긴장을 풀고 싶어도 쉽지 않다. 긴장하고 있는 이러한 사람을 정말로 도와주려면 "승패는 상관없으니 마음에 둘 필요가 없어."처럼 구체적으로 말하는 것이 좋다. 이렇게 말하면 승패에 대한 집착을 줄일 수 있어 아마도 조금은 쓸모가 있을 것이다. 그러나 승패를 생각하는 본래의 마음을 내려놓기는 사실 쉽지 않다. 하지만 전환만 된다면 진짜로 그나마 덜 긴장할 것이다.

## '일체개공'은 신포도인가?

그런데 의심을 하는 철학적인 정신으로 생각해보면, 일체개공의 관점은 생명을 부정적으로 대하는 것처럼 보인다. 얻을 수 없는 포도를 보면서 저것은 신포도라고 단정하는 심리와 비슷하다. 자기가 기대하는 것을 모두 부정해버리면 받지 못할 고통은 없을 것이다. 마치 실연을 당한 사람이 옛 애인을 부정하고 상대를 나쁘게 생각하는 것으로 위안을 얻는 것과 마찬가지이다. 그러나 써보면 다 알겠지만 이러한 방법은 기껏해야 단기적인 치료 효과만 있을 뿐 근본적인 치료가 될 수 없다. 자신도 속이고 남도 속일 뿐이다.

그러나 나는 불교의 '일체개공'이 단지 눈 가리고 아웅하는 자기위안 요법이라고 생각하지 않는다. 사물의 참모습[眞相]을 분명히 보는 일종의 각성(覺醒)으로 본다. 모든 것이 공함[一切皆空]이라고 본다면, 추구하지 않으면 안 되는 것이 별것 아닌 것으로 보이기 때문일까? 이러한 관념에서는 어떤 사물을 얻거나 잃는 고통이 생기기 쉽지 않기 때문이다. 따라서 '일체개공'임을 깨달으면 우리가 고통에서 벗어나는 데[離苦] 도움이 될 수 있다. 하지만 어떻게 즐거움을 얻어야[得樂] 할까? 이고득락의 목적을 이루려면 내려놓는 것 이외에, 긍정적인 삶의 기쁨을 가장 잘 품을 수 있어야 한다. 그래야 자유롭고 찬란한 인생을 살 수 있다.

## '일체개공'은 아무것도 없다는 것을 주장하는 것이 아니다

—

이 목표를 달성하기 위한 첫 단계는 반드시 이성(理性)적으로 이 말을 정말로 이해해야 한다는 것이다. 그리고 적어도 우선 이지(理智)적으로 받아들이면 차츰 인생관이 바뀔 수 있다.

그러면 '일체개공'이 무엇을 말하고 있는지 살펴보도록 하자. 우선, 가장 중요한 것은 '공(空)'이란 글자이다. '공'이란 글자는 아무것도 없다는 의미로 이해되기 쉽다. 마치 우리가 방 안에 들어갔는데, 이 방 안에 아무것도 없는 것을 보고 이 방은 텅 비었다고 주장하는 것과 마찬가지다. 이러한 의미는 사실 불교에서 말하는 '일체개공'을 이해하는 데 그다지 적절하지 않다. 이런 의미라면 불교가 세상에는 아무것도 없다고 주장하는 종교가 되어버린다. 이는 매우 기괴한 주장이다. 이 세상에는 분명히 많은 것들이 있는데 어째서 아무것도 없다고 말하려는 것일까?

세상에 아무것도 없다면 우리의 욕망과 추구는 당연히 무의미해진다. 따라서 정말로 세상에 아무것도 없다고 믿으면 확실히 고통에서 벗어나는[離苦] 효과가 있다. 그러나 '세상에 아무것도 없다.'고 이해하는 것은 매우 황당무계한 주장이다. 이러한 황당한 이해는 정말로 마음 깊이 파고 들어갈 수 없고, 또 제 역할을 할 수도 없다.

불광산(佛光山)의 성운 대사(星雲大師)도 『인간불교(人間佛敎)』라는 책에서 불교에서 말하는 '공(空)'을 아무것도 없다고 이해하는 것은 실로 불교에 대한 커다란 오해라고 강조하였다. 그는 '진공생묘유(眞空生妙有)'를 가지고 '공'은 사실 불교에서 주장하는 사물의 본질이고, 이 본질은 오히려 모든 것의 근원이라고 설명하였다.

서양 철학자 아리스토텔레스의 말을 인용해 설명하면, 이러한 '공'은 모든 현실이 생겨나기 전의 잠재력과 같다. 그것 자체는 비현실적으로 존재해 있지만, 오히려 존재하고 있는 모든 것의 근간인 것이다.

따라서 '공'은 아무것도 없다는 뜻이 결코 아니다. 불교에서 말하는 '일체개공'은 세상의 모든 것은 다 '항상성'이 없음을 주장하는 것이다. 이 항상성에 대한 설명은 우리가 앞에서 논한 그 대상으로서의 '자아'에 매우 가깝다. 우리는 '자아'라는 관념 속에서 항상된 어떤 존재가 있는지 찾을 수 없었다. 모든 것이 마치 수많은 개별적인 불꽃의 인연이 모여서 이루어진 것과 같았다. 따라서 '무아'의 뜻도 '나라는 것은 공이다.[我是空]' 혹은 '나라는 것은 공성을 갖추고 있다.[我具有空性]'라는 의미이다.

## '일체개공'을 모든 것이 영원하지 않다고 이해하는 것은 적절하지 않다

무엇이 항상적인 존재인가? 우리가 인체에서 영혼의 존재를 발견할 수 있고, 이 영혼이 항상적이고 불멸한 것이라고 가정한다면, 우리는 자아는 바로 이 영혼이라고 말할 수 있다. 그러나 실제로 우리는 지금 그런 영혼의 존재를 확인할 수 없기 때문에 자아의 존재를 표명하기는 어렵다.

그렇다면 눈앞에 있는 어떠한 물건이든 그것들은 모두 비어 있는 것인가? '일체개공'은 세상에 존재하는 모든 사물을 포함하는 것인가? 예를 들면, 내 눈앞에 있는 이 컴퓨터는 비어 있는 것인가?

불교를 배운 많은 사람들이 다 그런 생각을 가지고 있는 것 같다. 왜냐하면 물체는 영원한 것이 아니기 때문에 빈 것[空]이다. 그러나 나는 이 관점을 줄곧 동의하기가 어려웠다. 당연히 모든 물체가 다 붕괴될 수 있는 것이고 영원불멸한 것이 아니지만, 여기에 적용된 '공'의 의미는 자아를 논하는 '공'의 의미와 다른 것이다. 무아를 논할 때 우리는 광장 안에 있는 군중을 이야기하는 것처럼, '자아'라는 이 단어가 비교적 구체적인 어떤 존재를 언급하기 어려워 이 개념 자체가 텅 빈 것[空]임을 알게 된다.

그러나 구체적인 '물체'를 예로 들며 설명하면, 사실 이해하는 것만큼 명쾌하지는 않다. 예컨대 내가 바다에서 잠수하면서 우연히 다이아몬드 반지를 주웠는데 욕심이 났다고 가정해보자. 갖고 싶었지만 취했다가 나중에라도 주인에게 발각이 되면 난처해질까 봐 고민이 되었다. 이때 이 다이아몬드 반지가 영원하지 않은 것이 나와 무슨 상관이 있을까? 설령 그것이 백억 년 후에 부서져 없어진다 해도 무슨 관계가 있을까? 그것은 지금 실제로 여기에 있고 분명히 언급되고 있으며, 그것이 바로 다이아몬드 반지이고, 다이아몬드 반지가 바로 그것이며, 그것을 가지고 있으면 나에게 즐거움을 주거나 그것을 팔면 돈으로 바꿀 수 있고, 이러한 것들이 다 나에게 이로움이 있는데, 설령 그것이 영원불멸하지 않다고 한들 무슨 관계가 있을까? 이것은 여전히 고민해볼 만한 가치가 있다. 그렇지 않은가? 따라서 이러한 면에서 '공'을 이해하는 것이 정확하다고 해도, 이고득락에 대한 의미는 크지 않다.

# '일체개공'은 유심론(唯心論)의 관점인가?

—

'일체개공'에 대한 또 다른 해석은 불교를 유심론의 하나로 보는 것이다. 유심론은 이 세상의 모든 물질은 모두 허구적인 존재일 뿐 결코 진실이 아니며, 오직 마음만이 진실한 존재라고 주장한다. 그렇다면 '불교 이론은 유심론인가?', '어떤 종류의 유심론에 해당하는가?' 이러한 것들은 모두 매우 흥미로운 철학 문제이며, 탐구해볼 만한 가치도 있다. 그런데 이고득락의 입장으로 돌아가 보면, 우리는 불교가 유심론이든 아니든 간에 이 점에서는 사람들을 이고득락으로 인도할 수 없다는 것을 발견하게 된다. 물질이 허구인 것이라고 해도 왜 허구적인 사물을 추구하면 안 되는 것인가? 〈매트릭스〉라는 영화에서 요원들이 반역자 사이퍼에게 마지막으로 가상세계에서 특별한 한 끼를 즐길 수 있는 기회를 제공한다. 이때 나온 훌륭한 스테이크를 음미하고 있던 사이퍼가 말했다. "나는 이것이 가짜라는 것을 알지만, 이것을 좋아한다." 다시 말해서, 유심론이 맞는 것이든 틀리는 것이든 간에 적어도 우리의 느낌은 모두 진짜이며, 그것도 이미 사람들이 추구할 만한 충분한 매력이 있고, 또 이렇기 때문에 고통이 야기되는 것이다.

다시 말해서, 물질의 '일체개공'에 대한 이러한 관념은 사실 우리를 이고득락으로 이끌 수가 없다. 우리가 이고득락의 측면에서 '일체개공'의 함의를 탐구한다면, 어떤 해석이 우리에게 가장 도움이 되고 가장 설득력이 있겠는가?

# 모든 생각, 지식, 가치관은 다 빈 것[空]이다

나는 '일체'를 모든 생각, 관념, 특히 가치관에 대한 것으로 이해하고, '공(空)'이라는 것을 이론의 기초가 결여되어 반드시 옳다고 단정할 수 없는 것으로 이해한다. 이러한 이해가 이고득락하는 데 가장 효과가 있다.

예를 들면, 어떤 부모들은 자녀의 성적이 좋지 않은 것에 대하여 고민한다. 이러한 고민은 '높은 점수를 받아야 좋다.'는 가치관에서 나온다. 그런데 깊이 생각해보면 이 관점이 반드시 옳다는 것을 주장할 근거를 찾을 수 없음을 발견하게 된다. 이러한 경우에, 이 가치관은 공허한 것[空]이며 그러므로 이 고민도 마찬가지로 '공허한 것'이다. 사실은 서양 철학을 제대로 배운 사람은 그런 의미에서 거의 모든 가치관, 심지어 지식까지도 '공허한 것'으로 여기게 될 수 있다. 왜냐하면 가치 기반(윤리학과 미학)과 지식 기반(지식론)을 찾는 것이 철학을 배우는 필연적인 길이기 때문이다. 역사적으로 이미 많은 위대한 철학자가 다양한 이론을 제시하였지만, 모두 가치와 지식의 기반을 제대로 다질 수는 없었다. 다시 말해서, 이러한 기반은 당연히 존재하지 않는다. 이 철학관을 응용하여 공(空)을 해석하면, 이고득락하는 데 도움이 될 뿐만 아니라 우리가 이러한 관점이 정확하다고 주장할 수 있는 좋은 이유가 생기게 된다.

빨리 달리는 운동선수를 존경할 때, '빨리 달리는 것은 정말 대단한 것'이라는 하나의 가치관을 갖게 되는 것처럼, 골동품을 좋아할 때, '옛날 물건은 매우 가치가 있다.'는 가치관을 갖는 것처럼, 우리가 한 사람을 열렬히 사랑하거나 한 가지 사물을 열렬히 좋아할 때, 언제나 적어도 하나의 가치관을 갖게 된다. 이러한 가치관은 상당히 많은 부분이 후천적이며 또한 문화로 인해 형성된 것이다. 예컨대, 우리는 세상에서 쓰레기를 가장 잘 줍는 사람을 숭배하지는 않는다. 비록 이 재능도 대단히 훌륭한 것이고, 또한 사회적으로도 큰 이점이 있지만, 우리는 그를 숭배하지 않는다. 쓰레기를 줍는 일을 무시하는 가치관 때문에 그를 무시하는 것인지도 모른다.

물론 통증과 죽음은 모두 좋지 않다고 여기는 가치관처럼, 어떤 가치관은 선천적인 요소로 인해 생긴 것일 수 있다. 그러나 선천적인 것이든 후천적인 것이든 간에 사실 모두 이러한 가치관이 반드시 옳다는 것을 뒷받침할 만한 좋은 이유가 없다. 예컨대, 서양 로마 시기의 에피쿠로스학파와 동양 전국 시기의 장자도 '죽음은 두렵다.'는 것에 대하여 의문을 제기하였다.

에피쿠로스는 살아 있을 때는 사람이 아직 죽지 않아서 죽음을 두려워할 필요가 없고, 죽은 이후에는 감각이 사라지니까 두려워할 것이 아무것도 없다고 생각했다. 도대체 우리는 무엇을 두려워하는 것일까?

아마 윤회와 업보를 믿는 불교도는 에피쿠로스의 추리를 결코 동의하지 않을 것이다. 왜냐하면 죽어도 결코 감각이 없어지는 것이 아니며, 죽은 뒤에 지옥에 떨어질까 여전히 두려워하기 때문이다. 그러나 결국 지옥에 떨어지는지, 또 민간 전설 속에 있는 그런 지옥이 진짜로 있는지는 사실 모두 말하기 어렵다. 그래서 장자도 『제물론(齊物論)』에서 죽음은 마치 한 여자가 궁궐에 시집가는 것과 같다고 했다. 본래 궁궐이 무서운 줄 알았다가 들어가서는 한껏 누리게 되듯, 죽고 나서 그 이전의 두려움이 우습게 여겨질지 누가 알겠는가? 다시 말해서, 우리가 이러한 가능성을 배제할 수 없는데 죽음이 정말 두려운 일이라고 주장할 어떤 이유가 있는가?

만약 다양한 가치관에 대한 우리의 사상이 이 차원에 들어가 이러한 진리를 발견할 수 있다면, 이러한 관념의 틀을 벗어나 욕망(심지어 어떤 천성)의 통제에서 빠져나가게 될 수 있을 것이다.


## 가치관에 대한 집착이 가져오는 고통
—

어느 날 나는 차를 몰고 울퉁불퉁하고 구불구불한 관광 도로의 곡선도로를 지나고 있었다. 그런데 곡선도로를 지나자마자 몇 명의 관광객이 길 한가운데 한가롭게 거니는 것을 발견했다. 나는 놀라서 급하게 브레이크를 밟았다. 순간 분노가 치솟아 힘껏 경적을 누르며, 마음속으로 '저 사람들은 여기가 차가 다니는 도로이지 사람들이 한가롭게 거니는 곳이 아닌 줄 아는 거야 모르는 거야.'라는 생각을 했다. 사람들이 흩어진 후에 나는 계속 차를 몰아 (합법적인) 정상 속도로 구불구불한 산길을 계속 갔다. 여기에 아무런 문제가 있다고 생각하지 않았다.

위의 예에서 나는 '행인은 자동차 전용도로에서 걸어 다니면 안 된다.'는 하나의 가치관에 호소한 것이라 하겠다. 오늘날의 사회에서 이것은 올바른 가치관이다. 그러나 사람이 많은 관광지구에서는 대부분의 사람들이 이러한 규칙을 준수하지 않고, 오히려 차량은 보행자에게 맞추어야 한다. 이러한 상황에서는 도대체 어떤 방법이 가장 합당한 것일까? 행인을 질책해야 할까? 아니면 행인에게 맞추어야 할까?

위의 예에는 '나는 합법적이고 정상적인 속도로만 운전하면 된다.'는 또 하나의 가치관이 있다. 왜냐하면 이 가치관 때문에 나는 이러한 일이 또 일어날지도 모른다는 것을 생각하지 않고, 계속 '정상' 속도로 가면서 만약의 사태를 대비해 속도를 줄이지 않았다. 큰 곡선도로를 돌면 차를 급제동할 시간이 없을지도 모른다는 것을 생각하지 않았다. 왜냐하면 그래도 나의 가치관에서는 내 잘못이 아니라 법규를 어긴 행인의 잘못이라는 생각이 있기 때문이다. 그렇다면 이 생각이 맞는 것일까? 아니면 틀린 것일까?

미국의 경우를 살펴보면, 만약 아이가 규정을 어기고 인라인스케이트를 타고 있더라도 법률에 차량은 가능한 한 그들에게 부딪히는 것을 피해야 한다고 규정하고 있다. 합법적으로 운전한다고 반드시 맞는 것이 아니고, 어떤 결과를 초래했느냐를 보아야 한다. 만약 결과를 피할 수 있었는데 피하지 않은 상황에서 차량이 행인을 쳤다면, 어떤 경우이든 차량은 모두 가장 큰 책임을 부담해야 한다. 그렇다면 이러한 가치관은 올바른 것일까?

때로 우리는 진정한 옳고 그름을 판단하기 어려워, 가장 기본적인 도덕적 사고 원칙을 찾을 수 없는 한, 가장 기본적인 원칙을 토대로 하여 모든 올바른 도덕적 판단을 이끌어낸다. 서양 철학은 2천여 년 동안 노력했지만 여전히 이런 상황에 사람들이 어떻게 지혜롭게 대처해야 하는지 그 도덕적 토대를 찾지 못했다.

예를 들면, 오늘날 대부분의 사람들은 모두 환경보호를 매우 중요시하여 환경보호에 도움이 되어야 올바른 것이라고 생각한다. 그런데 도로 하나 건설하는 것만으로도 환경에는 심각한 폐해를 초래한다. 그러면 모든 도로를 걷어내고 자연으로 되돌려야 하는 것일까? 이때 사람들은 가장 많은 사람에게 가장 유리한 것이 가장 도덕적인 것이므로 어느 쪽의 이익이 가장 클까를 살펴야 한다고 말할 것이다. 이 주장은 철학에서 효율주의의 주장에 속한다. 그러나 하버드대학교 마이클 샌델(Michael Sandel) 교수는 그의 베스트셀러 『정의란 무엇인가?』에서 이 관점에 대하여 의문을 제기했다. 예컨대 샤오화가 병원에 건강검진을 받으러 갔는데 의사가 그의 장기를 마침 병원 안의 죽음에 직면한 다섯 명의 환자에게 이식하는 데 쓸 수 있다는 것을 알게 되었고, 그를 죽이면 다섯 명의 생명을 구할 수 있다고 가정해보자. 만약 의사가 먼저 합법적이든 위법적이든 상관하지 않고 진짜로 샤오화의 장기를 다섯 명에게 나눠줬다면 그는 좋은 일을 한 셈일까? 만약 아니라면 그것은 '효율주의' 원칙이 문제가 있음을 나타낸다. 그리고 이 문제를 우리는 흔히 정의에 부합하지 않는다고 말한다. 이것은 철학에 있어서 정의 이론과 의무론의 주장에 속한다.

'정의에 부합하는 것'이 최고의 표준인 것 같다. 그런데 가령 의사가 정부로부터 의료 환경이 취약한 우방에 파견돼 의료행위를 하다가 끔찍한 전염병에 감염됐는데, 현재로서는 어떻게 대비해야 하는지도 모른다고 가정해보자. 이러한 경우에 그에게 최고의 치료를 받으러 돌아오라고 해야 하지 않을까? 비록 이것이 정의에 부합하는 것이지만 사람들은 반대할 수도 있다. 그 전염병이 국내에 퍼져 사회 전체에 재앙이 될 수도 있기 때문이다. 이때 우리는 또 집단 행복이 더 중요한 일이라고 생각하는 것 같다.

우리는 도대체 어떤 도덕 표준에 근거해서 판단하고 있는 것일까? 직관주의자들은 우리 마음속에 태생적으로 세워진 가치의 표준이 있어 직관에 근거하여 옳고 그름을 판단할 수 있다고 생각한다. 그러나 사실 사람들의 가치 관념은 각기 다르고, 다른 문화권은 물론 같은 문화권 안에서도 항상 뚜렷한 공감대를 찾기 어렵다.

다시 말해서, 모든 도덕적 사고는 사실 완벽한 이론적 기초가 결여되어 있기 때문에 모두 반드시 올바른 것은 아니다. 만약 서양 도덕철학을 배웠다면 이 관점에 있어서 더욱 깊은 깨달음을 얻게 되고, 이것은 우리가 가진 가치관의 한계를 벗어나는 데 도움이 된다.

사실 이것은 성엄 법사(聖嚴法師)가 불교 경전을 인용하여 말한 파초나무의 비유와 매우 유사하다. 예를 들어 우리가 '환경을 파괴하면 안 된다.'는 가치관을 가지고 '아무 데나 침을 뱉으면 안 된다.'는 것을 지지한다면 마치 파초나무의 껍질을 한 겹 벗기는 것과 같다. 또 우리가 '환경을 파괴하면 대중들에게 불쾌감을 준다.'와 '대중들이 불쾌하게 여기는 일을 하면 안 된다.'는 것으로 '환경을 파괴하면 안 된다.'는 것을 지지하는 이유로 삼을 때 다시 한번 껍질을 벗기는 것과 같다. 그런데 우리가 한 겹 한 겹 껍질을 벗기고 나서 그 안이 비어 있는 것을 발견할 수 있게 되면, 우리는 더 이상 이러한 관념들을 지지할 어떤 좋은 이유도 찾을 수 없고, 심지어 이러한 이유들이 그다지 성립할 수 있는 것은 아님을 발견하게 된다. 이러한 상황에서 이러한 가치관은 사실 모두 공성(空性)을 가지고 있음을 발견하게 된다. 다시 말해서, 그것들은 모두 텅 빈 것[空]이다. 결코 하나의 진리도 아니고, 어떤 상황에 원용할 수 있는 표준도 아니다.

## 호불호의 가치 표준인 집착도 고통을 가져온다

—

위에서 논한 것은 선악의 가치관이다. 우리는 다시 호불호의 가치관을 가지고 논해보기로 하자. 아이의 시험 성적은 높으면 좋고 낮으면 나쁘다. 그런데 왜 이러한 가치 표준이 있는 것일까? '높은 점수는 무엇을 상징하는가?' 어떤 부모들은 '높은 점수는 미래가 비교적 전망이 있을 것임을 대표한다.'라고 생각한다. 그러나 반드시 이와 같지 않다는 것은 분명하다. 학교에서 성적이 우수한 많은 졸업생들이 꼭 성공을 하는 건 아니다. 오히려 성적이 열등했던 학생들이 사회에 나와 뛰어난 활약을 하는 경우도 많다. 그렇다면 성적에 연연하기보다는 성공의 이면에 더 중요한 요인은 무엇이 있는지 잘 생각해보는 것이 더 낫다.

사람들은 때때로 사회 풍조에 따라 영문도 모른 채 어떤 가치관을 받아들이게 되고, 자신도 모르게 이러한 관념에 근거해서 살아가며, 그 안에서 제한을 받는다. 그러나 곰곰이 돌이켜보면, 이러한 관념들은 문제가 있다는 것을 알게 될 것이다. 사고가 여기까지 이르게 되면, 관념의 속박에서 점차 벗어날 수 있게 되고, 더 큰 생각의 자유를 얻을 수 있게 된다.

## 타고난 가치관의 집착에서 벗어나라

—

앞에서 논한 것은 모두 후천적인 가치관에 속하지만, 어떤 가치관은 천성(天性)에 쏠리는 편이다. 사람들은 고통에 대한 두려움과 죽음에 대한 공포를 가지고 태어나기 때문에 이와 관련된 일은 모두 나쁜 일로 생각하게 된다. 피하기 어려울 때 고통이 초래된다. 그러면 우리도 이러한 가치관의 속박에서 벗어날 수 있을까?

우리는 천성적으로 고통과 죽음을 모두 나쁜 일로 여긴다. 어느 정도 이러한 사고에 제한을 받아서, 우리는 왜 이러한 것들을 배척해야만 하고 적어도 수행을 하고 나서 관념적으로 해방될 수 없는가를 한 번도 제대로 생각해 본 적이 없을 것이다.

'고통'은 하나의 감각이다. 우리는 천성적으로 이러한 감각을 싫어하며 아프지 않기를 바란다. 이러한 차원에서는 아무런 문제가 없다. 내 짐작에는 도를 깨우친 자일지라도 자기 마음대로 고통의 감각을 없앨 수 없으며, 자신이 '고통'이라고 느끼는 감각을 좋아한다고 할 수는 없을 것이다. 그렇다면 우리는 어떻게 병으로 인한 고통을 대해야 할까? 병으로 인한 고통을 어떤 가치관으로 이해해야 할까? 그런데 여기에서 바로 변할 수 있는 공간이 생긴다. 예컨대 '고통은 나쁜 것이다.', '고통은 피해야 하는 것이다.', '고통은 일종의 형벌이다.', '아픈 사람은 정말로 불행하다.'라는 이러한 생각과 관념은 사실 모두 텅 빈 것이며, 그것들을 확립할 수 있는 토대를 찾을 수 없다. 다만 우리는 자연스럽게 그런 생각을 하게 되고 한 번도 그것들을 의심해 본 적 없이 당연시 여기며 번뇌의 깊은 나락으로 떨어지기 시작한다.

깊이 돌이켜 보면 이러한 관념의 공성(空性)을 발견할 수 있다. 그것들은 진리가 아닐 뿐만 아니라 반박할 이유도 쉽게 찾을 수 있다. 우리가 이러한 사색에 들어가게 되면 병으로 인한 고통 등의 풍부한 의미를 발견할 수 있으며, 번뇌를 조장하는 이러한 가치관을 모두 내려놓으면 훨씬 더 많은 번뇌에서 벗어나 마음의 자유를 누릴 수 있다.


## 불이법문(不二法門)의 지혜로 공성(空性)을 깨닫다

신베이(新北) 싼샤(三峽)에 있는 서련정원(西蓮淨苑)의 혜통 법사(慧通法師)와 내가 이 관점을 토론할 때, 『유마힐경(維摩詰經)』에서 강조한 '불이법문(不二法門)'을 공유하였다. 이 법문은 우리가 이러한 가치관의 공성을 생활 속에서 어떻게 실천할 수 있는지를 도와줄 수 있다. '불이(不二)'는 분별심(分別心)을 일으키지 않는 것을 가리킨다. 사실 가치관은 곧 일종의 분별심이다. 각종 가치관에서 벗어나는 것이 바로 '불이법문'을 실천하는 것이다.

'채식'을 예로 들어보자. 비록 이것은 불교의 '살생하지 않는다.'는 가치관에 속하지만, 다른 환경에서는 다른 생각이 있을 수도 있다. 예를 들어 티베트 고산 지대처럼 얼음과 눈으로 뒤덮인 혹한의 땅에 사는데, 채식을 고집하거나 남에게 반드시 채식을 요구하는 방법은 좋지 않은 결과를 가져올 수 있다.(이런 환경 탓에 실제로 티베트 불교는 전통적으로 육식을 허용했다. 다만 육식의 허물을 벗기 위한 진언 등 다양한 방법이 있으며, 최근 달라이 라마는 승려들에게 가급적 채식을 할 것을 권고하기도 했다 – 편집지) 그러나 불이법문을 활용하는 경우에 더욱 중요한 지혜는 우리가 어떤 특정 시기에 어떤 가치관이 적용되지 않는다고 생각할 때, 이 생각도 틀리는 때가 있다는 점에 있다. 예컨대, '어떤 고산지구의 거주민은 채식을 하면서 살아갈 수 없기 때문에 육식을 해도 괜찮다.'라고 하는 이러한 처리 기준도 틀릴 수가 있다. 왜냐하면 이러한 기준은 마음대로 육식을 하는 결과를 초래하여 살생을 금하는 이면에 있는 자비심을 위배할 수 있기 때문이다.

다시 말하면, 어떤 확고한 법칙일지라도 틀릴 수 있는 경우, 특정 법칙에 적용하지 못하고 이리저리 흔들리는 이러한 상태에서 불이법문은 우리가 중도라고 하는 가장 적당한 노선을 항상 찾도록 해준다. 지혜가 높을수록 언제나 중도의 길을 걷기가 쉽다.

여기에서 알 수 있듯이, 불교에서 기존의 가치관을 벗어나는 방법은 본질적으로 철학과 유사하지만 실제 그 방법에 있어서는 여전히 약간 다른 점이 있다. 철학은 가치관의 근원을 찾는 것을 통해서 이 가치관을 지지할 수 있는 충분한 이유가 결코 없다는 것을 발견하고, 그래서 이 가치관에 대한 회의적인 태도를 갖게 한다. 그렇기 때문에 이 가치관을 따르는 동시에 '이 관점은 부적절할 수 있다.'는 개방적인 태도를 여전히 유지하면서, 어떤 특례가 생기게 되면 더 이상 이 가치관을 따르지 않게 된다. 그러나 효율적인 면에서 말하면 두 가지는 오히려 매우 비슷하며, 모두 불교에서 말하는 집착하지 않는 상태에 속한다.

혜통 법사도 이러한 실천 방식의 한 가지 중요한 비결은 '견해는 타파하지만 법은 타파하지 않음'에 있다고 강조하였다. 여기에서 '법은 타파하지 않는다.'는 의미는 하나의 사물이나 가치관을 반드시 전면적으로 부정해야 하는 것이 아니라, 견해 즉 그것들에 대한 집착을 깨뜨려 없애야 한다는 것이다. 집착하지 않는 바로 지금, 그것들은 그래도 이득을 가져다줄 수 있기 때문에 우리는 그것을 지키고 운용할 수 있다.

'침을 함부로 뱉는 것은 나쁘다.'라는 가치관을 가지고 말하면, 이것은 하나의 '법'이다. '법을 타파하지 않는다.'라는 의미는 부정할 필요 없이 일상생활 속에서 여전히 이 가치관을 근거로 생활하고, 모두 함께 준수하여 환경에 도움이 될 수 있다는 것이다. 깨뜨려야 하는 것은 '견해', 즉 이 법에 대한 여러 가지 의견이며, 이러한 의견이 바로 집착의 근원이다.

다시 말해서, 항상 예외적일 때가 있으니 어떤 가치관이든 무조건 맞는다고 생각하지 말아야 한다는 것이다. 이러한 마음만 있다면 아무 데나 침을 뱉는 사람을 만났을 때 이유를 묻지 않고 바로 비난하지는 않을 것이다. 예컨대, 만약 병으로 인한 통증이나 어떤 특수한 요인 때문에 아무 데나 침을 뱉는 사람이 있다면 그를 이해해주어야 하거나 심지어는 빨리 가서 도와주어야 할 상황에 해당할 수도 있다.

따라서 방법은 다르지만 효능으로 말하면, 사물의 '공성'을 강조하는 '불이법문'의 관점은 철학이 주장하는 여러 가치관의 배후에 토대가 결여되었다고 하는 생각과 유사하다. 그리고 '견해는 타파하지만 법은 타파하지 않는' 실천적 태도는 철학이 '의심'을 갖는 실천적 태도와도 매우 큰 유사성이 있다.

## 공성(空性)을 보고 어떻게 즐거움을 얻을까?

—

끝으로 이고득락의 사고 측면으로 돌아가보자. 어떠한 부정적인 감정을 보면, 이러한 부정적인 감정들은 어떤 가치관을 수반한다는 것을 발견할 수 있다. 만약 그런 가치관들이 사실 다 텅 비어 있는 것이며 확실한 토대를 찾을 수 없는 것임을 알아서 그것에 의해 더 이상 우리의 사고를 깊이 얽매이지 않게 되고 생각이 그 속에서 벗어나게 되면, 생명이 근본적으로 변하여 고통에서 벗어나게 될 것이다. 다음의 육조혜능(六祖慧能)의 게송 몇 구와 같다.

보리는 본래 나무가 없고, 밝은 거울 또한 받침대가 아니네.

본래 한 물건도 없는데, 어디에 티끌이 끼겠는가?

菩提本無樹, 明鏡亦非臺.

本來無一物, 何處惹塵埃.

그런데 이러한 삶이 고통스럽지 않다고 즐거움을 얻을 수 있을까? 사실 서양 르네상스 시대의 스피노자, 현대 프랑스 철학자 앙리 베르그송 등과 같은 많은 철학자와 불교 수행자, 특히 선종은 모두 하나의 공통된 관점이 있는데, 바로 삶의 본질이 곧 기쁨이라는 것이다. 고통은 생명이 속박을 받아서 생기는 것이므로 마음이 속박에서 풀리면 자유로워지고, 원래 생명이 지니고 있는 희열의 숨을 쉬기 시작할 수 있다. 고통에서 벗어나는[離苦] 동시에 즐거움을 얻게[得樂] 된다.

해탈한 뒤의 이러한 희열은 송대 이학(理學)의 개조(開祖) 주돈이(周敦頤)가 제자인 정호(程顥)와 정이(程頤)에게 내준 사상에 대한 주제와 비슷하다. "공자와 안자가 즐거워한 것을 찾게 하였는데, 즐거워한 것은 어떤 일이었는가?[尋孔顔樂處, 所樂何事?]" 다시 말해서 공자와 안회의 즐거움이 무엇인가를 찾으라는 것이다. 『논어』에 실린 내용에 따르면, "공자가 말씀하시기를, 어질구나. 안회여! 한 그릇의 밥과 한 표주박의 물로 누추한 동네에 살게 되면 보통 사람들은 그 근심을 이겨내지 못하는데 안회는 그 즐거움이 변치 않는구나. 어질구나. 안회여! [賢哉, 回也! 一簞食, 一瓢飲, 在陋巷°人不堪其憂, 回也不改其樂°賢哉, 回也! ]"(『논어』 제9장 '옹야(雍也)')라고 했다. 안회는 잘 먹지도 못하고 누추한 곳에서 살았는데, 대부분의 사람들은 저런 처지에서 근심을 견딜 수 없지만, 안회는 의연하게 즐거워하고 만족스러워하며 전혀 영향을 받지 않았다는 것이다. 그리고 공자도 하는 일마다 뜻대로 되지 않았지만 마찬가지로 즐거움을 누렸다. 공자가 말씀하시기를, "거친 밥을 먹고 물 마시고 팔을 굽혀 베면 즐거움 또한 그 속에 있는 것이다.[飯疏食, 飲水, 曲肱而枕

之 , 樂亦在其中矣.]"(『논어』 제6장 '술이(述而)')라고 했다. 이것은 공자가 자신의 즐거움에 대하여 서술한 것이다. 한 끼 간단한 채소밥을 먹고, 물한 잔을 마시고 나서 팔을 구부려 베개로 삼고 누우면, 그 안에 즐거움이 있다는 말이다. 이러한 즐거움은 삶이 본질적으로 지니고 있는 재미이다.

어려움이 닥칠 때, 그것을 배척하지 않을 수 있으면 도전이라는 것을 알게 될 것이다. 병이 나서 아플 때, 그것을 배척하지 않을 수 있으면 생명력이 솟아오르는 것을 발견하게 될 것이다. 죽음의 압박을 느낄 때, 잠시 두려움을 내려놓을 수 있으면 생명은 아름다운 미학의 여정으로 바뀔 것이다. 어떤 부정적인 처지에 부닥쳤을 때, 잠시 부정적인 감정을 내려놓을 수 있으면 사람을 기쁘게 하는 인생의 큰길을 볼 수 있을 것이다. 나는 이것이 수행해야 할 가치가 있는 '일체개공'의 지혜라고 생각한다.

그런데 모든 것이 다 비워진 후의 삶 그 자체에 담긴 즐거움 외에, 사실 불교에는 훨씬 더 많은 즐거움이 있다. 이러한 즐거움은 모든 것이 다 비워지지 않을 수 있는 데서 온다. 즉 '색이 곧 공이요, 공이 곧 색이다.[色卽是空, 空卽是色]'라는 지혜이다.

## (13)

# 무엇을
# '색즉시공,
# 공즉시색'
# 이라고
# 하는가?

유명한 불교 경전인 『반야심경』에 익숙히 들어 잘 알고 있는 "색은 바로 공이요, 공이 바로 색이다.[色卽是空, 空卽是色]"라는 구절이 있다. 이 말은 항상 사람을 곤혹스럽게 한다. 전문가마다 늘 다르게 해석을 하는데, 그렇다면 이것은 도대체 무슨 뜻일까?

　'색(色)'을 사람들은 항상 '색정(色情)'을 말하는 것으로 잘못 생각하지만, 사실은 형상이 있는 모든 사물을 뜻한다. 모든 사물은 다 색깔이 있으므로 색깔이 있는 물건의 총칭으로 여길 수 있다. 물론 여기에는 색정도 포함된다. 그러므로 색정의 측면에서 말하면, '색즉시공'으로 사람들에게 육체적인 색정에 연연하지 말라고 권해도 된다. 이러한 의미에서 '색즉시공'은 앞에서 말한 '일체개공'의 뜻과 엇비슷한데, 다만 토론의 범위가 좀 다를 뿐이다. 더욱이 이 말의 뒤에 이어 오는 "느낌, 생각, 행함, 식도 또한 그러하다.[受想行識, 亦復如是]"라는 것은 느끼고, 생각하고, 의도하고 행동하는 것과 이 모든 의식까지도 모두 텅 빈 것[空]이라는 말이다. 색은 물질적인 측면과 느낌, 생각, 행함, 식이 속한 심리적인 측면이며, 이러한 것은 모두 텅 빈 것이므로 이게 바로 '일체개공'이라는 뜻이다. 이 부분은 아무런 문제가 없다. 문제는 왜 텅 빈 것[空]도 색(色)인가에 있다.

## 이고득락에서 '공즉시색'을 해석하다

—

'색은 공이고 공도 색이다.'라는 이러한 논법은 느끼기에 마치 '7+3은 10이고, 10도 7+3이다.'라고 하는 것과 같다. 이는 말도 안 되는 소리 아닌가? 물론 이것은 하나의 해석 방식이지만 그다지 좋지 않은 해석이다. 옛사람의 글을 읽을 때는 가능한 한 가장 지혜로운 해석을 찾으려고 노력해야 한다. 가장 지혜로운 이 해석이 작자의 본래의 의도가 아니라 하더라도 상관없다. 왜냐하면 불교를 읽는 데 가장 중요한 것은 불교 속에 있는 지혜를 배우는 것이지 역사를 배우는 것이 아니기 때문이다. 우리가 단순하고 지혜롭지 못한 해석을 가볍게 채택했는데, 만약 해석이 틀린 것이라면 지혜를 얻게 될 기회를 잃게 되는 것이다. 그러면 우리가 '색즉시공'을 어떻게 해석하는 것이 좋을지 한번 생각해보도록 하자.

내가 생각하기에 가장 좋은 해석 방식은 다시 불교의 초심, '이고득락'으로 돌아가는 것이다. 이고득락의 목적에서 말하면, 우리는 이 말을 어떻게 볼 수 있을까?

먼저 '색즉시공'의 지혜는 '이고(離苦)'에 있다. 우리가 얻을 수 없는 어떤 사물에 연연해서 고통이 생길 때, 그 공(空)의 본질을 볼 수 있다면 원하다 얻지 못해 이르게 되는 상실의 고통이 해소될 수 있다. 사랑하는 상대를 찾지 못해 괴로워하고, 자기가 사랑하는 사람이 다른 사람과 서로 친밀하게 지내는 것을 보고 질투를 느낀다. 이러한 심경들에 대하여 우리는 지혜로운 관상(觀想)을 통해서 몇십 년 후에 이 아름다운 사물들은 다 눈 깜짝할 사이에 텅 빈 것[空]으로 변하게 될 것임을 상상할 수 있다. 미련을 갖는 심정도 많은 인연이 모여 생긴 것이다. 시공(時空)과 기연(機緣)이 바뀌면 이러한 미련에 대한 감정은 더 이상 존재하지 않을 것이다.

예컨대, 서로 다른 기연과 상황에서는 원래 흠모하던 상대가 혐오의 대상이 될 수 있다. 야구 경기를 볼 때처럼, 기연이 다르게 바뀌면 느낌이 달라진다. 어렸을 때 아주 인상 깊게 보았던 야구 경기가 있다. 어린이 야구인지 청년 야구인지 잊었지만 대만과 일본의 경기였고 마지막 승부였다. 경기 종반까지 대만이 3점이나 지고 있어서 당연히 질 것으로 생각했다. 그런데 일본팀은 신중을 기하기 위하여 경기 막판 체력이 저하된 선발투수를 교체하였다. 하지만 새로 올라온 투수는 너무 긴장이 되었는지 포수가 잡을 수 없는 곳에 공을 던졌고 결국 포수가 공을 놓치는 바람에 3점 차이는 곧 1점 차이가 돼 버렸다. 그러자 일본팀은 재빨리 또 새 투수로 교체를 단행했다. 그런데 이 투수는 올라가자마자 끝내기 홈런을 맞고 말았다. 경기는 대만의 대 역전승으로 끝났다. 경기가 끝나고도 며칠 동안 사람들과 이 일을 신나게 이야기했던 기억이 있다.

그런데 내가 대만 사람이 된 것은 필연이 아니라 인연이 모인 우연의 일치였을 뿐이다. 만약 내가 일본사람이었거나 심지어 그 끝내기 홈런을 맞았던 투수였다면 또 어떤 심경이었을까?

어떤 인연이 모인 상황에서 어떤 사람의 장점과 매력이 있는 점을 보고 그를 사랑하게 된다. 그리고 이 사랑이 너무나 진실하고 영원할 것으로 생각하고, 두 사람은 영원토록 서로 사랑하도록 운명이 정해졌다고 여길 것이다. 그러나 만약 시간과 공간의 배경과 인연이 바뀌어 원래 좋아해야 할 사람이 마침 자신의 초등학교 선생님이고, 그의 어떤 결점이 자신의 어릴 적 성장 과정에서 자기에게 상처를 입혔다면 그를 미워할 수도 있다. 사랑하든 미워하든 이러한 감정은 다른 인연이 모여서 이루어진 산물에 지나지 않는다. 만약 여러 가지 가능성을 볼 수 있다면 어떤 특정 감정에 매달리지 않게 된다.

또 다른 측면에서 말하면, 우리에게 미련이 생기게 하는 이면의 그런 가치관들은 모두 의지할 가치가 없다. 우리는 이러한 구체적인 사물과 가치관의 공성(空性)을 간파할 때 고통에서 벗어날 수 있다.

그런데 이러한 공성(空性)의 지혜는 일종의 능력이다. 쓰고 안 쓰고를 스스로 선택할 수 있다. 공(空)으로 사물을 볼 수 있으며, 공으로 사물을 바라보지 않을 수도 있다. 예를 들면, 한 어린 친구와 당구를 친다고 해보자. 나는 그가 전혀 반격할 수 없을 정도로 빨리 공을 칠 수 있는 능력이 있다. 그러나 이것은 내가 반드시 그렇게 쳐야 한다는 것을 의미하는 것은 아니다. 그의 기량에 맞춰 신나는 것은 아니지만 재미있는 경기를 할 수 있다. 일체개공의 관념 안에서는 모든 것을 추구할 가치도 없어 흥미를 끌 수 없으며 마침내 포기할 수도 있다. 이렇게 되면 절대 금욕주의로 기울게 된다. 이러한 인생은 비록 '고통에서 벗어날[離苦]' 수 있어서 평온한 기쁨을 얻을 수 있지만, 적극적으로 '즐거움을 얻을[得樂]' 수는 없다. 결코 이상적인 불교 사상과 인생의 경지라고는 할 수 없다.

그러므로 두 번째 구절인 '공즉시색'의 지혜는 첫 번째 구절인 '색즉시공'의 반박으로 해석할 수 있다. 목적은 '즐거움을 얻는 것[得樂]'에 있다.


## 지금 이 자리를 파악하면 공이 바로 색이다
<br>━

따라서 모든 것이 다 텅 빈 것[空]이지만 우리가 이 모든 것을 진지하게

집착하지 않고 대할 수 있다면 어떠한 사물도 구체적이고 사실적으로 드러날 수 있다. 진짜 번뇌와 고통을 가져오는 것은 우리가 이러한 사물에 집착하여 욕망이나 탐욕에 빠져 그 손아귀에서 벗어나지 못하는 것이다. 이로 인해 얻을 수 없는 고통이 생긴다. 그런데 우리가 속박에서 벗어나 언제라도 잃을 수 있는 상태에서 자유자재로 마음껏 소유할 수 있을 때, 공성(空性) 속에서 해롭지 않게 즐기며 삶의 다양한 즐거움을 얻을 수 있다.

　내 차의 오디오는 고장이 잘 나서 작동이 안 될 때가 많다. 그러나 일정 시간이 지날 때마다 저절로 다시 정상적인 상태로 돌아오기 때문에 완전히 손상됐다고 볼 수는 없다. 자동차 정비소 기사는 나에게 완전히 고장 날 때까지 기다려 수리하는 것이 좋겠다고 말했다. 그렇지 않으면 문제가 있는 곳을 정말로 찾기 어렵다는 것이다. 그 후 약 두세 달 정도 지나도 저절로 정상으로 회복되지 않아서 나는 당연히 완전히 고장 났다고 생각해서 시간을 내어 수리하러 가기로 결정했다. 그런데 당시에는 약간 바빠서 몇 달을 끌며 수리하러 가지 않았다. 이 기간 동안 나는 휴대전화를 차 오디오 대용으로 썼으나 상대적으로 음향의 품질이 많이 떨어졌다.

　그런데 고장난 지 반년이 넘은 어느 날, 뜻밖에도 저절로 오디오의 상태가 회복되었다. 그날을 정확히 기억한다. 밖에는 비가 내리고 있었고, 나는 차 안에서 (휴대전화와 비교해서) 음질이 아주 좋은 우아하고 아름다운 고전 음악을 들으면서 너무 행복했다. 오디오가 언제 다시 고장이 날지 몰랐지만 나는 그 아름다운 순간을 거리낌 없이 마음껏 만끽했다.

그러면 설령 다음에 또 고장이 나더라도 마음속으로 이미 좋은 시간을 잘 포착했던 것을 다행으로 여기게 될 것이라고 생각했다. 다시 말해서, 설령 공이라 하더라도 얻은 것에 집착하지 않는다면, 그것이 바로 무해한 희열이다.

일상에서 어떤 것에 집착하지 않고 또 영원하기를 바라지 않으면, 비록 작거나 큰 변화가 있더라도 그 순간에 집착하지 않고 주어진 순간들을 소중히 여기게 된다. 설령 아직 주어지지 않았더라도 추구하는 모든 순간들을 소중히 여기며 성과를 억지로 갈구하지 않고, 현재의 미적 경지를 추구하며 맘껏 만끽한다. 그러면 설령 허황될지라도 진실한 것이다. 이것이 '색즉시공'에 대한 하나의 좋은 해석이 될 수 있다고 나는 생각한다.

이러한 지혜 속에서라면 인생은 즐거움이 가득할 것이다. 따라서 이고득락의 측면에서 말하면, '색즉시공'은 고통에서 벗어나는[離苦] 지혜이고, '공즉시색'은 공성에 대한 인식 속에서 현재의 즐거움을 얻은 것[得樂]을 파악하는 지혜이다.

아마 어떤 사람은 이것이 바로 요즘 젊은이들이 '그때그때 즐기는' 생활 태도가 아니냐고 말할지도 모른다. 겉으로 보면 닮았을지도 모르지만, 내적인 측면에서 말하면, 차이가 많이 난다. 차이는 바로 내면의 즐거움이 세속의 티끌에 물들었는가 하는 점에 있다.

"온갖 꽃이 만발한 정원을 지났으나, 꽃잎 하나도 몸에 붙지 않았네.[百花叢裡過, 片葉不沾身]"

# ⑭

# 무엇을
# '오도'悟道라고
# 하는가?

이고득락과 함께 '도를 깨달음[悟道]'은 불교를 배우는 또 다른 중요한 목적 중 하나다. 불교를 배우는 사람들은 때로는 이고득락의 목표를 잊고 온 마음을 다해 도에 대한 깨달음을 추구한다. 왜 이럴까? 깨달음이 정말로 그렇게 중요한 것일까? 도를 깨달음은 이고득락을 위한 것이 아닌가? 두 가지는 무슨 차이가 있을까?

도를 깨달음이 중요한 문제인가 아닌가는 정말로 말하기 어렵다. 왜냐하면 우리는 먼저 '도를 깨달음'이 무엇인지 확인해야 하기 때문이다. 그런데 불교가 줄곧 이어져 오는 동안 도를 깨달음은 말로 설명할 수 없는 것으로 여겼다. 말로 설명할 수 없는데 어떻게 토론하겠는가? 불교는 대체로 이렇게 말로 설명할 수 없다고 여겨지는 것들에 대해 토론하는 걸 즐기지 않았다. 만약 누군가 애써 이야기하려고 하고 무리하게 말하려고 한다면, 불교를 아는 사람들에게 어리석은 사람 취급을 당할지도 모른다. 그러나 서양 철학의 정신은 다르다. 아무리 토론하기 어려운 주제가 있더라도 아주 조그마한 실마리만 있으면 토론하기를 즐겼다. 가능한 다른 측면을 모색해 논의할 수 있을 만큼 논의해 문제를 해결하려고 하였다. 일단은 서양 철학 정신에 근거해 깨달음에 대해 논의하면서 도움이 되는 견해가 있는지 살펴보도록 하자.


## 오도(悟道)는 '이고득락'의 관건이다

—

먼저, 우리는 도를 깨달음이 사실 이고득락의 중요한 관건이라고 가정해 볼 수 있다. 일단 도를 깨닫게 되면 인간 세상의 고통에서 벗어나거나 적어도 그 고통의 근원을 알아서 해탈의 방법을 터득하게 된다. 이러한 가정이 이고득락의 목표와 가장 일치하는 논법이라고 할 수 있다. 다시 말해서 도를 깨달음이 실제로 이고득락하는 중요한 관문인 것이다. 이렇게 되면 해탈을 하는 과정이 비록 고통스럽더라도 그 고통은 당연히 가치가 있는 것이 된다. 그 방법이 효과가 있으면 한번 시도해볼 만하다.

그러나 '힘든 수행[苦修]'을 하며 불교를 배우는 길은 매우 험난하다. 때론 생활이 온통 엉망진창이 될 수도 있다. 잘못된 길로 들어서서는 그걸 반드시 거쳐야 할 길이라고 착각할 수 있다. 그러다 해탈하는 것이 멀지 않았다고 착각하기도 한다. 이러한 생각을 가지고 만약 무당에게 속게 되면, 제때 문제를 발견하기 매우 어렵다. 그러므로 불교를 배우는 과정이 결코 즐겁지 않다면 적어도 한번쯤 되돌아볼 필요가 있다. 현재의 고행(苦行)이 가치 있어 보이지 않으면 이 고통이 불교를 배우는 길인지 의심해볼 만하다. 하지만 '고행'은 열악한 환경, 때로는 배고픔과 추위를 견뎌야 하는 등  그 과정이 매우 고통스러울 수 있지만 그 가치는 분명하다. 왜냐하면 이러한 수행은 적어도 마음을 훨씬 더 자유롭게 하고 의지를 더욱 강하게 하여 삶의 도전을 더욱 두려워하지 않게 하기 때문이다. 그러나 수행하는 가운데 이고득락과 비슷한 요소가 보이지 않고, 또 즐겁지도 않을 때는 반드시 경각심을 가져야 한다.

그러면 도대체 어떠한 깨달음이 우리를 고통에서 벗어나게 할 수 있을까? 만약 우리가 갑자기 '일체개공'이나 '무아'를 체득해 깨닫게 되었는데 고통의 근원을 보지 못했다면, 이것은 도를 깨달은 것일까?

선종에서는 깨달음을 '돈오(頓悟)'와 '점오(漸悟)'로 구분하는 경우가 있다. 우리가 차근차근 수행하면서 점차 번뇌를 일으키는 생각을 내려놓고 마음부터 천천히 바꿀 때, 그 과정이 매우 힘들겠지만, 마침내 마음이 자유를 얻게 되어 번뇌가 더 이상 일어나지 않으며, 여러 가지 번뇌의 공성을 깨달아 완전히 이고득락하게 된다. 이것이 '점오'이다.

나는 항상 여러 가지 가치관을 돌이켜 생각하면서 사유에 제한을 받지 않게 하려고 노력한다. 이렇게 마음이 넓어질수록 포용력이 생겨서 분노가 일어나는 것이 줄어든다. 그밖에, 다른 사람의 언행을 신중하게 이해하려고 노력한다. 오해가 적어질수록 갈등도 적어진다. 이해력이 높아지고 어리석음[無明]이 줄어들수록 이고득락할 수 있게 된다.

나는 늘 내면의 진실한 자아를 관찰하고 마주하면서 의지를 발휘하여 내면의 어두운 면이 방해하는 것을 막는다. 예컨대 자신이 남을 질투하고 미워하는 것을 보았을 때, 즉시 그것을 쫓아내는 식이다. 일을 할 때는 공평하고 정의를 굳게 지키고, 이익이나 각자의 취향에 따라 변경하지 않는다. 해야 하는 대로 해나간다.

선생님은 모든 학생에게 공평해야 하지만 어떤 선생님들은 때대로 공정함을 잃어버리고 사이가 좋은 학생에게 더 좋은 성적을 주기도 한다. 또 어떤 선생님들은 학생들에게 기말 강의 평가에서 좀 좋은 평가를 받기 위해서 학업에 대한 부담을 약간 가볍게 해서 학생들의 호감을 널리 얻으려 한다. 이렇듯 공평하고 정의에 어긋나는 일은 가능한 한 피하고 선생님의 배역을 맡아 그 역할을 해나가면서 이해득실에 따라 동요되지 않는 것, 이것이 나에게는 좋은 수행이다.

쉽지 않겠지만 분노는 일어나는 걸 감지하는 즉시 풀어내는 게 가장 좋다. 풀어내는 능력이 강할수록 마음이 자유로워진다. 항상성을 가진 사람은 만물을 느껴가며 내면의 세계를 넓혀서 아집(我執)과 멀어진다. 이러한 수행도 차츰 이고득락의 길로 나아갈 수 있다. 조금씩 조금씩 나아가 어느 날이 되어 완전히 해방되면 그곳이 곧 종점인 것이다.

점차 변해가는 이러한 과정은 당연히 '짐오'의 과정이다. 이러한 점오는 점차 변화하는 것뿐만 아니라 변화하는 과정에서 어떤 특별한 이치를 깨닫게 된다. 이것이 바로 옛사람들이 말하는 "참된 사람이 있은 뒤에 참된 앎이 있다."라는 것이다. 먼저 자신이 수행해서 참된 사람이 되면 참된 앎은 저절로 떠오르게 된다는 것이다.

인지적인 측면에서 말하면, 만약 어떤 기회에 즉시 어리석음[無明]을 타파하고 일체개공임을 발견하게 되면 모든 번뇌가 일어나지 않는 지혜에 도달하게 된다. 이러한 깨달음이 곧 돈오(頓悟)이다. '돈오'라고 부르는 까닭은 매우 갑작스런 변화이기 때문이다. 감각적으로 번뇌가 갑자기 더 이상 집착으로 인해 일어나지 않는다. 그러나 돈오라고 하더라도 당연히 하나씩 하나씩 쌓여가다가 때가 무르익은 뒤에야 각종 어리석음을 한꺼번에 타파하고 목표에 도달할 수 있다.

## 오도(悟道)는 진리를 깨닫는 것이다

—

이고득락을 목표로 깨달음을 해석하는 것 외에, 다른 해석이 있을 수 있다. 이러한 다른 해석들은 서로 상충되지는 않으며 같은 것일 수도 있다. 보는 각도에 따라 다른 명칭이 있을 뿐이다. 예를 들어 '도(道)'는 모든 사물의 이면에 있는 진리로 이해될 수 있으며, 이 진리를 아는 것이 바로 깨달음이다. 만약 이 진리가 '일체개공'이면 이것이 곧 이고득락의 관건이다. 그러면 '도'가 우주의 진리일까? 만약 그렇다면 그것은 무엇일까?

만약 과학자가 우주의 진리를 발견하고 그것에 대해 적는다면 일상용어로 표현하기에는 대단히 어려울 것이다. 아마 적어도 방정식 정도는 써야 할 것이다. 그러나 모든 불교 관련 기록에서 도를 깨달은 사람은 보통 어떤 새로운 일을 말하지 않는다. 그들이 하는 가장 일반적인 표현은 "도는 단지 이러한 것에 불과할 뿐이다!"라거나 "우리는 이미 도 가운데 있으면서 스스로 깨닫지 못하는 것이다."라고 하는 것이다. 다시 말해서 깨달음은 결코 어떤 새로운 것을 보는 것이 아니라 원래 존재하는 옛것을 보는 것이다. 이것은 우리가 흔히 말하는 과학의 새로운 지식과는 다르다. 그러므로 이러한 지침에 따라, 우리가 찾으려고 하는 도는 무슨 기이한 사물이 아니고 우리가 줄곧 갖고 있던 것이며, 단지 내내 발견하지 못했던 것뿐이다.

그런데 이러한 표현은 매우 이상하다. 깨달음이 무슨 새로운 것을 깨닫거나 어떤 새로운 지식을 추가하는 것이 아니라면 왜 대부분의 사람들이 다 도를 깨닫지 못했을까? 왜 우리는 내내 갖고 있었는데도 발견하지 못했을까? 도대체 어떤 것이 이러한 속성을 가질 수 있을까?

여기에는 매우 독특한 인지작용이 관련되어 있다. 이것은 사실 철학의 기본 기능과 매우 비슷하다. 철학을 배우는 중요한 가치는 사실 어떤 새로운 지식을 늘리는 것이 아니라 반대로 지식을 줄이는 것이다.

뭐라고 말해야 할까? 철학 이론은 철학적인 문제에 답하기 위해서 존재하는 것이고, 철학 이론을 배우면 그런 철학적인 문제들에 대해 어떻게 대답하고 사고하는지를 알게 되는 것이다. 그런데 철학적인 문제는 표준답안이 없다. 어떤 철학적인 문제에 정말로 궁극적인 해답을 줄 수 있는 철학 이론은 어느 것도 없다. 따라서 설령 모든 철학 이론을 읽었더라도 해답이라고 할 만한 어떤 지식도 얻지 못한다. 배운 것은 모두 하나의 사고의 맥과 하나의 견해일 뿐이다. 이러한 사고의 맥과 견해는 우리가 하나의 문제를 더 전반적이고 더 깊게 살펴볼 수 있게 해준다. 이러한 사고 능력은 오히려 우리가 원래 스스로 옳다고 여겼던 해답을 없애준다.

따라서 모든 사람이 자신을 되돌아보는 측면에서 보면, 지식은 늘지 않고 오히려 감소한다. 그리고 감소한 그런 지식은 사실 그 자체가 참된 지식[眞知]이 아니라 얄팍한 집착일 뿐이다. 철학을 배우는 이유는 깊이 사고하는 것을 배우는 데 있다. 깊은 사고는 사람들에게 여러 관념의 불안정한 기초를 보게 하고, 그래서 습관적인 사고에 더 이상 의존하지 않게 한다. 이러한 기능은 불교에서 논하는 온갖 집착을 깨뜨리는 것과 유사하다. 어쩌면 여러 가지 잘못된 인식에 대한 집착을 없애고 참된 도[眞道]를 회복하는 순간이 바로 도를 깨닫는 때일 것이다.

이러한 상태가 '일체개공', '무아' 등의 마음 상태와 더 비슷하다. 우리의 인식이 이러한 집착이 없는 상태에 명확히 도달했을 때, 완전한 자유를 얻게 된다. 이것도 도가(道家)의 장자(莊子)가 제창한 '대자재(大自

在)'의 경지와 비슷하다.


## 도가(道家)의 대자재(大自在) 경지

———

장자는 「소요유(逍遙遊)」에서 네 가지 마음의 경지를 말했다.

첫 번째 단계는 유가에서 강조하는 군자의 품위와 같이 덕성을 갖추고 대중을 섬기는 것을 목표로 한다. 자신이 대중들에게 떠받들어지는 인물이 되는 것이다. 그러나 이러한 사람은 남의 시선을 지나치게 의식하기 쉬워 삶이 자유롭지 못하다.

두 번째 단계는 타인의 시선에서 벗어나 더 큰 자유를 얻을 수 있다. 행동이 여러 사람들에게 칭찬을 받아도 그다지 기뻐하지 않고, 여러 사람들에게 욕을 먹어도 즐거움이 조금도 줄어들지 않을 수 있다. 자신이 스스로 충분히 좋고 나쁨을 판단할 수 있다. 그러나 이것은 개인의 주관적인 견해에 제한을 받는다. 만약 사물의 환멸(幻滅)이 자기의 취향과 서로 어긋나면 마음이 방해를 받아서 자유를 얻을 수 없게 된다.

세 번째 단계는 도가의 전형적인 인물인 열자(列子)처럼 똑같이 바람을 몰고 다니면서 자연에 순응하는 것이다. 마음의 갈망에 집착하지 않고 삶이 어떻게 변하든 그것을 받아들이며 바람이 불면 부는 대로 가며 개인의 가치관의 한계를 완전히 벗어나는 것이다. 자유로운 삶의 모습이 나타난다. 그러나 장자는 이것도 여전히 최고의 단계로 보지 않았다. 왜냐하면 자연의 제한을 받아 자유롭지 못하기 때문이다.

마지막 단계는 도가의 최고의 경지이며, 절대 자유의 상태로 들어가는 것이다. 자연에 순응해야 하든 자연에 순응하지 않아야 하든 자신이 즐기는 대로 자기 몸이 변해 자연이 되어 완전히 자유자재한 삶의 형태로 들어가는 것이다.

모든 번뇌는 다 스스로 문제를 일으키는 것이다. 마지막 단계의 경지에서는 맑은 공기 속에서 마음대로 돌아다니며, 마음이 하고 싶은 대로 하고 또 하고 싶지 않으면 하지 않는다. 바람이 불어 풀이 흔들리듯 모든 것이 다 이렇게 단순하고 자연스럽다. 이것이 바로 참된 도[眞道]이다. 참된 도는 무슨 특별한 사물을 보는 것이 아니고 보이는 그대로의 것들이다. 어리석음[無明]에 가려지지 않은 상황에서는 특히 진실로 변하게 된다.


## 도를 깨달으면 무슨 쓸모가 있을까?

어떤 사람은 "이러한 참된 도[眞道]가 무슨 쓸모가 있나?"라고 묻고 싶을 것이다. 만약 아직 도를 깨닫지 못했다면 이러한 질문은 정말 좋은 질문이라고 생각한다. 만약 도를 깨달았다면 석가모니 부처님이 꽃을 들어 마하가섭에게 도를 전하자 마하가섭이 미소를 지어보였던 것처럼 그저 미소만 지으려 할 것이다. 우리에게 유용(有用)과 무용(無用)의 분별심이 일어나면 다시 어리석음에 떨어지게 된다. 만약 어떤 사람이 깨달은 자에게 이 질문에 반드시 대답을 해야 한다고 하면 그는 아마 '하필 이면 스스로 긁어 부스럼을 만들 필요가 있나?'라고 할 것이다. 그러나 이러한 대답은 아직 도를 깨닫지 못한 사람을 만족시킬 수 없는 것이다.

어쩌면 그도 "쓸모없다!"라고 하거나 "매우 쓸모 있다!"라고 말할 것이다. 아니면 다음과 같이 매우 진지하게 대답할 것이다. "참된 도는 참된 도이다. 무슨 쓸모 있고 쓸모없는 것이 아니다. 그러나 도를 깨달으면 적어도 허망한 지식이나 관념으로 인해 만들어지는 영문을 모르는 많은 번뇌가 줄어들 것이다."라고 하거나 "좋아! 만약 반드시 쓸모에 대해 말하라면, 도 안에서는 근심도 걱정도 없고 마음이 편안하고 자유로워 번뇌가 일어나지 않는 것이다."라고 할 것이다.

그러나 이렇게 해석하면 단지 도를 깨달았을 뿐이지 이것으로 이고득락했음을 의미하는 것은 아니다. 사람들은 여전히 살아가는 동안 여러 가지 사정에 따라 끊임없이 허망함에 빠져서 온몸에 비린내를 일으킨다. 그러나 도를 깨달으면 적어도 사람을 깊은 나락으로 떨어뜨리는 어떤 관념에 달라붙어 외곬으로 파고들며 더 이상 점점 더 깊이 빠져들지는 않는다.

이것은 사실 오류를 배우는 논리와 매우 비슷하다. 오류를 알게 된 후에는 오류를 발견하는 능력만 향상될 뿐이지, 이것으로 더 이상 잘못을 저지르지 않는다는 것을 의미하지는 않는다. 왜냐하면 끊임없이 오류 속에 떨어지는 것이 인간의 천성(天性)이기 때문이다. 마음의 완전한 자유를 훈련해내서 앞에서 말한 점오의 수행처럼 마음이 완벽히 자유로워져야만 비로소 참으로 번뇌 속에서 자유롭게 오갈 수 있고 진짜로 이고득락할 수 있다. 그래서 마음과 지혜의 수행은 병행해야 한다.

## 도를 깨닫는 것이 바로 인생의 길을 깨닫는 것이다

―

우리는 '도'를 '인생의 큰길'이라고 생각해 삶의 의미를 완성해가는 하나의 경로라고 해석할 수도 있다. 이렇게 이해하는 것의 장점은 '도'를 하나의 '도리'로 해석하지 않아도 된다는 데 있다. 도리라면 결국 그 단서들을 말해야 하는데 그렇지 않고 길처럼 다른 종류라면 굳이 단시를 말할 필요가 없어진다.

이러한 길은 사실 혜통 법사와 공유했던 '불이법문'과 매우 비슷하다. '이렇게 말하는 것은 옳지 않고, 그렇게 말하는 것도 옳지 않고, 이렇게 말하는 것이 옳지 않다고 하는 것도 옳지 않고…….' 이러한 지나침과 미치지 못함이 반복해서 왔다 갔다 흔들리는 과정 속에서 가장 합당한 중도가 어렴풋이 나타날 것이다. 오직 최고의 지혜만이 이 길을 볼 수 있다. 만약 언제라도 결국 이 길을 보게 된다면 그것이 곧 깨달음이다. 이 관념은 유학의 중용(中庸)의 도(道)와 대단히 비슷하다. 다시 말해서 도를 깨달은 자는 언제나 주어진 때에 가장 알맞게 대응하는 방법을 본다.

그런데 여기에는 다음과 같은 문제가 있다. 우리가 중도(中道)를 볼 때 어떤 특별한 느낌이 있을지 알 수 없다. 그리고 우리가 영원히 자신이 중도에 있는지 없는지를 잘 알 수 없다. 개인적인 경험으로 말하면, 어떤 때는 의미 있는 강렬한 느낌, 즉 인생에 매우 의미 있게 여겨지는 느낌을 받을 수 있었다. 그리고 그 순간에는 마음에 내가 어느 방향으로 가야할지, 무엇을 해야 할지, 무엇을 하지 말아야 할지 확신이 선다. 마치 눈앞에 인생의 큰 길이 보이는 것 같다. 아마 이것이 '견도(見道)'라고 하는 것일 것이다. 만약 매 순간 이러한 상태에서 살면서 그 길을 따라 걸어갈 수 있다면 인생은 의심의 여지가 없을 것이다.

그러나 나에게 시시각각 이러한 느낌이 드는 것은 아니다. 길의 종점도 보이지 않는다. 이러한 지식도 개인적인 것에 속할 뿐이고 자신이 어디로 가야 할지만 볼 수 있을 뿐이지, 다른 사람의 길은 보지 못한다. 다시 말해서 이것이 정말로 '견도'라 해도 남에게 적용할 수는 없다. 어쩌면 모든 사람이 다 자신의 인생의 길만 볼 수 있고, 다른 사람의 길은 볼 수 없을 것이다. 이것이 바로 왜 우리가 다른 사람과 무엇을 도(道)라고 말할 수 없는지를 설명할 수 있다. 왜냐하면 자신도 어떻게 가야할지만 알 뿐이지 왜 반드시 이렇게 가야 하는지는 알 수 없고, 또 다른 사람은 어떻게 가야 하는지는 모른다. 만약 정말 이렇다면 이는 개인적인 수행에 해당될 수 있을 뿐이다.

그러나 어쩌면 어떤 사람은 더 많은 수행을 거치면서 더 멀리 볼 수 있고, 먼 곳에 무언가 있는 것을 보고, 자신의 삶의 의미를 더 이해할 뿐만 아니라 다른 사람의 삶의 의미도 알아챌 수 있을 것이다. 아마 이것이 진정한 깨달음일 것이다. 물론 모든 사람이 비슷한 삶의 의미를 가지고 있다면 다른 사람이 어떻게 수행할지를 지도할 수 있겠지만 이러한 지식도 설명하기 어려운 영역에 속하는 것이다.

물론 깨달음에도 내가 아직 알지 못하는 다른 상황이 있을 수 있다. 만약 그렇다면 현재 내 능력으로 토론할 수 있는 범위를 넘어간 것이다. 높은 경지에 오른 사람의 조언에 의존하거나 더 깊이 있는 불교를 연구한 뒤에 다시 다른 가능성을 모색하는 수밖에 없다.

**(15)**

# 깨달음의
# 기준

불교를 배우는 사람에게 도를 깨닫는 것은 중요한 일이며, 또 동경하는 경지이다. 그런데 우리는 어떻게 자신과 타인이 도를 깨달았는지 분별할 수 있을까?

대학을 다니던 어느 날, 캠퍼스에서 오랫동안 만나지 못하던 선배를 만났던 것이 기억난다. 이 선배는 불교 공부에 열심이었다. 한동안 보이지 않았는데 들리는 말에 의하면 수행하러 갔다는 것이다. 다시 만났을 때 너무 기뻐서 얼른 앞으로 가서 수행의 성과를 물었다. 그는 미소를 지으며 나를 한번 보더니 어깨를 으쓱하며 평온하고 온화하게 말했다. "나는 도를 깨달았어!"

그런데 내가 다른 사람에게 이 말을 전하면 진짜인지 가짜인지, 무슨 도를 깨달았는지, 왜 자신이 도를 깨달았다고 생각하는지 아무도 궁금해 하며 물어보는 사람이 없었다. 그냥 다 껄껄대며 크게 웃을 뿐이었다. 물론 사람들이 그렇게 웃은 건 나의 전달력에 문제가 있었기 때문일 수도 있다. 사실 나는 그가 어떻게 도를 깨달았는지 어떤 경지인지 묻지 않았고, 그래서 그걸 다른 사람에게 설명할 수 없었기 때문이다. 하지만 그렇다 하더라도 왜 단 한 사람도 그가 진짜로 도를 깨달았다는 것을 믿지 않았을까?

아마 많은 사람들이 도를 깨닫는 것은 지극히 보기 드문 일이거나 적어도 대단히 하기 어려운 일이라서 대학생이 약간의 수행을 하면서 도를 깨달을 수 있다는 것을 믿지 않았을 것이다. 그러나 이것은 단지 편견일 것이다. 그런데 어떤 사람이 도를 깨달았다고 선언할 때, 우리는 어떻게 돌이켜 생각해야 할까? 자신이나 다른 사람이 도를 깨달았는지 아닌지를 가늠할 방법이 있을까? 사실 여기에는 토론할 만한 문제들이 있다.

## 도를 깨닫지 못한 사람이 어떻게
## 자신이 도를 깨닫지 않았는지를 확인할 수 있을까?

—

예를 들어, 만약 내가 "나는 도를 깨닫지 못한 것을 인정한다."라고 말한다면, 이 말은 매우 솔직하게 느껴져 믿을 만할 것이다. 왜냐하면 만약 내가 도를 깨달았다면 거짓말을 못할 것이기 때문에 도를 깨달은 사람이 자신은 도를 깨닫지 못했다고 한다면 좀 모순된 느낌이 들 것이다. 그래서 누군가 자신은 도를 깨닫지 못했다고 인정한다면, 믿을 만할 것이다. 그러나 이러한 해명은 사실 문제가 있다. 문제는 이 추리는 반드시 '도를 깨닫지 못한 사람이 자신은 도를 깨닫지 못했다는 것을 알 수 있다.'라는 선입견에 있다. 그러나 정말로 그럴까?

내가 도를 깨닫지 못했다면 그것은 나는 '도'가 무엇인지 잘 모른다는 것을 뜻한다. 그것을 모르는데, 또 어떻게 내가 도를 깨닫지 못했는지를 알 수 있겠는가? 마치 다음의 예와 같다. 옛사람이 어떤 특수한 느낌을 X라고 일컬었는데, 내가 X가 가리키는 것이 무엇인지 몰라서 내가 "나는 X를 경험해본 적이 없다."라고 하면, 이는 이상하지 않은가? 사실은 내가 X를 경험해본 적이 있는데, 단지 본래 나는 그 경험을 X라고 하는지 몰랐을 수도 있다. 다시 말해서 실제는 내가 이미 도를 깨달았는데 내가 원래 그것을 깨달음이라고 하는지 몰랐을 수도 있다. 그러므로 도를 깨달은 사람이 자신은 도를 깨닫지 못했다고 착각할 수도 있다. 그렇다면 자신이 도를 깨닫지 못한 사람이라고 생각하는 것도 확인할 수 없다. 따라서 기껏해야 자신이 도를 깨달았는지 잘 몰랐을 뿐이지 자신이 도를 깨닫지 못했는지는 확실하지 않다. 그렇기 때문에 우리는 자신이 도를 깨닫는 것을 상상하기는 쉬우나 자신이 반박하기는 어렵다.

자신이 겪은 어떤 경험을 상상하고 그것을 깨달음과 대입시켜 맞추게 되면 도를 깨달은 것으로 생각할 것이다. 따라서 도를 깨닫지 못한 사람도 자신이 도를 깨달았다고 착각하기 쉽다. 게다가 도를 깨닫지 못한 사람은 도가 무엇인지 아예 모르기 때문에 착각한 것을 발견하기 어렵고 오히려 자신이 도를 깨달았다고 더욱 더 확신하게 될 것이다.


## 도를 깨달은 사람이 자신이 도를 깨달았는지 어떻게 확인할까?

다시 다른 측면에서 말하면, 도를 깨달은 사람은 자신이 도를 깨달은 것을 확인할 수 있을까? 사실 누군가 "나는 도를 깨달았다."라고 한다면 이 말은 마찬가지로 문제가 있다. 문제는 깨달은 것이 진짜로 '도'인지 어떻게 아는가 하는 점에 있다. 똑같은 비유를 가지고 이야기 할 수 있다. 옛사람이 하나의 느낌을 X라고 일컬었다면 내가 경험한 느낌이 진짜로 옛 사람이 말한 바로 그 X임을 어떻게 알겠는가?

　'도를 깨달았다.'는 이 일을 명확히 측정할 수 있는 기준이 있어야 우리는 자신이 도를 깨달았는지를 판단할 수 있다. 이러한 판단 기준이 예컨대 머리에 둥근 후광이 뜨는 것처럼 객관적인 것이라면, 이러한 기준을 통해서 다른 사람과 자신이 도를 깨달았는지를 판단할 수 있을 것이다. 이렇게 훌륭한 객관적 기준이 없어도, 더 이상 고민이 필요 없는 주관적 기준이 있다면 적어도 자신이 스스로 도를 깨달았는지 판단할 수 있을 것이다. 그러나 이러한 명확한 기준이 없다면 스스로 측량하기는 매우 어렵다.

## 도를 깨달았는지는
## 먼저 깨달음을 얻은 자가 판단한다

—

가령 도를 깨달았다는 것이 특별한 마음의 경지에 들어간 것을 뜻하지만, 기준이 명확하지 않아서 자신이 스스로 측정할 수 없다면 보통 깨달은 다른 사람을 통해서만 판단할 수 있다. 이 방법은 대체로 실수하기 쉽지만 어느 정도 신빙성이 있다. 만약 내가 어떤 특별한 마음의 경지를 경험했다면 대화를 통해서 다른 사람도 비슷한 마음의 경지를 경험했는지 평가할 수 있다. 이 방법은 분명히 불교에서도 자주 쓰인다. 스승이 제자의 경지를 검증하는 것이다.

　그러나 문제는 스승이 깨달은 도가 정말로 옛사람이 말한 도일까

하는 점에 있다. 모두 스승에 의해 검증된 것일지라도 그 가운데 한 세대라도 검증이 틀리게 되면, 그 뒤는 전부 틀리게 될 수 있다. 이것은 아주 위험스러운 일이다. 예를 들어, 스승 자신이 도를 깨닫지 못했는데 큰스님에게 도를 깨달은 것으로 오해를 받았다고 하자. 스승은 매우 자연스럽게 도로 착각한 지식을 가지고 제자를 지도하고, 제자가 도를 깨달았는지를 측정하게 될 것이다. 그러고 나서 계속해서 일련의 오류들을 만들어낼 것이다. 이러한 제자들이 스승이 되고 나서 이러한 잘못된 지식들이 계속 전달될 것이다. 그리고 이러한 잘못된 지식은 스승이 친히 전한 것에서 나온 것이기 때문에 의심하지 않을 것이고, 참모습[眞相]을 발견한 기회를 잃게 될 것이다.

그런데 만약 도를 깨닫는 것이 마음의 경지가 아니라 인간세상의 거짓을 꿰뚫어보는 능력이라면 우리는 이 능력을 통해서 드러나는 인간 삶의 온갖 형태를 가지고 한 사람이 도를 깨달았는지를 평가할 것이다. 이 방법의 부담은 이러한 능력이 생겼다고 해서 반드시 도를 깨달은 것은 아니라는 점에 있다. 이 능력이 도를 깨달은 것과 같아야만 실수를 잘하지 않을 것이다. 그렇지 않으면 똑같은 문제가 생길 수 있다. 또한 이 능력으로 드러낸 인간 삶의 온갖 형태가 분명한 것인지도 문제이다. 이러한 것들이 모두 도의 깨달음을 논할 때 나타나는 고민거리이다. 만약 거짓으로 도를 깨달은 사람이 사람을 속이는 일까지 더해진다면 문제는 더욱 심각하다.

# 도를 깨달았다는 측정 기준

보통 우리는 도를 깨달은 사람은 적어도 마음이 자유롭고, 지혜로 모든 것을 꿰뚫어 본다고 생각한다. 화내지 않겠다고 마음을 먹으면 화내지 않을 수 있고, 욕망에 얽매인 상태에서 언제든지 벗어날 수 있다고 생각한다. 그렇다면 우리가 자신의 마음이 이렇게 자유롭지 못함을 발견한다면 사실 자신이 아직 도를 깨닫지 못한 것을 알 것이다. 똑같이 만약이러한 기준들이 있다면 이것으로 다른 사람이 이미 이러한 수준이 있는지를 관찰할 수 있을 것이다. 그러나 반대로, 만약 이러한 단계에 도달했다면 반드시 도를 깨달은 것일까?

이러한 문제들은 의론이 분분하다. 현재로서는 공통된 의견을 찾기 어려워 객관적인 기준을 찾고 싶어 하는 것은 말할 것도 없다. 따라서 만약 도를 깨달았다고 선언하는 누군가를 만나더라도 너무 빨리 절하지 마라. 종교를 이용해서 잇속을 차리는 사람이 있을 수 있기 때문에 신중히 판단해야 한다.

아마 어떤 사람은 "불교에서 사람을 속이면 지옥에 간다고 하기 때문에 사기꾼들이 불교를 가지고 속이지 못할 것이다."라고 할 것이다. 그러나 안타깝게도 이 추리는 틀린 것이다. 왜냐하면, 기껏해야 도를 깨달았다고 거짓으로 말한 사람이 불교를 믿는 불교 신앙자이면 감히 불교를 가지고 속이지 못한다고 할 수 있다. 그러나 전혀 불교를 믿지 않는 위장자에게는 이러한 종교적인 말은 전혀 효과가 없기 때문이다.

나는 적어도 우리가 이고득락의 정도와 마음이 자유로운 정도, 탐욕과 분노 그리고 어리석음에서 벗어난 정도로 한 사람의 행동을 가늠할 수 있다고 생각한다. 만약 이고득락하지 않고, 마음이 자유롭지 않고, 옛 몸 그대로 탐욕과 분노, 어리석음에 빠져 있는 사람처럼 보이면 거짓으로 도를 깨달은 척하는 사람일 가능성이 높을 것이다.

　만약 자신의 능력이 너무 낮아서 판단하기 어렵다면, 더 쉬운 방법은 불교 수행을 한 다른 사람의 의견을 참고하는 것이다. 만약 한 사람이 진짜로 도를 깨달은 사람이라면 연륜 있는 많은 원로 수행인들이 그를 인정할 것이고, 만약 그렇지 않으면 마찬가지로 위선자일 가능성이 매우 높다. 이러한 사람을 만나면 잘못 인도되어 수도도 못하고 도리어 삿된 길로 들어설 수 있어서 조심해야 한다.

하편

離苦得樂 修行

이고득락의 수행

만약 누군가 주식으로 큰돈을 벌고 싶다고 하거나 로또에 당첨돼 부자가 되고 싶다고 말하면 우리는 "행운을 빌어!"라고 할 것이다. 그런데 반대로 만약 누군가 뛰어난 축구선수가 되고 싶지만 피나는 노력과 연습은 하고 싶지 않다고 한다면 우리는 "그것은 어리석은 허황된 꿈이다."라고 말할 것이다. 또 누군가 최고의 학자가 되고 싶지만 독서하는 데 시간을 보내고 싶지 않다고 한다면 우리는 "뜬구름 잡는 생각만 한다."라고 말할 것이다.

많은 사람들은 행복하고 즐거운 인생을 얻는 것은 로또에 당첨되는 것처럼 운이 있어야 한다고 생각한다. 그러나 이것은 분명히 틀린 생각이다. 왜냐하면 잘 관찰해보면 어떤 좋은 기회에서도 즐거운 사람과 즐겁지 못한 사람이 있다는 것을 발견할 수 있다. 행복과 즐거움을 만드는 관건은 무슨 일이 생기는 것이 아니라 무슨 일이 생겼을 때 이러한 일들을 우리 마음속에서 어떻게 숙성시키고, 우리가 그것들을 어떻게 대하느냐에 있다. 다양한 삶의 도전을 재미로 여기게 되는 것은 운에 기댄 것이 아니라 능력에 의지해서이다.

노력하지 않고 이러한 능력을 얻고자 하는 것은 운에 기대서 행복과 즐거움을 얻으려고 하는 것과 똑같이 어리석고 허황된 꿈이며 뜬구름 잡는 생각이다.

불교에는 여러 가지 이고득락하는 능력과 어떻게 그 능력을 기르는지에 대한 비결이 담겨 있다. 우리가 해야 하는 일은 법에 따라 공부하는 것이다. 배우면서 자신을 바꾸어 가면 자신이 행복과 즐거움의 제조자가 된다. 이렇게 변화하는 과정을 불교에서는 '수행'이라고 한다.

# ①

# 수행과
# 신비한
# 체험

사람은 성장을 하는 과정에서 항상 새로운 경험을 하게 된다. 예를 들어, 첫사랑을 할 때서야 '원래 연애하는 감정이 이러한 것임'을 알게 된다. 또 첫 번째 실연을 하고서야 뼈저린 아픔이 무엇인지도 이해하게 된다.

남송의 시인 신기질(辛棄疾)은 「추노아(醜奴兒)」라는 시에서 다음과 같이 말했다. "어린 시절 시름의 맛을 모르면서, 즐겨 누각에 올랐네. 즐겨 누각에 올라, 새 노래를 짓느라 억지로 시름겹다 했지. 이제 시름의 맛을 다 알게 되니, 말하려다 그만 두네. 말하려다 그만 두고, 그저 상쾌한 가을날이로구나 하네.[少年不識愁滋味, 愛上層樓. 愛上層樓, 爲賦新詞强說愁. 而今識盡愁滋味, 欲說還休. 欲說還休, 却道天凉好個秋.]" 여기에서 소년은 진정한 시름을 모르다가 '시름[愁]'이란 글자를 배우고 무척 즐겨 썼다. 한편으로는 놀면서 한편으로는 '아' 하고 한숨을 쉬며, 마치 살아가면서 얼마나 뜻대로 되지 않는지 모든 것이 슬픔과 근심뿐인 듯 운율에 맞추어 시를 지었다. 그러나 살면서 시름의 맛을 제대로 체험하고 나서 오히려 말하려 하지 않고 태도를 바꾸어 청량하고 좋은 가을의 정취를 바라본다. 시름의 고통이 안에서 승화되고 나서 더욱 처량함이 드러남을 이야기하고 있다.

## 누구나 다 아는 고통의 맛과 누구도 모르는 고통의 맛이 있다

정말로 고통의 맛을 아는 사람은 아마도 이 말의 느낌을 이해할 수 있을 것이다. 그러나 반대로 이 말을 이해할 수 있는 사람은 모두 고통의 맛을 아는 사람일까? 사실 여기에는 큰 문제가 있다. 우리가 '진정한 고통의 맛'을 어떻게 정의하는지를 살펴보아야 한다. 그렇지 않으면 소년들이 이 말을 보고 또 어째서 자신도 느낌이 있다고 생각하지 않을까? 다시 말해서 느낌이 있다고 해서 그 느낌이 맞는다는 것을 의미하지는 않는다.

몇 번의 실직과 실연을 겪은 사람은 이미 고통의 맛을 안다고 생각할 것이다. 그러나 일찍이 사업에 기복이 크고, 친지와 멀리 떨어져 있거나 죽어서 이별한 사람은 앞에 말한 사람들이 진정한 고통이 무엇인지 이해하지 못한다고 생각할 것이다. 그리고 전란을 겪고 전염병을 앓고 생사의 갈림길에 놓였던 사람은 또 앞의 두 부류의 사람들이 인생을 알지 못한다고 생각할 것이다.

쉽게 말해서 '고통의 맛'이라는 것도 정도의 차이가 있다. 그러나 사람들은 보통 자신이 지금까지 겪은 경험으로 이것을 해석하기 때문에 사실 새로운 시를 지으려던 소년을 포함해서 모든 사람이 다 약간의 고통은 알면서 또 더 깊은 어떤 고통은 모르기도 한다. 따라서 아는 것과 모르는 것은 사실 정도의 차이일 뿐이다. 모든 사람이 다 어느 정도에 있어서 시련의 맛을 모르는 소년과 똑같다.

이 점을 파악했으면 '앎이 없음을 앎[無知之知]'을 파악한 셈이다. 즉 자신이 어떤 부류의 시름의 맛을 모른다는 것을 아는 것이다. 만약 이러한 '앎이 없음을 앎'을 지니지 못했다면, 모든 사람들이 다 소년과 마찬가지로 스스로 안다고 여길 것이다. 우리가 어떤 경험이 부족할 때,

자연스럽게 그것을 무시하게 되고 또 느끼지 못하는 것을 존재하지 않는 것으로 여기게 된다. 이러한 심경에서 누군가가 그들의 마음속에 있는 고통을 말할 때 모두 자기가 지금까지 알고 있는 지식을 가지고 해석하면서 자신은 잘 안다고 생각하겠지만 사실은 반드시 이와 같은 것은 아니다. 만약 자신이 모르는 것을 만나도 스스로 안다고 생각하며 다른 사람을 가르친다면, 새로운 것을 배울 기회를 놓칠 뿐만 아니라 다른 사람들이 괘씸하게 여길 것이다.

## 당신은 떠돌이 동물을 사랑하는 자비심이 얼마나 있습니까?

예를 들어보자. 떠돌이 동물을 위해 먹이를 주는 사람들이 있다. 하지만 떠돌이 동물에게 먹이를 주는 사람을 보고 위선자라고 생각하는 사람도 있다. '떠돌이 동물을 저렇게 사랑하는데, 왜 집에 데려가 기르지 않을까?', '밖에서 먹이며 환경을 더럽히는 것은 정말 안돼.' 등이 흔한 이유다. 나는 떠돌이 동물에게 먹이를 주는 사람 중에 정말로 위선자가 있는지는 모르겠지만, 어째서 그들을 위선자라고 생각하는지는 알 수 있다. 이유도 매우 단순하다. 왜냐하면 이렇게 비평하는 사람은 떠돌이 동물에 대한 동점심이 부족하기 때문이다. 자신이 동정심이 없기 때문에 자연히 그런 것은 없다고 착각하게 된다. 동정심을 이해하지 못하는 사람은 떠돌이 동물에게 먹이를 주는 사람이 자기의 선량함을 내세우려는 생각에서 그런 행동을 한다고 생각할 것이다. 그리고 그러한 마음가짐은 위선자의 것이라고 생각한다. 이러한 추리가 매우 일리가 있지 않을까?

떠돌이 동물에 대한 동정심이 부족한 사람은 이러한 추리가 매우 합리적이라고 생각되겠지만, 동정심이 있는 사람은 이것이 잘못된 추리라는 것을 매우 분명하게 알 것이다. 떠돌이 동물에 대해 동정심이 있어야 이 심정에 근거해서 떠돌이 동물을 먹이는 그런 사람들을 이해할 수 있는 것이다. 이러한 상황에서는 위선자로 그들을 이해하지 못할 것이다.

그러나 만약 우리가 그런 비평자들에게 이러한 이치를 말하면, 그들은 틀림없이 동의하지 않을 것이다. 그들은 "나는 물론 떠돌이 동물에게 동정심이 있는데, 그것들에게 먹이를 주어서는 안 되고 집에 데려가 먹어야 한다고 생각할 뿐이다."라고 말할 것이다. 여기에서의 문제는 집에 데려가 기를 수 없을 때는 어떻게 해야 할 것인가 하는 점에 있다. 이러한 비평자들은 만약 집에 데려가 기를 수 없다면, 떠돌이 동물에게 자연에서 스스로 살게 해야 한다고 생각한다.

사실 일리가 있게 들리지만, 중요한 것은 먹이를 주는 사람이 그런 떠돌이 동물이 자연에서 스스로 자라는 것이 불쌍하다고 생각하고, 또 집에 데려갈 수 없다는 것에 근거하여 밖에서 기르는 수밖에 없다고 생각한다는 데 있다는 점이다. 이 논쟁에 관건이 되는 점은 떠돌이 동물에 대한 동정심의 정도가 다르다는 것에 있다. 비평하는 사람도 동정심이 완전히 없는 것은 아니다. 만약 누군가 떠돌이 동물을 학대한다면 그들도 반대할 것이다. 그러나 두 사람의 동정심에는 현격한 차이가 있다. 만약 곰곰이 생각하지 않으면 자신의 부족함을 보기 어렵다.

자기의 무지를 볼 수 있을 정도로 지혜가 향상되면 이러한 맹점을 개선할 수 있다. 예를 들어, 내가 마다하지 않고 기꺼이 돈을 내어 먹이를 사서 떠돌이 동물을 먹일 정도의 동정심은 있지만, 만약 떠돌이 동물이 자동차에 치여서 땅에 쓰러져 있는 것을 보면 아직은 그것을 구조해줄 만큼 나의 동정심이 강하지는 않다. 그러나 나의 제자 중에서도 주머니에 돈이 없어 매일 아르바이트를 하면서 최저 시급을 벌어도 타박상을 입은 떠돌이 동물을 병원에 보내 치료해주고 싶어 할 만큼 더 강한 동정심을 가지고 구조해주는 사람이 있다. 만약 내가 개인적인 느낌만으로 해석한다면, 아마 이러한 학생들은 위선이고 사리를 모르거나 사랑이 지나치다고 생각하는 사람이 있을 것이다. 그러나 더 가능한 또 다른 해석은 그들이 나보다 훨씬 더 강한 동정심을 가지고 있다는 것이다. 그리고 이러한 동정심은 그들이 조금도 주저하지 않고 행동하게 했다는 것이다. 비록 내가 반드시 그런지 확인해 줄 수는 없고, 자기가 비슷한 경험을 갖게 된 뒤에야 이 주장을 입증할 수 있을 것이다. 그러나 이성적으로 미루어 보면 우리는 자기가 모르는 경험이 존재하고 있고, 이러한 경험들은 다른 사람의 행동을 주도한다고 상상할 수 있다.

우리에게 이러한 지혜로운 돌파가 있을 때 '앎이 없음을 앎[無知之知]'에 해당하는 천지가 열려서 더 광활한 세계를 보게 된다. 예컨대 우울증이 심해 자살을 하려고 하는 사람이 있다고 해보자. 보통사람들은 그런 사람들을 두고 '그렇게 생각이 복잡해서 뭐하지?'라고 생각할 것이다. 하지만 그런 사람들 마음속에는 우리가 모르는 생각과 느낌이 있다고 해석할 수도 있다.

# 속박에서 벗어나면
## 상상력은 신비한 경험으로 깊이 들어간다
—

위에서 논한 이러한 경험들은 일반대중들이 상상하기 쉬운 경험에 속한다. 설령 부족하더라도, 적어도 짐작해볼 수는 있다. 하지만 만약 논의한 경험이 상상력이 닿을 수 있는 범위를 넘어서면 소통에 있어서 문제가 생긴다.

종교 수행에는 우리의 일반적인 상상을 훨씬 많이 뛰어넘는 특수한 경험이 있다. 이러한 경험들은 언제나 세상 밖의 화제와 관련이 있다. 하느님을 만나고 인생의 큰길을 깨닫거나 심지어 영험이 있는 것 같은 체험을 한다. 철학에서는 이러한 경험을 일반적으로 '신비로운 경험'이라고 한다. 실천을 강조하는 철학 입장에서 말하면, 흔히 신비로운 경험을 이론의 근본으로 삼는다.

예를 들면 '도(道)'는 도가의 근본이다. 그러나 노자의 『도덕경』에서는 "도를 말할 수 있으면 불변하는 도가 아니다.[道可道, 非常道.]"라고 하였다. 진정한 도는 언어로 표현할 수 없다는 것을 뜻한다. 언어로 표현할 수 없으면 몸소 깨달을 수밖에 없다. 그러나 대부분의 사람들이 모두 몸소 깨달을 수 없고 이해할 수 없어서, 이것이 일종의 신비로운 경험으로 변하게 된 것이다. 도를 이해하려면 반드시 도를 체오(體悟)하는 경험이 있어야 한다. 반대로 일단 이러한 경험을 갖게 되면 도를 이해할 수 있게 된다. 다시 말해서 도가의 핵심적인 관념은 일종의 내재된 체험이며 이러한 내재된 체험이 결여되면 이 철학을 파악하기 매우 어렵다. 불교도 이러한 고도의 신비로운 경험에 의지하는 학문에 속하므로 어떻게 공부해서 신비로운 경험을 얻을 것인가 하는 것이 곧 실천(불교의 상용어로 '수행')에서 중요한 일이 되었다. 만약 수행이 없으면 진짜로 핵심 사상을 영원히 이해할 수 없다. 이러한 상황에서는 이 이론에 대한 어떠한 사상적인 연구와 추리는 모두 오해가 될 뿐이다.

인지 과정으로 본다면 신비한 경험은 대부분 선천적으로 자연히 가지고 있는 경험이 아니다. 그렇다면 많은 사람들이 쉽게 얻었을 것이다. 신비한 경험은 어떤 것을 단련하고 나서야 나타나는 체험으로 후천적 경험에 속한다. 얻고 싶으면 반드시 수행해야 한다. 수행하면서 새로운 체험이 생기고, 이러한 새로운 체험들을 파악할 수만 있다면, 신비한 경험을 파악할 것이고, 상관된 이론의 핵심 지식을 터득할 것이다.

불교에서 '도를 깨달음[悟道]'이 바로 이러한 신비한 경험에 속한다. 만약 수행을 통한 깨달음이 없이 지성적인 이해일 뿐이라면 우리는 이러한 이해들이 모두 핵심적인 사상과 동떨어져 있을 것이라고 짐작할 수 있다.


## 몇 가지 신비한 경험들은 인생에 중대한 영향을 준다

많은 책 속에 다양한 신비로운 경험들이 기록되어 있다. 기독교 수행자가 신과 하나가 되는 체험처럼, 유교, 불교, 도교에도 모두 하늘과 사람이 하나가 되거나 하늘과 사람의 덕이 하나가 되는 비슷한 경험을 하는 내용이 있다. 현대인에게서도 어떤 흥미로운 신비한 경험을 했다는 것을 자주 들을 수 있다. 나는 수행하는 사람들과 좀 접촉이 있어서 그런지 이러한 정보를 얻기가 특히 쉬웠다.

인생의 서로 다른 단계에서도 많은 특별한 경험들이 있다. 개인적으로도 좌선을 할 때, 몸이 계속 부풀어 오르다 편안하게 펼쳐지더니 우주만큼 크게 펼쳐지는 것을 느꼈다. 그런데 부풀어 오르는 동시에 나는 여전히 작은 방안에서 좌선하고 있다는 것을 알았다. 물론 작은 방도 우주의 일부일 뿐이라는 것을 안다. 그러나 여전히 온몸이 우주 속에 가득 차 있는 느낌이었다. 약간 모순처럼 보이는 이러한 느낌은 전혀 어떠한 심리적인 방해가 되지 않았다. 왜냐하면 깊이 생각해 본 적도 없고, 어차피 일종의 이상한 느낌일 뿐이기 때문이다. 가장 중요한 것은 이러한 느낌이 그리 나쁘지 않고 매우 편안했다는 것이다.

그밖에, 과거에 일찍이 어느 시기에 매우 특이한 경험을 했다. 나는 당시 집 꼭대기 층 베란다에 있었는데, 밖에는 차 소리와 경적 소리가 귀에 끊임없이 들리다가 갑자기 세상이 전부 조용해지는 것을 느꼈다. 실제는 밖의 소리는 전혀 변함이 없었고 나도 다 들렸지만, 시끄러운 느낌이 없었을 뿐만 아니라 너무도 평온하게 느껴졌다. 고개를 숙이니 개미 한 마리가 지나가는 것이 보였는데, 개미 발소리를 들을 수 있을 정도로 고요했다.(물론 실제로 발소리는 들리지 않았다.)

이러한 신비한 경험들이 도대체 어떻게 생겨난 것인지 아마 과학에서는 연구할 만한 가치가 있을 것이다. 그러나 수행의 측면에서 말하면, 몸과 마음이 편안해지고 내면이 평온해지는 것 이외에 어떤 특별한 의미가 있다고 보이지는 않는다. 그것들이 상징하는 것이 무엇인지도 불분명하고, 좋은 것인지 나쁜 것인지도 모르겠다. 그래서 보통 원로 수행인의 조언은 대부분 그것을 따라가되 추구하지 않고, 회피하지도 않으며, 해석할 필요도 없다는 것이다.

그러나 몇몇 신비한 경험들은 인생에 어느 정도 영향력이 있다. 예컨대, 어느 날 저녁, 나는 잠자기 전에 멍하니 가만히 앉아 있다가 무심코 오랫동안 닫혀 있던 마음의 상처를 열었다. 한줄기 슬픈 느낌이 호수에 돌을 던지는 것처럼 천천히 떨어졌다. 밑으로 떨어질수록 느낌이 깊어졌다. 처음에 나는 그것을 눈치채지 못하다가 갈수록 계속 깊어졌을 때, 갑자기 경각심이 들었고, 의식이 이 슬픔을 따라 경험해 본 적이 없는 깊은 내면의 세계로 들어가고 있음을 발견하게 되었다. 나는 더 밑으로 떨어지면 무엇을 만나게 될지 몰라 조금 긴장이 되었다. 그러나 또 다른 약간의 자포자기와 그것을 따라가려는 생각도 뒤따라 일어났고, 게다가 호기심도 발동하여 그것을 막지 않았는데, 설령 세상에 마지막 날이 되더라도 또 무슨 상관이겠는가? 그렇게 돌이 계속 내려가 마음의 가장 어두운 깊은 곳으로 떨어졌다. 재미있는 것은 마음의 깊은 곳은 뜻밖에도 정말 호수처럼 밑바닥이 있다는 점이었다. 그것이 결국 호수의 밑바닥에 떨어졌다. 정말 가볍게 부딪치는 소리가 들리는 것 같은 느낌이 들었다. 그리고 그 부딪치는 소리는 전기에 감전된 듯 온몸이 떨릴 정도로 한줄기 강력한 생명 에너지를 분출했다. 그리고 이 생명 에너지는 나에게 어떤 고난도 반드시 헤쳐 나갈 수 있는 자신감을 갖게 했고, 어떤 일에 대해서든 조금도 두려워하지 않는 느낌이 생기게 했다. 이러한 느낌은 무려 3일 동안 유지되다가 서서히 사라졌다.

이 강력한 생명력은 3일 뒤에 사라졌지만, 기억은 아직도 선명하게 남아 있다. 이러한 기억은 일종의 지식이 되어 나에게 설령 삶이 가장 슬플 때라도 마음의 가장 깊은 곳이 바로 생명 에너지의 원천이기 때문에 너무 걱정할 것도 없다는 생각을 하게 했다. 비록 이러한 지식이 맞는지 틀리는지 모르겠다. 어쩌면 일부로 선체를 판단하는 오류로 추리했을지도 모른다. 또 단지 일시적인 우연의 일치일지도 모른다. 하지만 이러한 신념은 나에게 힘이 되어줘 인생길의 모든 고난을 극복해내게 하는 커다란 무기가 되었다.

그러나 비슷한 경험이 없는 사람의 입장에서 말하면, 내가 말한 '생명 에너지'란 이러한 것이 도대체 어떤 느낌이고, 내가 왜 이러한 명사로 저렇게 부르는지 분명히 모를 것이다. 이것은 공감하기 매우 어려운 부분이며, 굳이 공감하려고 할 필요도 없을 듯하다.

이 몇 년 동안 나는 스토아주의 방법으로 수행하고, 도덕을 실천하면서 재미있는 많은 신비한 경험을 했다. 내 짐작에는 삶의 의미라고 할 수 있는 어떤 해답들은 신비로운 경험에만 존재한다. 그것들을 '도'라고 하든, '천명(天命)'이라고 하든, 아니면 다른 어떤 것으로 부르든 여하튼 실천이 없으면 얻지 못한다.

내가 얻은 신비로운 경험을 돌이켜보면, 몇 가지 재미있는 공통점이 있는데, 거의 대부분의 경험들은 모두 의지력과 밀접한 관계가 있다는 것이다. 내가 경험한 중요한 신비로운 경험들은 대부분 나에게 목표가 있어서, 반드시 오랜 시간 동안 의지력을 발휘해 꿋꿋이 버텨야 할 때 일어난다. 그래서 나는 의지력의 발휘가 신비로운 경험의 큰 문을 열게 한다고 추측한다. 특히 몇 년 전 두려움을 극복할 때 나타난 본심을 보는 것 같은 신비로운 경험이 이 견해를 가장 잘 증명해준다. 이 경험을 말하자면 이야기가 길고, 또 2019년 상주출판(商周出版)에서 출간한 『성찰되지 않은 삶은 살 가치가 없다[未經檢視的生活不值得過]』라는 책에서 이미 서술해서 여기에서는 장황하게 늘어놓지 않겠다.

신비로운 경험의 요점은 경험 자체에 있기 때문에 글로 묘사하는 것은 대부분 오해를 사기 쉽다. 따라서 만약 흥미를 가지고 수행의 길을 간다면 다른 사람의 경험에 너무 의식하지 말고, 개인의 경험을 주축으로 하여 인생의 방향을 찾아야 한다. 그래야 큰 '도'를 찾기 쉬울 것이다.

# ②

## '허무감'과 '의미감'을 수행의 지표指標로 삼다

인생의 의미가 무엇일까? 모두가 답을 알고 싶어하지만 현재로서는 이성적으로 설득력 있는 답을 해줄 수 있는 사람은 아무도 없다. 시중에서 흔히 볼 수 있는 답은 대부분 종교적인 것에 속해서 논리적인 설득력이 부족하다. 믿으면 믿고, 안 믿으면 안 믿는다. 사실 철학적 사고의 측면에서 말하면, 우리가 기대하는 것은 이성적으로 설득력이 있는 답이 존재하지 않을 것이다. 답이 존재하지 않는 답이라는 이 주장이 도리어 이성적인 설득력을 지닌다.

## 인생의 의미에 대한 문제는 답이 없다

우선 우리가 어떤 일에 무슨 의미가 있는지를 물을 때, 이것은 무엇을 묻고 있는 것인지 한번 생각해보자. 예컨대 종종 큰 어려움에 부딪히는데 여기서 어려움의 의미는 무엇일까? 그리고 어려움이 끝난 뒤에 무슨 변화가 일어났는지 생각해야 한다. 적어도 내 능력이 향상되었거나 색다른 경험이 더해진 것과 같이 어떤 변화의 계기가 있었는지를 말이다. 하나의 일이 의미가 있으려면 이 사건이 일어난 뒤에 어떤 결과가 나타날 수 있을지 연구해야 한다.

그러면 인생은 어떤 상황에서 의미가 있을까? 만약 이번 생이 끝나고 다음 생이 없다면, 개인적으로 말하면, 이번 생은 사건 외에 다른 것이 없는 완벽한 사건이다. 이러한 상황에서, 이번 생은 미래의 인생을 위해서 존재하는 것이 아니다. 만약 그렇다면 적어도 개인적인 입장에서 말하면, 이번 생은 의미가 없는 것이다. 만약 의미가 있다면 다른 사람을 위해서 또는 세상을 위해서 존재하는 의미일 뿐이다.

따라서 인생이 만약 자기에게 의미가 있으려면 적어도 다음 생의 존재를 먼저 설정해야 한다. 가령 다음 생이 있다면 다음 생의 상황이 무엇인지 보아야 이번 생의 의미가 무엇인지 알 수 있다. 그러나 우리에게는 지금 내생이 있는지, 내생이 무엇인지에 관한 문제에 대하여 이성적으로 설득력이 있는 답이 없다. 따라서 우리는 당연히 이성적으로 설득력이 있는 인생의 의미에 대한 해답을 찾을 수 없다.

만약 개인에 대한 이번 생의 의미는 잠시 접어두고, 인생의 의미를 타인에 대한, 사회에 대한, 심지어 우주 전체에 대한 공헌이라고 생각해보자. 우리는 마찬가지로 이성적으로 설득력 있는 해답을 찾지 못한다. 왜냐하면 지금까지의 연구에 따르면 이러한 모든 것이 조만간 모두 다 소멸될 것이기 때문이다. 결국 모두 사라질 것인데 노력해서 그것들을 개선한들 무슨 의미가 있겠는가?

## '허무감'이 인생의 무의미한 느낌을 만든다

이성적으로 생각하기 때문에 우리는 인생의 의미에 관한 해답이 없는 것이다. 따라서 이치에 비추어 말하면, 인생의 의미에 대한 문제는 당연히 미해결로 남아 있는 문제이다. 그렇다면 이 문제에 대한 우리의 태도는 '모르는' 상태를 유지해야 한다. 철학에 있어서 이러한 태도를 '불가지론(不可知論)'이라고 한다.

　　그러나 감정적인 면에서 말하면, 우리는 늘 이 문제에 대하여 느끼는 것이 있는데, 가장 흔히 보이는 것이 '허무감'이다. 인생이 무의미하게 여겨지는 느낌이다. 반대로 허무감보다는 빈도가 적긴하지만 '의미감'이 있다. 인생이 의미가 충만하게 여겨지는 느낌이다. 사람들은 일생 동안 이 두 가지 느낌 속에서 왔다 갔다 흔들린다. 다만 대개 허무감을 느끼는 시간이 의미감보다 많을 뿐이다.

　　여기에서 우리는 왜 이성적인 해답이 없는 문제가 감정적인 해답은 있는 것인가 하는 철학적인 문제를 묻고 싶을 것이다. 이러한 감정들의 출처가 우리에게 인생의 의미를 찾는 실마리를 줄 수 있지 않을까?

　　'허무감'은 흔히 볼 수 있는 경험이다. 어떤 때는 왠지 모르게 인생이 무의미하게 느껴진다. 찬찬히 살펴보면 허무감의 원천은 언제나 부정적인 감정과 소극적인 대응 태도와 관련이 있음을 발견할 수 있다. 자동차 운전을 가지고 비유하면, 우리의 대응 태도는 가속페달을 밟고 있는 것과 같다. 대응이 적극적일수록 더 힘차게 밟아 차가 더 빨리 달리고, 느슨하게 밟을수록 차는 천천히 달리는 것과 똑같다. 차가 천천히 갈수록 동력이 결핍되고, 인생은 허무감이 더해진다. 그러나 적극적이거나 적극적이지 못한 것은 많은 요소 가운데 하나일 뿐이다. 때로는 적극적인 인생에도 마찬가지로 허무감이 생길 수 있다. 특히 인류가 기아, 전쟁, 전염병 등의 각종 고난을 당했을 때, 허무감이 일어나기 가장 쉽다. 두 번의 세계대전 시기에 허무감이 '실존주의' 사조를 촉진한 것처럼 말이다. 실존주의의 가장 중요한 특징은 바로 인생이 무의미함을 주장하는 허무주의이다. 이 사조는 한때 전 세계를 휩쓸었고, 특별한 문학과 예술작품을 창조해냈다. 그러나 세계 정세가 안정되면서 허무주의는 점차 실존주의와 함께 급격히 쇠퇴하여 더 이상 주류 사상이 되지 못했다.

살면서 허무감이 들기는 쉽고, 의미감은 생기기 어렵다. 적극적인 인생은 삶에 의미를 느끼기 쉽지만 이러한 의미감은 잠깐일 것이다. 특히 얼마간의 노력을 마친 후 때로는 도리어 허무감이 더욱 강해진다.

나의 경우 박사논문을 쓸 때 매일 집중하고 굉장히 열심히 노력하는 과정 중에는 의미가 넘치는 느낌이 있었다. 구두시험을 통과한 바로 그때는 오랜 노력 끝에 결실을 얻은 것 같아 대단히 기뻤다. 의미감이 최고조에 달했다. 그런데 몇 시간이 지난 후 왠지 모르게 강렬한 허무감에 빠져들었다. 당시 온 힘과 노력을 다해서 논문 하나 쓴 것이 또 어떻다고, 무슨 의미가 있는가 하는 생각이 들었다. 그래서 그때부터 시작해서 나는 항상 도대체 어떤 일을 해야 더 의미 있게 느끼기 쉽고, 이러한 의미감이 더 지속될 수 있을지를 생각했다.

## '의미감'의 원천

몇 년 동안의 관찰을 통해서 몇몇 일들은 더 큰 의미감을 만들고, 더 오래 지속될 수 있음을 발견하였다. 마음에서 우러나와 사람을 돕고, 동물을 구해주거나 자신의 약점에 도전하는 것과 같은 것이 효과를 거두었다. 좋은 책 한 권을 써 좋은 반향을 얻었고, 한 과목을 열심히 잘 가르친 것도 성과를 보았다. 이러한 것들이었다.

많은 사람들이 흔히 노력만 하고 성과에 너무 연연해하지 말라고 한다. 그러나 의미감을 얻는 측면에서 말하면, 성과가 매우 중요하다. 만약 성과가 없으면 의미감이 생기기 쉽지 않다.

그러나 성과가 반드시 다른 사람에게 반영되어야만 하는 것은 아니다. 예를 들어보면, 만약 선생님이 매우 열심히 교과를 가르치는데 학생이 잘 배우지 못한다면, 설령 잘 배우지 못했더라도 완전히 학생이 공부를 하지 않아서이지 선생님이 잘 가르치지 않은 원인 때문이 아니다. 이러한 상황에서 선생님은 실망을 하게 된다. 만약 선생님이 실망하지 않는 것을 수행의 목표로 삼는다면 다만 최대한 노력하면서 성과에 연연해하지 않아야 한다. 만약 정말로 마음이 탁 트일 수 있다면 이것이 바로 좋은 성과이고, 설령 가르침에 있어서 성과를 보지 못했어도 개인적인 수행에서 성과가 있어서 의미감을 얻은 것과 마찬가지이다. 마음을 잘 관찰하면 의미감과 허무감의 기원이 다른 것을 이해하기 시작할 것이다. 만약 인생의 의미를 추구하고 싶다면 아마 의미감을 따라 나아가는 것이 좋은 길일 것이다. 이러한 느낌에 근거하여 인생을 살아가면 의미 있는 인생의 길이 열릴 수 있지 않을까? 이것은 흥미로운 철학 문제이다. 그러나 우리는 아직도 이러한 인생의 의미는 도대체 무엇인지 묻고 싶을 수 있다.

# 말하지는 못하지만 느낄 수 있는 인생의 방향

—

재미있는 것은 그 길이 어떤 의미를 갖는지는 여전히 말할 수 없다는 것이다. 『승려와 철학자(Le Moine et Le Philosophe)』라는 책에서 불교 수행자인 마티외 리카르(Mtthieu Ricard)는 몇몇 불교의 스승들을 만나 함께 어느 기간 동안 수행을 하고나서, "나는 점점 내가 이미 내 삶을 격려할 수 있는 방법을 찾았고, 내 인생에 방향과 의미를 주었음을 알게 되었으나 그것이 무엇인지 설명할 수는 없다."라고 말했다. 아마도 왜 많은 사람들이 자신은 인생의 의미를 파악했다고 생각하지만 다른 사람에게 알려주지 못하는지에 대한 답이 여기에 있을 것이다. 그것은 인생의 의미가 설명할 수 있는 하나의 원칙이 아니며, 이성적인 해답에 속하는 것이 아니라 실천적인 능력이기 때문이다. 어느 순간 앞에 있는 탄탄대로가 보인다. 이 길을 따라가기만 하면 이것이 곧 인생의 목적이고 이번 생의 의미이다. 이 길이 어떤 길인가에 대해서는 명확한 답을 해줄 수 없다. 그러나 어렴풋이 우리는 짐작해낼 수 있다. 왜냐하면 이 방향을 따라서 우리는 나에게 속한 어떤 속성이 끊임없이 변하고, 이러한 변화는 뚜렷한 일치성이 있어 어떤 방향으로 향하고 있다는 것을 발견하기 때문이다. 나아가는 것만이 인생의 목적인 것이다.

이 변화하고 있는 '자아'는 물론 당연히 더 이상 '무아'로 내려놓아야 할 집착이 아니라 자아를 내려놓은 다음에 나타난 또 다른 것이다. 이것이 무엇일까? 자신의 관찰과 인식에만 의존할 뿐 어떤 명사로 묘사해도 모두 의미가 없는 것이다.

# ③

# 자비심
# 수행

불교를 공부하다보면 보살의 자비심을 배워야한다고 하는 말을 자주 듣는다. 그런데 무엇이 자비심일까? 왜 배워야 하나? 또 어떻게 배워야 하나? 먼저 이러한 문제들을 이해하면 자비심을 수행하는 길을 가는 데 도움이 될 것이다.

자비심의 가장 기본적인 의미는 대승불교가 중요시하는 '무연대비(無緣大慈), 동체대비(同體大悲)'이다. 이것은 '사신과 관계가 친밀하든 소원하든, 사이가 가깝든 멀든, 인연이 있든 없든 모두 중생의 고통이 없어지기를 희망하고, 내 몸과 같이 느끼며, 중생들이 기쁨을 얻기를 바란다.'라는 뜻이다. 여기에서 말하는 중생은 모든 인종을 포함할 뿐만 아니라 어떠한 생명 형태도 포함한다. 또한 이렇기 때문에 채식을 하면서 살생을 하지 않는 것이 대승불교에서 매우 중요한 수행 방법이 되었다. 이 또한 자비심 수행이다.

자비심은 타인의 고통에 대하여 자신이 받는 것과 똑같이 여기는 일종의 심리상태이며, 타인이 고난에서 벗어나기를 바라는 것이다. 이것은 일반적으로 말하는 동정심이나 감정이입과 비슷하고, 이러한 심리 상태는 자연스럽게 남의 이고득락을 도우려는 생각을 불러일으킨다. 따라서 자비심이 발휘되면 우리는 개인의 이고득락을 추구할 뿐만 아니라 타인의 이고득락을 돕게 되는 것이다.

# 남을 돕는 것이 즐거움의 근본일까?

그러면 '왜 자비심을 배워야 할까?' 이 문제는 도덕 철학 가운데 '왜 도덕이 있는 사람이 되어야 할까?'라는 주제와 비슷하다. 이것은 철학적으로 대답하기 어려운 문제이다. 왜냐하면 자비심은 느낌상 개인의 이익을 희생해서 이타적인 일을 하는 것인데, 이것은 인간의 이기적인 본성에 위배되는 것이기 때문이다. 보통 우리는 반드시 좋은 이유가 있어야 천성에 위배되는 일을 하려고 한다. 그러면 무슨 좋은 이유가 있을까?

먼저, 누군가는 "그것은 다른 사람을 도와주는 것은 즐겁기 때문이다."라고 말할 것이다. 불교의 입장에서 말하면, 자비심이 자신의 이고득락을 돕는다고 주장하는 것과 같은 셈이다. 그런데 정말로 그럴까? 모두가 남을 돕는 것이 즐거움의 근본이라고 말하지만, 살아가면서 되돌아보면 반드시 그렇지는 않다는 것을 알게 된다. 어떤 상황에서는 다른 사람을 돕는 것이 분명히 즐겁지만, 때로는 오히려 예상했던 것과 다르다. 누구에게나 반드시 다른 사람을 도와주고 나서 후회하거나 심지어 화가 나서 죽을 뻔했던 경험이 있을 것이다. '호랑이를 길러 화를 당하다.[養虎爲患]'라는 고사성어나 '쥐를 길러주었더니 포대를 갉는다.'라는 대만 속담과 같이 은혜를 원수로 갚는 그런 사람을 만나면 진짜로 괴롭다. 설령 다른 사람을 도와주고 무슨 보답을 받기를 바라지 않았지만 남을 돕고 오히려 뒤통수를 맞는다면, 이것은 아마 받아들이기 매우 어려운 일일 것이다. 이미 상상을 초월하는 수행 경지에 도달한 것이 아니라면 대부분의 사람들은 이러한 상황에서 이고득락을 하지 못할 뿐만 아니라 고통이 늘어나게 될 뿐이다. 설령 은혜를 원수로 갚는 이러한 심각한 상황을 만나지 않았어도 도움을 받은 쪽이 전혀 고마워하는 마음이 없이 남을 이용하려고만 하는 것을 발견하는 것도 기분 나쁜 일이다.

누구나 기꺼운 마음으로 길을 묻는 사람에게 길을 가르쳐줄 수 있다. 시간과 돈이 그렇게 들지 않는다면 역시 기쁜 마음으로 도움주는 걸 마다하지 않는데, 자신에게는 작은 일이지만 상대방에게는 아주 큰 도움이 될 수 있다. 그런데 만약 고맙다는 말조차 하지 않는 사람을 만나거나 심지어 당신을 꺼려 말을 분명히 하지 않는다면, 아마 모두 기분이 나빠질 것이다. 따라서 남을 돕는 것이 사실 반드시 즐거울 수 있는 것은 아니다.

## 자비심은 자기를 위한 것인가? 남을 위한 것인가?

—

설마 자비심을 배우는 주된 목적이 자신의 즐거움을 추구하기 위해서란 말인가? 만약 나는 삶이 이미 즐겁다고 생각하거나, 나는 자비심이 가져오는 즐거움에 관심이 없다거나, 나는 이렇게 번거롭게 남을 돕는 것으로 즐거움을 얻고 싶지 않다면, 이러한 상황에서는 자비심을 길러야 할 필요가 없는 것이 아닐까?

이 문제는 철학적 사고로 합리적인 해답을 얻기 어렵지만, 종교적 측면에서는 아마 답하기 쉬울 것이다. '자비심을 기르는 것은 보살의 경지를 성취하는 수행이며, 이것은 육도윤회(六道輪迴)의 고통스러운 깊은 나락에서 벗어나는 길이다.'라는 것이 그 답이다. 그러면 우리가 자비심을 길러야 하고, 남에게 잘해야 하는 목적은 개인이 고통의 바다에서 벗어나 스스로 보살이 되려고 하는 것일까?

이 주장은 이상하게 들린다. 설마 자비심 이면에 진정한 목적이 개인의 가장 큰 이익을 추구하는 것일까? 자비심은 이타적인 것이 아닌가? 어떻게 한참 동안 하고도 이기적일까? 만약 마음속 이면에서 진짜로 궁리하는 것이 자기를 이롭게 하는 것[利己]이라면, 이것이 자비로울 수 있을까? 여기에서 우리는 이론적인 모순에 빠져드는 것 같다. 만약 자신을 위한 것이 아니라면 왜 자비심을 수행해야 하며, 만약 주된 목적이 자신을 위한 것이라면 그것을 자비심이라고 할 수 있을까?

## '남과 나를 구분하는 것'은
## 이기와 이타의 모순을 초래한다

—

나의 개인적인 철학 사고와 수행 체험을 가지고 말하면, 이 문제는 이론적으로 간단한 해답이 없다. 이타(利他)의 이면에 있는 진짜 이유가 이기(利己)라면 그것은 진정한 이타가 아니다. 진정한 이타가 아니면 자비심이라고 할 수 없다. 그러나 만약 이기적인 요소가 없이 오로지 이타를 말하면 왜 이렇게까지 해야 하는지에 대한 동기를 찾을 수 없다.

그러나 우리를 곤경에 빠지게 하는 이 전체적인 사유는 '남과 나를 구분하는' 구조에 기반하고 있다. 이것은 '나는 나이고, 너는 너이며, 나를 위하는 것은 너를 위하는 것이 아니고, 너를 위하는 것은 나를 위하는 것이 아니며, 두 가지는 완전히 구분된 개체이다.'라는 구조이다. 이 구조 자체가 수렁에 빠지게 하는 관건이며, 우리에게 합리적인 해답을 찾기 어렵게 만든다. 가령 사람이 일을 처리하는 동력이 이기에 있다면, 이타적인 행위의 동력도 당연히 이기에 있지만, 이기를 출발점으로 하는 이타는 진정한 이타가 아니다. 이러한 사유 구조에서는 단순한 이타적인 행위는 불가능하게 된다.

마음에 남과 나를 구분하는 이러한 사유 구조를 가지고 있는 한 이 모순을 해결할 수 없다. 이 모순을 해결하려면 반드시 먼저 이기와 이타의 절대적인 구분을 없애야 한다. 그것을 없앨 수 있어야 이 사유의 늪에서 필사적으로 벗어날 길을 찾고 어리석음[無明]에서 깨어나 이 모순을 없앨 수 있다.

먼저 남과 나를 구분하는 구조를 내려놓고, 다른 시각으로 이기와 이타를 보자. 자비심이 발휘되는 바로 그때 타인의 슬픔과 기쁨은 사실 나의 슬픔과 기쁨이다. 특히 어떤 감정이 긴밀하게 결합된 자식이나 애인에 대하여 말하면, 상대의 고통을 심지어 자신의 고통보다 더 견디기 어려워하며, 자신이 고통 받는 쪽이 되지 못한 것을 한스러워한다. 이러한 심정에서는 남을 돕는 것인 동시에 자신을 돕는 것이다. 사실 이타도 이기이다. 뒤집어 말하면, 만약 남이 자기에게 관심을 갖고 있으면 자신의 고통이 다른 사람을 괴롭게 하는 것을 우리가 알아서, 자비심을 환하게 밝혀서 다른 사람을 괴롭게 하지 않으려고 자기를 잘 돌보게 되니, 이는 이기적인 동시에 또 이타적인 것이다.

# 남과 나의 구분에서 벗어나야
## 진정한 자비심이 생길 수 있다

―

자비심 자체가 사실 남과 나를 구분하지 않는 것이다. 자비심을 수행하는 것은 남과 나의 구분을 타파하는 효과적인 방법이다. 우리의 사유가 남과 나를 구분하는 관념에 빠지게 되면 자비심이 왜곡되게 발휘되어 얼토당토않은 곤란한 문제를 만든다. 문제는 자비심에 있는 것이 아니라 어리석은 사유와 집착에 있는 것이다. 자비심이 남과 나를 구분하는 이러한 분별심의 방해를 받지 않으면 신기한 힘을 발휘할 수 있다.

자신의 기쁨과 분노, 슬픔과 즐거움이 전 세계의 운행을 방해하고 있고, 주변 사람들의 기쁨과 분노, 슬픔과 즐거움, 그리고 남의 기쁨과 분노, 슬픔과 즐거움도 방해하고 있으며, 세계와 자신의 기쁨과 분노, 슬픔과 즐거움도 방해하고 있다. 예를 들어 개개인마다의 희로애락을 하나하나의 작은 호수로 보고, 이 모든 작은 호수들은 다 가운데에 세계를 상징하는 큰 호수와 서로 통한다고 해보자. 희로애락의 변화에서 자신을 다시 한번 보고, '나는 누구인가?'를 생각해보자.

남과 나를 구분하는 구조에서는 이 작은 호수를 나로 보고, 나머지 다른 작은 호수들을 남으로 본다. 호수 각각이 독립적으로 존재한다고 생각하는 것이다. 그러나 실제로는 모든 물줄기는 다 곳곳으로 통해 흐른다. 나의 작은 호수는 당연히 나와 가장 가깝고 가장 밀접하지만 온전한 내가 아니다. 만약 우리가 호수 전체가 맑고 깨끗하기를 바란다면 이것은 이기일 뿐만 아니라 이타이기도 한 것이다. 만약 우리가 이러한 남과 나의 구분을 타파하면 그 호수 전체가 사실 곧 완전한 나 자신이다. 이러한 사고 구조에서는 이기와 이타는 결코 어떤 구분이 없다. 자비심은 이타이고 또 이기인 것이다. 그리고 자비심의 목적은 이기인 동시에 이타인 것이다.

따라서 만약 먼저 폐쇄적인 이 자기 틀에서 벗어나 밖으로 펼쳐 자신을 크게 넓혀서 본래의 허망한 자아를 녹여버리면 단순한 개인의 감정에서 더 큰 전체의 감정으로 진화할 것이다. 전체 속에서 남과 나를 구분하기 어렵고 이타와 이기는 겹친다. 이러한 겹침이 바로 자비심이다. 다시 말해서 자비심이 남과 나를 연결하여, 남을 나와 한몸으로 여겨 가엾게 여기는 대자비가 일어나는 것이다.

이러한 측면에서 보면 우리는 이기와 이타가 겹치지 않는 부분은 자비심이 발휘되는 것이 아님을 발견할 수 있다. 남의 이익을 가로채는 것은 이기이지 이타가 아니며, 자신이 이익을 가로채는 것을 진심으로 원하지 않는 것은 이타이지 이기가 아닌 것처럼, 이러한 것은 모두 자비심이 아니다. 바꾸어 말하면 만약 다른 사람의 작은 호수에 오염된 물을 남의 작은 호수에 끌어 댄다면 이러한 이타는 반드시 진정한 자비심은 아니다. 그리고 자기의 작은 호수에 오염된 물을 남의 작은 호수에 끌어 댄다면 잠시 고통에서 벗어난 것[離苦] 같은 허상이 있을 뿐, 결국 오염된 물이 들어와 호수 전체를 오염시켜 자기에게 해를 끼치게 되므로 자비심을 발휘한 것이 더욱 아니다.

그런데 이기인 동시에 이타이며 또 마음이 명확히 이타에 결부된 이러한 생각이이라면, 이기적으로 보이는 어떤 행위들은 자비심의 표현일 수도 있다. 예컨대, 유능하고 중요한 지도자가 더 많은 사명을 이루기 위하여 경호원의 보호를 받는 것은 이기처럼 보이지만 자비심의 발휘에서 비롯된 것일 수도 있다. 그밖에, 이타적으로 보이는 모든 행위가 다 정말로 자비심에서 우러나온 것이 아니면 남을 도와준 뒤에 자신이 치가 떨리도록 후회하는 것처럼, 자비심이 발휘된 것이 아니다. 따라서 이러한 심정에서는 착한 일을 한 것이 자비심의 수행이 아니다. 억지로 선행을 하여 자비심을 기를 수 없다. 그래서 만약 누군가 모든 재산을 기부했지만 마음속에서 진심으로 원한 것이 아니면 다른 사람에게 매우 커다란 도움을 주었더라도 자비심이 발휘된 것이 아니다. 마음속에서 남을 도와주고 싶은 심정이 발휘되어야 설령 아주 조금 도움이 되더라도 자비심을 기를 수 있다.

## 자비심은 마음만 있으면 되는 것이 아니라 결과에 신경 써야 한다

검토해야 할 중요한 관점이 하나 있다. '마음만 있으면 된다.'라거나 '마음이 가장 중요하다.'는 말을 자주 들어보았을 것이다. 이타와 이기가 겹쳐야 한다는 앞의 주장에서 보면 이 주장은 틀린 것이다. 왜냐하면 만약 자비심을 내어 다른 사람을 돕는 행동이 성과를 얻지 못하고, 심지어 도와주다 오히려 도움을 받았다면, 도리어 남에게 해를 끼치는 것이기 때문이다. 이것은 이타적인 결과에 이르지 못했을 뿐만 아니라 이기적인 성과를 이루지도 못한 것이다. 이러한 자비심은 실패한 것이라고 할 수 있다. 자비심을 낼 때 반드시 결과를 고려해야 하고, 또한 진심을 다해 최고의 성과를 내야 한다. 만약 이러한 의도가 없이 단순한 선의(善意)일 뿐이라면 진정한 자비심이라고 할 수 없다.

따라서 남을 돕겠다는 마음뿐 아니라 생각한 목표와 결말에 이를 수 있어야 비로소 자비심의 완성이라고 할 수 있다. 만약 처음부터 별로 효과가 없을 줄 알았다면 그런 노력은 자비심이라는 연극을 한바탕 한 것일 뿐이다.

상처를 입은 떠돌이 동물을 보고 구하지 못할 것을 분명히 아는 데도 무리하게 구조를 펼치려고 하는 것은 자비심이 아니다. 그러나 만약 그때 걸음을 멈추고, 동물을 쓰다듬어주고 곁에 있어주면 그 동물은 사랑 속에서 떠날 수 있을 것이다. 설령 한 생명을 건질 수 없더라도 자비심을 구현한 것이다.

## 자비심은 어떻게 배워야 할까?

—

그러면 자비심은 어떻게 배워야 하나? 만약 무엇을 자비심이라고 하는지 먼저 생각하지 않으면 자비심을 배우기 어렵지 않은 것으로 착각하게 된다. 깊이 이해하고 나서야 배우는 것이 어렵다는 것과 대부분의 사람들이 잘못 배운 것을 발견하게 된다.

사실 우리가 배운 자비심은 표면적인 것에 불과하다. 우리는 자비심이 남을 돕는 마음을 우러나게 한다고 알기 때문에 자비심을 배우는 것이 남을 도와주는 것으로 오해한다. 그러나 남을 돕는 행동에 모두 자비심이 포함된 것은 아니다. 행동은 배우기 쉽지만 마음을 일으켜 생각을 움직이는 것은 어렵다. 행동만으로도 가치가 있지만 자비심을 기르는 것에는 도움이 된다고 할 수 없다. 자비심이 결여된 채 다른 사람을 도와주면 잘난 척하는(스스로 대단하다고 여기는) 오만한 마음이 길러질지도 모른다.

　자비심을 배우는 것은 일종의 마음 수행에 속한다. 배우려고 하는 것은 마음을 일으켜 생각을 움직이는 것이지 마음을 일으켜 생각을 움직이고 나서 한 선행이 아니다. 따라서 자비심을 기르는 것은 착한 일만 하면 되는 것이 아니다. 중요한 점은 착한 일을 한 이면의 배려하는 마음에 있다. 달라이 라마는 『반야심경(心經)』을 설명하면서 "진실한 선(善)은 마음속에 중생이 고통 받는 것을 면하게 하려는 강렬한 느낌이 있고, 이러한 착한 생각[善念]이야말로 강한 자비심을 솟아오르게 할 수 있다."라고 주장했다. 그리고 이 강한 자비심을 기르려면 먼저 중생에 대한 친밀감과 감정이입을 길러야 된다고 했다. 이것은 사실 오랜 시간 동안 힘써 수행해야 자연스럽게 솟아날 수 있다. 이 이전에 먼저 타인과 다른 사물의 관점에서 온 힘을 다해 생각해보아야 개인의 생각에서 벗어나 타인의 마음과 융합되는 감정이입을 이룰 수 있다. 달라이 라마는 『관용』이라는 책에서 "고통을 인식하는 본원은 타인이 받고 있는 고통을 더 잘 보고, 자신이 고통에서 벗어나려고 하는 마음을 타인의 고통스런 경험에 집중하면 자신이 받는 것과 똑같이 느껴져 감정이입 및 진정한 자비심이 일어나기 더 쉽다."라고 하였다.

## 불교와 서양 철학이 자비심을 기르는 방법
—

자비심과 유사한 관념을 중국철학에서는 양지(良知), 측은지심(惻隱之心), 혹은 인자한 마음[仁心]이라고 한다. 서양 철학에서 아리스토텔레스가 말한 덕성(德性)도 상관성이 있다. 어떻게 배우느냐라는 문제에 있어서 다른 견해를 참고할 수 있다.

왕양명(王陽明)은 양지를 기르는 방법을 '치양지(致良知)'와 '지행합일(知行合一)'이라고 보았다. '양지'는 자비심과 같이 마음속 선(善)의 근원에 속한다. 우리는 모두 마음속에 잠재되어 있는 선의 원천이 발현되어 착한 일을 하는 것을 좋아할 수 있다. 어린아이가 상처를 입은 작은 동물을 보고 구조될 수 있기를 바라는 것과 같다. 그러나 이러한 본심이 처음부터 뚜렷하고 선명했던 것이 아니다. 희미하고 명확하지 않아 다른 생각의 영향을 받기 쉬워 양지에 어긋나는 일을 저지른다. 예컨대, 어린아이가 재미에 빠져 어린 동물을 괴롭히게 될 수도 있다.

'치양지'는 우리가 양지를 깨끗이 닦아서 그것을 더욱 분명하게 드러나게 하고, 그것을 따라가는 것이다. 이것이 바로 이른바 '지행합일(知行合一)'이며, 행동을 양지에 부합하도록 하는 작용이다. 양지에 끊임없이 집중을 하고 그것이 우리들의 행위를 이끌도록 해야만 양지가 우리들의 마음속에서 갈수록 뚜렷하고 선명하게 드러날 수 있다. 이것은 달라이

라마가 『관용』이라는 책에서 "당신이 자비의 대상에 집중할수록 당신의 자비심은 강렬해지고 많아진다."라고 말한 것과 비슷하다.

만약 우리들이 이러한 작용 방식을 자비심을 기르는 방법으로 삼는다면 자비심은 본래 충분히 갖추어져 있는 것임을 알게 될 것이다. 굳이 애써 확대하려는 것이 아니라 원래 마음속에 있는 자비심이 잘 드러나게 하면 그뿐이다. 자비심이 분명하게 드러날수록 느낌상 양지처럼 맑고 투명해지고, 강렬해지며, 많아지게 되어, 마음도 차츰 밝은 달처럼 환히 빛나게 된다.

그러나 만약 아직도 자비심의 시야를 트이게 할 수 없어서 선행을 흉내만 냈다면, 자비심을 기르는 데 도움을 줄 수 있는 방법이 있을까? 이 문제에 대한 대답은 아리스토텔레스에게서 찾을 수 있다. 그는 덕성을 함양하려면 습관에 의존해야 한다고 생각했다. 다시 말해서, 선을 행하는 덕성은 선행을 하는 습관을 통해서 길러질 수 있다는 것이다. 덕성도 마음의 일종의 품성에 속하므로 이러한 변화가 아마 자비심이 드러나 보이는 데 도움이 될 것이다. 그러나 또 다른 측면에서 말하면, 만약 선행이 성과를 얻게 되면 남을 도와준 기쁨을 얻게 되며, 이러한 기쁨은 아마 자비심의 느낌이 열리는 중요한 발단이 될 것이다. 따라서 선행 자체가 설령 자비심을 직접 드러나 보이게 할 수는 없더라도 도움이 될 것이다. 다만, 만약 선행이 성과를 얻지 못하고 심지어 자신을 화나게 한다거나 설령 성과가 있더라도 스스로 잘난 체한다면, 이러한 상황은 자비심을 드러나 보이게 하는 것에 대하여 오히려 해를 끼치게 되는 것이다.

# 채식으로 자비심을 기르는 방법

---

서련정원(西蓮淨苑)의 혜통 법사는 일상수행 중 하나로 육식을 끊은 것을 예로 들었다. 채식은 하나의 행동일 뿐이다. 행동 자체가 반드시 자비심을 기를 수 있는 것은 아니다. 어떤 사람은 양생(養生)을 위해서 채식을 하고, 어떤 사람은 특별한 종교의 가르침 때문에 채식을 한다. 나름의 이유가 있겠지만 이런 이유로 자비심이 절로 늘어나는 건 아니다. 자신의 즐거움이 동물들의 고통에 기초하는 걸 바라지 않으면서 채식을 선택할 때 진정한 자비심이 작용하고 있는 것이다.

설령 행위 자체가 자비심을 기를 수 없더라도, 만약 이러한 행위와 상관된 다른 생각이 자비심을 불러일으킬 수 있다면 역시 자비심을 기르는 데 도움이 될 것이다. 평소에 늘 '(몸과 마음으로) 남을 다치게 하지 말아야지.'라는 생각을 하고 있으면 다른 사람의 마음을 살피는 게 수월하다. 그러면 감정이입을 하는 데 도움이 되고 동시에 자비심을 함양하는 데도 도움이 될 것이다.

# ④

# 발심發心과
# 도덕실천

불교에는 '발심(發心)'이라는 말이 있다. 예컨대, '학교를 짓자.', '앞으로 떠돌이 동물을 보호하자.'라고 하거나 '평생의 노력을 다해 채식을 널리 보급하자.'라는 것 등이 발심이다. 발심은 일종의 맹세와 비슷하다. 자신이나 신, 부처님께 나는 어떠어떠한 일을 하기로 결심했다고 말하는 것과 같다. 당연히 발심해서 하려고 하는 것은 모두 반드시 좋은 일이고, 적어도 자신이 좋은 일이라고 생각하는 것이다. 우리는 열 명을 죽이겠다고 발심하지 않으며, 못되게 굴겠다고 발심하지도 않는다. 만약 보편적인 가치관에 부합되지 않으면 적어도 발심이라는 용어를 쓰지 않는다.

'맹세'라는 말이 있다. 발심보다는 무거워 보이는 말이다. 왜냐하면 맹세를 위배하는 것은 엄청난 큰일이기 때문이다. 그러나 만약 발심하고서 결국 이루어내지 못해도 그렇게 심각하지는 않다. 따라서 발심은 자신의 결심을 선언하는 것과 더 비슷해서 설령 처음부터 해낼 가능성이 없더라도 열심히 해나가기를 바라는 일이다. 그러면 우리가 철학적인 측면에서 발심의 의미는 무엇인지, 왜 발심을 해야 하는지, 그리고 발심이 수행에 어떤 작용을 하는지에 대하여 분석해보도록 하자.


## 모든 발심이 자비심에서 나오는 것은 아니다

먼저, 발심을 하려면 무슨 마음을 내야 할까? 일반적으로 발심은 항상 자비심과 관련이 있다. 왜냐하면 자비심이 작용하여 하나의 결심을 하기 때문이다. 마치 보살이 중생을 모두 제도하는 것을 사명으로 삼고, 이에 "지옥이 텅 비지 않으면, 성불하지 않겠다."라고 발심하는 것과 같다. 일반대중도 자비심을 바탕으로 하여 빈곤한 국가에 병원을 짓고, 학교를 세워 가난한 국민들이 모두 병원에 가고 학교에 갈 기회가 제공될 수 있기를 발심할 수 있다.

그러나 발심의 연기(緣起)도 전부 자비심의 작용에서 나오는 것은 아니다. 발심이 자비심에서 나온다는 생각은 이성적 판단일 뿐이다. 예컨대 낙후된 지역에 학교를 짓겠다는 발심은 공부를 하고 싶어도 하지 못하는 환경에 처한 아이들을 동정해서만은 아니다.

우리는 공부가 자신을 향상시키고, 지식을 얻고, 인생의 성공을 이룰 수 있는 기회라고 생각한다. 이 기회를 잃는 것이 안타깝기 때문에 공부하고 싶어 하는 모든 아이들이 다 인생을 바꿀 수 있는 기회를 얻기를 바라는 것이다. 이러한 사고를 바탕으로 우리는 빈곤한 지역에 학교를 짓는 일을 돕는 것은 좋은 일이라고 생각하여 이러한 일을 이루고 싶다고 발심한다. 이러한 발심은 대체로 이성적인 사고 뒤에 나온 결과이지, 자비심에서 나온 작용은 아닌 것 같다. 물론 넓은 의미에서 보면 남을 배려하는 이러한 마음들은 모두 자비심으로 분류해서도 상관없다. 이러한 정의에서는 이러한 것들도 다 자비심의 작용이라고 할 수 있다. 그러나 여기에서 우리는 감정에 있어서의 원동력과 이성에 있어서의 원동력으로 좀 세분하여 토론하는 것이 좋겠다. 왜냐하면 두 원동력이 사람의 마음에 작용하는 것이 매우 다르기 때문이다.

만약 왕양명이 주장한 양지를 선명하게 드러내려는 목적을 가지고 말하면, 양지의 작용은 감정의 작용에 속해서, 좀 강한 구동력을 갖고 있다. 그러나 이성적인 측면에서 나온 발심은 감정의 자극에 속하지 않아서, 저절로 움직이는 작용력을 가지고 있지는 않다. 예를 들어 거리에서 불쌍한 거지를 보았을 때, 동정심이 있는 사람은 저절로 행동력이 생겨 그에게 가서 도와준다. 느낌이 깊을수록 행동하기도 쉬워진다. 그리고 행동을 하는 것이 바로 지행합일(知行合一)의 수행이다. 즉 양지와 비슷한 자비심이 작용하게 하고, 쓰면 쓸수록 더 선명해진다. 마치 끊임없이 마음의 맑은 거울을 닦는 것과 같은 수행이다.

그러나 감정 작용에 너무 지나치게 의지하면 문제가 생긴다. 예컨대, 만약 어떤 요소들로 인해 지금 당장 강렬한 동정심이 일어나지 않는다면 행동을 행사할 리가 없다. 다른 일로 지금 막 바쁠 때, 삶이 짜증나서 남에 대한 동정심이 약할 때 거지의 모습이 추하고 악취가 나서 다가가고 싶지 않을 때와 같이 말이다. 그러나 요소가 어떻든 간에 이러한 마음의 감정적 동력이 좀 부족할 때, 자비심이 작용하기는 어렵다.

그밖에, 공포도 자비심의 효용을 떨어뜨린다. 예컨대, 만약 직장에서 상사에게 괴롭힘을 당하는 사람을 동정해서 앞에 가서 도와주면 자신도 그 상사의 눈 밖에 날 수 있다. 이러한 때 자비심은 보통 두려움을 극복하기에 부족하다. 이때 만약 약자를 돕겠다는 발심을 하려면 이성적인 사고와 의지를 운용한 구동력이 필요하다.

이성은 어떤 경우든 반드시 실천해야 한다고 우리에게 알려줄 수 있다. 이때의 선행 동력이 의지하는 것은 더 이상 내재된 감정이 아니라 자신을 지배한 의지이다. 따라서 이성적으로 좋은 일이라고 여겨서 나타난 발심은 내재된 감정인 자비심을 기르는 일환에 속하지 않는다. 그것의 작용은 사실 또 다른 수행에 속한다.

## 불교의 발심과 칸트의 도덕실천

여기에서 우리는 서양 철학자 칸트(Immanuel Kant, 1724~1804)의 도덕철학을 참고해볼 수 있다. 칸트는 '마음에서 다른 사람을 도와주어야 한다는 생각에서 우러나와 하게 되는 행동은 사실 도덕적 실천이라고 할 수 없다.'라고 보았다. 맞는 말이다. 당신은 잘못 보지 않았고 인쇄가 잘못된 것도 아니다. 대부분의 동양문화에서 말하면, 인자한 마음[仁心](양지, 자비심)을 근본으로 삼아 도덕을 실천해나가는 것이 가장 중요한 지행합일적 도덕실천이다. 그러나 칸트는 오히려 이것은 도덕적 실천이라고 할 수 없다고 하였다.

　물론 마음에서 우러나 다른 사람을 돕는 것은 좋은 일이며, 칸트도 반대하지 않았고 심지어 많으면 많을수록 좋다고 생각했다. 중요한 점은 칸트는 이것을 진정한 도덕적 실천으로 보지 않았다는 데 있다. 그의 마음에는 진정한 도덕실천은 이성에서 좋은 일이라고 생각한 뒤에 의지에 기대어 행동해가는 것이지 감정을 동력으로 해서 완성해나가는 것이 아니다.

　예컨대, 우리는 도움이 필요한 사람을 보았을 때, 마음에서 가엾다는 동정심과 자비심이나 인자한 마음이 일어나게 되고, 이러한 감정이 동력이 된 것을 근거해서 남을 돕게 된다. 일반적으로 우리는 이를 도덕 실천이라고 여긴다. 그러나 칸트는 이것을 도덕실천이라고 여기지 않았다.

칸트의 관점에서 말하면, 예컨대 위기를 당한 불쌍한 사람이 지금 막 나의 경쟁 상대이거나 적일 경우처럼, 설령 어떤 요소들은 자비심을 일으키지 않아서 동정심이 일어나기 쉽지 않더라도, 나는 이성적으로 그를 도와야한다고 생각하고서 내 의지에 따라 그를 도와주어야 하고, 설령 마음에 조금도 돕고 싶지 않더라도 여전히 행동해야 한다. 이러한 행위라야 칸트가 생각하는 도덕실천인 것이다.

다시 말해서, 선행을 추진하는 감정이 결여된 상태에서 이성을 발휘하여 설령 내재된 동력이 없거나 심지어 돕고 싶지 않다는 반발력이 있더라도 여전히 이성적인 결정에 따라 행동해야 칸트가 생각하는 도덕실천인 것이다. 이성과 의지에서 나온 이러한 도덕적 실천이 여기에서 말하는 '발심'과 매우 비슷하다.

우리는 좋은 일이라고 생각하고 나서 발심하여 그것을 이루어내겠다고 선언한다. 이루어내는 과정은 결코 쉽지 않아, 마음의 감정적인 충동에 전적으로 의존할 수 없어서 이성적으로 자신이 해야 한다고 생각해야 하는 것이다. 실천하는 과정이 힘들고 심지어 좌절할 수 있지만 의지가 자기를 이끌고 굳게 지켜 나가야 한다.

학생의 노력은 영원히 선생님의 기대에 부합하지 않는다. 그래서 좌절감은 항상 선생님들을 에워싸고 있다. 그리고 좌절감은 쉽게 사람을 나태해지게 해서 수업에 대한 준비 시간이 줄어들기 시작할 것이다.

왜냐하면 선생님이 수업 준비는 10분을 하지만 수업에서는 3분만 하게 되는데, 효율은 단 1분이라면 자연스럽게 수업 준비를 5분 이하로 줄일 것이다. 그런데 실제로 수업 준비를 5분으로 줄여도 2분밖에 수업을 안 할 테고 효율은 1분조차 안될 것이기 때문이다. 이때 선생님은 정서적인 방해를 받지 말고 꾸준히 10분을 준비할 것을 발심할 수 있다. 이러한 것은 가르치면서 얻게 되는 성취감으로 버틸 수 없고, 선생님의 불타는 열정으로도 지속할 수 없다. 다만 이성적으로 자신이 이렇게 해야겠다고 생각하는 의지에 따라서만 꾸준히 해나갈 수 있는 것이다.

발심하고 실천하며 완성하는 이 모든 과정이 바로 칸트가 생각하는 도덕실천이다. 그러면 칸트의 이러한 도덕실천의 의미는 무엇일까?

## 옳은 일을 하는 수행을 견지하라

칸트의 가장 유명한 책은 『순수이성비판』이다. 이 책은 주로 지성(知性)과 그 한계를 분석하였다. 그 결론은 지성은 사실 진리로 통할 수 없다는 것이다. 그리고 속편인 『실천이성비판』이라는 책에서는 우리에게 도덕실천은 진리에 닿을 수 있다고 말해준다. 따라서 이 측면에서 말하면, 도덕실천에 속하는 발심은 하나의 역량이고 이 역량은 도덕실천을 통해서 진리를 파악한다. 그런데 도덕실천이 어떻게 진리에 닿을 수 있을까?

칸트의 이론은 약간 복잡해서 몇 마디로 분명하게 말하기는 매우 어렵다. 그러나 개인적인 나의 도덕실천 경험을 가지고 말하면, 도덕실천은 한 사람의 인격을 순화시켜, 끊임없이 공평정대함을 추구하는 과정에서 이성이 여러 감정의 유혹을 뿌리치고, 허심탄회한 포부를 함양하여 한 사람의 내면을 바꾼다. 내면이 어느 정도 바뀌었을 때, 안개가 걷히고 등불이 켜지고 모든 것이 다 더욱 선명하게 보여서 신세계가 저절로 펼쳐진다. 이러한 변화는 옛사람이 말한 "참된 사람이 있은 뒤에 참된 앎이 있다.[有眞人後而有眞知]"라고 한 것과 같은 유형이다. 자신이 어느 정도 바뀌면 저절로 이러한 변화를 증명할 수 있다.

이러한 변화가 신비로운 경험을 펼치는 하나의 방법이다. 불교 수행의 측면에서 말하면 일종의 증오(證悟)이다. 이러한 깨달음은 아마 유가(儒家)의 천명(天命)에 감응(感應)한다는 깨달음과 비슷할 것이다. 『중용(中庸)』에서 "하늘이 명한 것을 성(性)이라 하고, 성을 따르는 것을 도(道)라 하며, 그 도를 닦는 것을 교(敎)라 이른다.[天命之謂性, 率性之謂道, 修道之謂敎.]"라고 하였다. 발심을 통한 수행은 삶이 실천하는 길을 바로 잡고, 도덕실천을 통해 내재된 천성을 펼치며, 내재된 천성에 대한 파악을 통하여 나아가 천명을 깨닫는 것이다.

**(5)**

# 무상無常의
# 세계관
# 수행

철학이 제시하는 주제들은 어려운 것이 많다. 이러한 어려움 중에는 언어의 문제가 있다. 언어의 문제는 우리를 아예 잘못된 방향으로 이끌기도 한다. 언어의 문제는 난해하기도 하지만 '가짜 문제(Pseudo problem)'인 경우도 많다. 글자 그대로 보기에는 하나의 문제 같지만 진짜 문제가 아니며, 만약 문제의 표면을 벗길 수 있다면 속은 텅텅 비어 있는 경우도 있다.

만약 먼저 거짓된 표면을 간파하고 위상한 것을 제거하지 않으면 이러한 가짜 문제를 전문적으로 연구한 뒤에 더 이상하고 더 난해한 철학 이론을 만든다. 결국 사고의 갈피는 허구의 정글 속 함정 사이에서 완전히 길을 잃게 되고, 문제의 근본 원인은 찾지 못한다. 물론 근본적으로 해답이 없기 때문에 해답을 찾을 방법은 없다.

## 가짜 문제는 '해결'될 수 없고 '해소'될 수 있을 뿐이다

이런 가짜 문제에 부닥치면 우리는 위장을 벗길 방법을 강구해서 문제를 없애도록 해야 한다. 이건 문제를 해결하는 것이 아니라 문제를 '해소'하는 방법이다. 이처럼 철학에 있어서 어떤 문제들은 해결이 아니라 해소되어야 할 필요가 있다.

예를 들어, '닭이 먼저일까 알이 먼저일까?'라는 문제는 '만고의 난제'로 유명하지만 사실 언어의 함정에 의해 만들어진 가짜 문제일 뿐이다. 이것의 어려움은 답을 찾기 어려운 데 있는 것이 아니라 문제 자체의 혼동을 알아채기 쉽지 않다는 데 있다. 우리는 문제에 있는 '닭'을 '계란에서 부화해 나온 생물'로 이해하고, '계란'을 '닭이 낳은 알'로 정의한다. 이러한 문자의 의미에서는 '닭'과 '알'은 순환하는 일이 되어버린다. 순환은 선후가 없기 때문에 우리가 억지로 선후를 물으려 할 때, 언어 오용의 함정에 빠져들고, 이 함정은 풀리지 않는 문제를 만들게 된다. 따라서 우리는 정의를 바꾸어야 한다. 그렇지 않으면 그 답을 풀 수 없다. 이 언어의 함정을 풀기만 하면 어려운 문제를 없앨 수 있다.

비트겐슈타인(Ludwig Wittgenstein, 1889~1951)처럼 많은 철학적 문제가 다 이러한 부류에 속한다고 대담하게 선언하는 몇몇 대철학자도 있다. 하지만 이해하기 어렵다고 모두 가짜 문제인 것은 아니다. 어떤 생각들은 사실 그 자체가 난이도가 있어 이해하는 것만도 어렵다. 예컨대 만약 고도의 다양한 수행 체험 과정을 논하는 것은 매우 어렵다. 만약 어떤 철학적 문제가 이러한 부류의 견해와 서로 관련이 있거나 이러한 견해를 토대로 하다면, 이러한 철학적 문제들은 당연히 이해하기 어렵다. 만약 견해 자체가 의미가 있는 것이면, 문제도 보통 의미가 있는 것이다.

## 새로운 세계관을 이해하려면
## 반드시 먼저 이전의 세계관을 버릴 능력이 있어야 한다

—

철학의 영역 안에서, 많은 견해들은 대중들의 습관적인 견해와 다르며, 선입견도 다르며, 심지어 사고방식도 다르다. 차이가 클수록 이해하기 어려워진다. 만약 기존의 지식을 기반으로 이해할 수 없는 관점이라면 이해하기는 더 어려워, 새로운 세계관으로 세계를 보는 것과 같다.

새로운 세계관을 이해하려면 먼저 관습적인 세계관을 버리고 다른 측면에서 세계를 보아야 한다. 만약 먼저 기존의 세계관을 버리지 않고 새로운 관점을 다시 세우면, 어찌되었든 오해만 하게 된다. 여기서 또 하나 발생하게 되는 문제가 있다. 바로 언어 혹은 문자의 문제이다. 언어나 문자는 자연스레 기존의 세계관의 어떤 함의를 담고 있다. 이 언어나 문자를 계속 밀고나가는 한 우리는 기존의 세계관에서 벗어나기 힘들다. 소위 '문자의 틀'에 갇히게 되는 것이다. 이렇게 되면 세계관과 언어 간에는 소통이 불가능해진다.

뉴턴의 물리적 세계에서는 모든 물건은 다 공간 속의 어떤 위치에 있다. 일단 습관적으로 이 세계관에서 벗어나지 못하고 양자 물리를 배우게 되면 우리는 '하나의 입자'를 보면 이 입자는 공간 속의 어떤 고정된 위치에 있다고 상상하기 쉽거나 이 입자는 여러 개의 다른 위치에서 계속 이리저리 돌아다니고 있다고 상상하기 쉽다. 그러나 이러한 상상은 모두 적절하지 않다. 가장 좋은 방법은 기존의 익숙한 세계관을 내려놓고, 또 다른 세계관으로 바꾸어 세상을 새롭게 관찰하는 것이다.

## 불교의 무상(無常) 세계관

불교 공부가 어려운 점은 학자가 이론을 탐구하는 과정에서 해소해야 할 문제가 그 안에 남아 숨겨져 있지도 모른다는 것 외에, 아주 다른 세계관에 대한 설명이 담겨 있기 때문이다. 이 세계관은 간단히 말하면 '무상(無常)의 세계관'이다. 이것은 일반대중의 생각과 완전히 다른 관점으로 세상을 보는 것이다. 불교의 세계관으로 세상을 보면 기존과는 다른 세상이 보인다. 이 세계관을 배우고 이해한 다음에 상시적으로 그것을 적용하면 마침내 새로운 습관이 형성된다.

불교의 세계관을 논하려면 가장 기본적인 교의인 '삼법인(三法印)'부터 알아야 한다. 삼법인은 "모든 행은 무상하고, 모든 법은 무아이며, 열반은 고요하다.[諸行無常, 諸法無我, 涅槃寂靜.]"라고 하는 불교의 '무상 세계관'이다. 비록 셋으로 나뉘어 있지만 논하는 것은 하나의 같은 일이다.

'제행무상(諸行無常)'은 모든 사물은 다 인연에 의해 생겨나 자성(自性)이 없다는 것을 말한다. '어느 것 하나도 독립적으로 움직이는 것으로 여기지 마라. 어느 것 하나도 홀로 존재할 수 있는 것은 없다.'라는 뜻이다.

그러나 이것은 올바른 해석이 아니다. 제행무상의 가르침은 모든 것은 다른 것에 의지해 존재한다는 것이며, 모든 것은 '그것들 자신'이라고 하는 것이 없다는 것이다. 예를 들어 말하면, 내 책상 위에 펜이 하나 있다. 우리에게 익숙한 세계관으로 보면 이 펜은 존재하는 것이다. 그것은 이 펜이 객관적이고 구체적인 존재이기 때문이다. 이 펜에 포함되어 있는 분자와 원자 등등을 포함하여 이 펜을 구성하는 모든 단위들도 객관적이고 구체적으로 존재한다.

'제행무상'의 세계관을 적용하여 책상 위에 있는 펜을 보면 우리는 무엇을 보게 될까? 우선 가장 쉬운 해석을 보자. 모든 사물이 다 무상한 것이기 때문에 이 펜의 존재는 결코 영원한 것이 아니며, 그것은 언젠가는 다 닳아 없어질 것이다. 만약 우리가 이 펜을 매우 아껴서 이것이 영원할 것이라고 착각한다면, 어느 순간 그것이 없어졌을 때 고통스러워할 것이다. 따라서 이러한 무상한 속성을 안다면 과도한 기대를 하지 않을 것이고, 너무 큰 고통도 생기지 않을 것이다.

이것이 무상세계에 대한 일반적인 해석이다. 이러한 해석도 틀린 것은 아니다. 그러나 깊이가 있지는 않다. 또한 이러한 해석은 우리의 기존 세계관과 어떠한 충돌도 없다. 이 펜은 여전히 하나의 객관적인 존재물이며, '제행무상'은 우리에게 이러한 존재는 결코 영원한 것이 아님을 일깨워줄 뿐이다. 그리고 실제로 익숙한 세계관으로 보면 이 펜은 본래 영원한 것이 아닌데, 우리가 때때로 잊어버려서 번뇌가 생기는 것뿐이다. 우리가 익숙한 세계관에서 벗어나지 못한다면 이러한 방식으로 제행무상을 이해할 수 있다.

## 주관적인 조건이 들어간 제행무상관

기존 세계관에서 벗어나 제행무상의 세계관으로 이동해보자. '존재'는 더 이상 완전히 객관적인 존재가 아니며 반드시 상응하는 주관적인 조건을 대입해야 한다. 존재는 일종의 '나에게 드러난 상태'인 것이다. 이것은 현상학자 하이데거(Martin Heidegger, 1889~1976)의 관점과 비슷하다. 내가 이 펜이 존재한다고 말할 때의 의미는 이 펜이 지금 나에게 보인다는 뜻이다. 그리고 이 상태가 되려면 물리적인 조건, 인지적인 조건, 수요적인 조건, 조작적인 조건들 이외에 다양한 인연이 한데 모이는 조건이 필요하다. 우선 나는 반드시 이것이 펜이라고 인지할 수 있어야 한다. 수요에 의해 상호작용이 생기고, 내가 손이 있고 힘이 있어 근육을 움직여 펜을 조작할 수 있는 이러한 조건들이 맞을 때, 이 펜의 존재가 비로소 성립될 수 있다. 하나의 조건이라도 인연이 없어지면 이 펜의 존재는 더 이상 성립되지 않는다.

만약 내가 이것이 펜인지 모른다면, 내 입장에서, '펜을 본다.'는 상황은 발생하지 않는다. 만약 사회에서 펜을 필요로 하지 않는다면, 이 펜은 이 사회에서는 펜이 될 수 없다. 그밖에, 만약 이 펜을 사용할 수 없는 외계에 놓아두고 이 펜의 용도를 알려주더라도 펜의 방식으로 존재할 수 없다. 간단히 말해서, 만약 내가 지금부터 갑자기 무엇을 펜이라고 하는지 모르게 된다면, 이 펜은 더 이상 펜이 아니다. 아니면 내가 지금부터 펜을 소홀히 한다면, 그것의 존재성도 사라지게 된다.

여기까지 말하면 많은 사람들이 하지만 펜은 어쨌든 여기 있다고 말할 것이다. 주관적으로 어떻게 생각하든 그것의 객관성에는 영향을 주지 못한다. 이러한 생각을 하는 것이 정상적이다. 이것은 우리가 익숙한 세계관에서 벗어나는 것이 어렵다는 것을 나타낸다. 왜냐하면 이러한 생각은 기존의 세계관으로 돌아가 모든 사물을 보는 것이기 때문이다. 방금 말했듯이 세계관이 바뀌면 단어의 의미가 달라진다. 새로운 세계관에서는 존재라는 것은 나에게 드러난 상태를 가리킨다. 주관적인 인지가 없으면 나에게 나타날 수 없고, 존재성도 잃게 된다. 그리고 주관적인 상태가 변하면, 존재성도 따라서 변한다. 물론 이것은 주관이 곧 모든 것이라는 말은 아니다. 왜냐하면 만약 객관적인 물리적 조건이 없다면 어떠한 것도 나에게 보일 수 없고, 마찬가지로 존재성도 갖지 못하기 때문이다. 이러한 조건이 한데 모여야 비로소 이 펜의 존재가 형성되는 것이다.

어떤 사람은 원래 객관적 세계관이라야 정확한 것인데 하필 이상하고 잘못된 세계관을 채택할 필요가 있을까라는 또 다른 문제를 묻고 싶을 것이다. 사실 기존 세계관이 반드시 옳다고 할 수는 없다. 그러나 이것은 매우 큰 철학적 문제이다. 특히 양자역학을 연구하면서 우리는 기존 세계관으로는 양자세계의 상태를 이해할 수 없다는 것을 이미 알게 되었다. 심지어 네이글(Thomas Nagel) 같은 대철학자는 "기존 객관적 유물론에 속하는 세계관은 분명히 틀린 것이다."라고 주장했다. 우리는 관점을 바꾸어 세상을 보아야 한다. 불교의 관점이 정말로 좋은지에 대해서는 당연히 연구하고 토론해볼 만하다. 그러나 토론하기 전에 우리는 먼저 그것을 이해해야만 한다.


## 제행무상의 세계관은 일상생활에 매우 유용하다

—

제행무상의 세계관으로 세상을 보면 물체의 존재성에 대해 인연이 한데 모여 이루어지고 환멸(幻滅)한다는 관점 이외에도 다양한 견해, 관계, 원칙을 관찰하는 데 더 유익하다. 예를 들어, 가령 어떤 사람이 자신의 인간관계가 좋다고 자만한다면, 우리는 인연이 한데 모여서 이루어지는 것과 제행무상의 관점으로 이를 어떻게 볼까?

어떤 사물이 나타나는 것은 모두 다양한 여러 가지 조건의 인연이 한데 모여 이루어진 결과이며, 그 가운데 하나의 조건이라도 없으면 이 사물은 사라지게 될 것이다. 설령 내가 어떤 사람과 관계가 좋아도 이러한 관계가 절대로 영원할 수 없다. 그러나 우리는 현재 관계가 좋으면 특별한 일이 없는 한 계속 잘 지낼 것으로 오해하고 착각한다. 그러나 제행무상의 세계관은 우리에게 실제로는 그런 것이 아니라고 알려준다. 두 사람의 관계는 너무 다양한 여러 인연이 한데 모여 이루어진 결과이다. 양쪽의 교제 능력, 생활 습관, 가치관, 우정관, 인내성, 기호, 지위, 심지어 타인과의 관계, 성장 배경, 사회 현황 등이 모두 관련이 있다. 어떤 조건이 하나라도 바뀌면 좋은 관계는 다 깨질 수 있다. 예컨대, 만약 논쟁의 여지가 있는 후보가 시장 경선에 출마했다고 치자. 원래 관계가 좋았던 부부가 그 후보를 지지할 것인가 말 것인지 의견이 맞지 않아 금방 냉랭해진다. 물론 이런 일은 별거 아니라고 생각하고 평소처럼 좋은 관계로 남는 부부도 많다. 원래 조건은 변하지 않으나 시간이 지나서 관계가 따라 변할 수도 있다. 갑자기 전염병에 감염되어 생활패턴이 흐트러지는 것처럼, 본래 관계가 좋은 부부들도 새로운 생활 방식에 적응할 수 없어서 결국 갈라서게 될 수 있다. 사람들은 이렇게 한데 모이는 많은 인연들을 항상 무시하고, 이것이 항상 있는[有恒] 세계로 오해한다. 이렇게 되면 사물의 환멸(幻滅)을 미리 예방하지 못할 뿐만 아니라, 무상함이 이르게 되면 더욱 놀라서 갈팡질팡한다.

제행무상에서 보면 다양한 가치관도 마찬가지이다. 사물의 좋고 나쁨, 선과 악, 맞고 틀림은 많은 인연과 많은 조건의 모임과 관련되어 있다. 결코 고정불변한 것이 아니다. 제행무상의 관점은 이런 여러 가지 법칙에 얽매이지 않는 지혜를 쉽게 찾을 수 있도록 하며 대처 능력을 향상시킨다.

우리가 인연이 모이고 자성(自性)이 없는 무상세계관을 '나'의 존재 위에 응용하면, 사실 그것이 곧 '제법무아'의 관점이다. '나'는 다양한 경험, 감정, 정서가 불처럼 솟아오르는 연속체이기 때문에 하나하나 모인 인연이 모두 생멸하고 있고, 그것은 한데 모여 이루어진 산물이고, 이면에는 어떤 본원적인 존재의 체(體)가 없다.

그리고 마지막 '열반적정'은 틱낫한 스님이 『틱낫한의 불교』라는 책에서 설명한 것에 따르면 "이것은 모든 개념이 멈추는 것이다." 다시 말하면 우리가 이러한 무상의 세계관으로 돌려서 모든 개념을 보게 되면, 개념의 본원적인 존재는 사라진다. 개념은 사고의 기본 틀이기 때문에 모든 개념이 환멸하는 순간 사고의 틀이 따라서 사라진다. 사고의 틀이 없어지면 마음의 직관(直觀)은 완전히 자유로워진다. 이러한 고요함[寂靜]은 귀가 조용한 것이 아니고, 마음에 풍랑이 일지 않는 평온함만도 아니다. 사고의 틀이 일으키는 분별심이 사라진 뒤에 나타나는 어지러운 근원이 없는 마음의 세계이다.

한 걸음 한 걸음 우리의 세계관을 전환해가는 것은 마음과 지혜의 수행에 속한다. 마음속의 세계가 무상 세계관을 완전히 반영할 수 있게 되면, 그 또한 하나의 증오(證悟)의 수행이다.

# 좌선
# 수행

불교 수행이라고 하면 많은 사람들이 좌선을 떠올린다. 어떤 사람은 불교 수행은 좌선과 같다고 여길 것이다. 이것은 물론 잘못된 관념이다. 수행에는 여러 가지 방법이 있으며, 좌선은 그 가운데 하나일 뿐이다. 그러나 좌선은 분명 매우 중요한 것 가운데 하나이다. 그렇다면 좌선의 목적은 무엇일까? 이것은 어떤 수행 방식일까?

'좌선'은 글자 그대로의 의미와 같이, 조용히 앉아 있는 것이다. 좌선을 하고 있는 사람을 보면 조용히 한곳에 앉아 꼼짝도 하지 않는다. 그러나 이것은 겉모습일 뿐이다. 좌선 수행을 하는 중에 마음속에서는 계속 분투(奮鬪)가 일어난다.

## 좌선할 때의 마음속 세계

우리가 신체의 행동을 멈춘다고 해서 마음도 따라 멈추는 것은 아니다. 좌선을 할 때도 마찬가지다. 처음 좌선을 하면 마음속이 번잡하다. 심지어 초조하고 불안한 경우도 있다. 이 순간을 견디지 못하고 곧장 일어나 다른 일을 하게 되면 초조하고 불안한 마음이 가신다. 오히려 다른 일에 집중이 더 잘되는 것 같다. 편안하고 즐겁다. 그래서 흔히 좌선은 괴로운 경험이고 자신과는 맞지 않다고 여긴다. 그러나 사실은 그렇지 않다. 온갖 꽃들이 만발한 강 건너편 언덕으로 가려면 반드시 강물을 건너야 하는 것과 같다. 강물을 건너는 건 쉬운 일이 아니다. 제자리에 있는 게 편하다고 생각한다. 하지만 우리는 강 건너편에 꽃들이 활짝핀 들판이 있다는 걸 알아야 한다.

마음이 안정되지 않으면 더 깊은 내면의 나를 볼 수가 없다. 우리는 계속 바쁜 상태에 있게 되면 세속의 희로애락 속에 빠져 계속 길을 잃게 되는데, 자신도 모르는 이러한 미망(迷妄)이 고통의 주요 원인 가운데 하나이다.

뜨거운 물을 찻잎이 있는 찻잔에 붓게 되면 처음에는 찻잎이 잔속에서 사방으로 요동치지만 가만히 놓아두고 건드리지 않으면 찻잎은 서서히 찻잔 바닥으로 가라앉는다. 마찬가지로 마음의 혼란도 가만히 놔두면 저절로 가라앉게 된다.

그러나 '동요하지 않는 것'은 일종의 능력이다. 계속 단련을 해야한다. 단련을 하면 처음에 초조했던 마음도 가라앉고 시간이 지날수록진정되는 속도도 빨라진다. 그러나 이제 막 좌선을 시도하려는 사람의입장에서 만약 처음의 번잡하고 초조함을 참기 어렵다면, 먼저 음악을듣거나 산책을 하거나 태극권을 하는 등 다른 방식으로 자신을 먼저 가라앉히고 다시 좌선을 할 수도 있다.

## 집중을 통해 잡념을 멈춘다

좌선을 하면서 우리는 세상을 마주보는 문을 닫고 마음속의 세계를 자세히 마주보기 시작한다. 처음의 초조함을 참고 마음과 생각이 가라앉기 시작하면 잡념이 끊임없이 떠오르기 시작한다. 잡념이 마음과 생각

속에 떠돌아다니게 되는데, 이러한 상황에서는 마찬가지로 내면을 관찰할 수가 없다. 이때, 잡념을 마주보고 도전해서 이러한 잡념들을 가능한 한 멈추게 해야 한다. 멈추게 하는 방법은 자신의 의식을 쫓아내지 않고 생각이 흐르는 대로 따라가는 것이다.

'자신의 의식을 쫓아내지 않고 생각이 흐르는 대로 따라가는 것'은 말로는 쉽지만 정말로 하려면 그렇게 쉽지 않다. 특히 처음에는 흘러가는 강물에서 작은 배를 멈추게 하려고 시도하는 것처럼 아예 불가능하다. 우리는 반드시 생각을 멈추게 하는 능력을 훈련해내야 한다. 이것을 하려면 자신의 마음과 생각을 비교적 단순한 곳으로 옮기고 집중하도록 해야 한다. 이러면 적어도 집중하는 그때는 잡념이 나타나지 않는다.

만약 집중력을 귀에 둔다면, 나무아미타불을 반복해서 낭독하는 소리나 자신을 편안하게 해주고 감정 기복이 없게 해주는 음악 같은 어떤 선율을 몰두하여 들어라. 만약 교외에 있다면 대자연의 소리를 직접 경청할 수 있다. 아니면 시각을 이용하여 주의력을 코끝에 두어보아라. 아니면 몸의 다양한 느낌에 집중해 보아라. 이러한 것들은 모두 자신이 좋아하는 것에 따라 선택할 수 있다. 중요한 점은 마음을 집중함으로써 스스로 생각이 잡념을 따라갈 수 없도록 하는 것에 있다.

좌선은 집중력을 훈련하는 좋은 방법이다. 설령 불교 수행을 배우려 하지 않아도 좌선을 통해 집중력을 단련할 수 있다. 집중력은 사람의 대뇌가 평소보다 더 큰 힘을 발휘하게 해서 기억력이나 이해력을 모두 강화시킨다. 일상생활에서 좌선은 의지력과 인내심을 향상시키는데, 이런 능력은 대처 능력을 키우기 때문에 설령 불교 수행을 할 계획이 없더라도 좌선을 배우라고 제안하고 싶다. 그러나 수행의 입장에서 말하면, 좌선의 주된 목적은 궁극적으로 고요한 무아의 세계를 체득해 깨닫는 데 있다.

## 좌선은 의식을 마음속 세계의 깊은 곳으로 이끈다
—

좌선을 하면서 일정 기간 동안 집중을 유지해야만 생각이 단순해져서 어수선한 잡념이 쉽게 떠오르지 않는다. 이때 우리의 의식은 마음속의 깊은 곳으로 들어가게 된다.

좌선을 통해서 정상적으로 이 단계에 도달하여 그 깊이 있는 자아를 충분히 알게 되면, 생활 속에서 설령 좌선을 하지 않고도 마음속의 활동을 관찰할 수 있는 능력을 훈련할 수 있다. 여기가 여러 가지 생각과 마음이 일어나 움직이는 근원이기 때문에 특히 탐욕과 분노 그리고 어리석음이 작용하는 것을 볼 수 있다. 항상 자신을 관찰하고 자신을 인식하며 스스로를 변화시킬 수 있는 계기를 마련하면 생활 속에서 이고득락을 얻는 데 큰 도움이 될 것이다.

## 호흡을 헤아려[數息] 집중하는 좌선법
—

만약 '한 곳에 집중하는' 일이 어렵다면 다른 방법도 있다. 바로 수식(數

息)이다. 수식은 자신의 호흡을 세는 것이다. 이 방법을 쓰면 집중이 잘 되기 때문에 많은 스님들이 특히 초보자들에게 추천한다. 나도 개인적으로 수식을 선호하며 다른 사람들에게 효과가 뛰어나다고 추천한다. 물론 이 방법이 자신에게 맞지 않다고 생각하면 다른 걸 선택해도 괜찮다.

수식은 기교(技巧)가 있는 것이다. 잠을 잘 못 이룰 때 양을 세는 것처럼 하나하나 세어 나가면 된다. 수식의 목적은 집중하는 데 있기 때문에 스스로 집중할 수 있는 마음 활동이 있어야 한다. 우리가 적당한 호흡리듬을 조절하기 시작했을 때, 숨을 한번 들이마시고 한번 뱉은 다음에 하나라고 세고, 두 번째 호흡에서 둘이라고 센다. 지금 이 순간에는 잡념이 끊임없이 떠오른다. 기교가 높은 수행자가 아니면 잡념이 마구 떠오르지 않을 수가 없다. 잡념이 있는 것은 상관없다. 마음과 생각이 잡념을 따라다니지만 않으면 된다. 예를 들어, 며칠 전 상사가 독설을 퍼부었던 것이 떠오를 수도 있다. 이런 잡념이 생겨도 괜찮다. 이것은 마음의 정상적인 상태에 속한다. 중요한 점은 이런 사건이 떠올라도 그것을 거들떠보지 않으면 된다. 눈 깜짝할 사이에 보이는 구름과 연기로 간주하고, 연기와 안개가 눈앞에서 모락모락 피어오르는 것처럼 간주하면 된다. 그것은 그것이고, 나는 나이다. 서로 상관하지 마라. 의식이 그것을 따라가지 않는 한 마음은 계속 깊은 곳으로 들어간다. 마치 낙엽이 호수에 떨어졌지만 잔잔한 물결에 저항을 받지 않으면 그것도 천천히 가라앉을 수 있는 것과 같다.

비록 잡념이 나타나면 우리의 의식을 분명히 끌어당기겠지만, 즉 분명히 이 잡념을 의식하게 되겠지만, 그것을 따라가지 말고, 그런 사정을 생각하는 것을 막아가며, 의식을 돌려서 계속 집중해서 호흡을 세어 가도록 한다. 물론 우리는 자신이 한 가지 상황을 생각하는 것을 막아가며 자신의 의식을 잡아 되돌리고 있다는 것을 의식하고 있을 수는 있겠지만, 이것을 잡념이라고 할 수 있을까? 그러든 아니든 마찬가지로 생각하지 않고 신경 쓰지 않고 계속 집중하며 셋을 센다.

만약 의식을 잡념에서 끌어오는 데 성공하더라도 다른 잡념이 계속해서 생겨나고 끊임없이 의식을 끌어가려고 할 것이다. 생각마다 모든 순간이 다 위기이다. 의식은 자신도 모르는 사이에 이리저리 떠돌아다닐 것이다. 따라서 우리는 반드시 모든 순간마다 쉴 새 없이 집중하고, 끊임없이 되돌린 다음에 넷을 센다.

만약 어느 순간에 지키지 못하고 자신을 잡아 돌리지 못했다면, 의식은 그 잡념을 따라 상상의 세계로 들어가기 시작할 것이다. 우리의 무의식은 자기도 모르게 계속 세고 있겠지만, 이미 자신의 호흡을 세는 것에는 전념하지 않을 것이다. 이러한 상황이 발생하게 되면, 호흡을 세는 데 집중하는 시도는 실패하게 된다. 실패한 것을 알아챈 다음에는 얼마를 세었든 간에 모두 소용없다. 그러나 상관없다. 몇 번을 실패해도 괜찮다. 이 실패는 어떤 나쁜 대가를 치르지 않으며, 어쨌든 시도하지 않은 것보다 훨씬 값진 것이다. 때문에 좌절할 필요가 없다. 이때 우리는 다시 시작하고 하나를 센다.

보통, 열을 셀 때까지 이 집중력을 유지할 수 있기만 하면, 마음이 가라앉는다. 이 단계가 되면 더 이상 세지 말고 가능한 한 자신의 마음을 바로 그 상태에 가만히 멈추게 하고 조용히 있으면 된다. 그러면 더 깊은 마음속 세계로 가라앉게 된다. 여기에서 말하는 '고요함[靜]'은 결코 소리상의 조용함을 가리키는 것이 아니다. 잡념에 따라 출렁이지 않는 마음속의 평온함을 가리킨다.

만약 어느 순간 잡념이 다시 일어난다면 자신을 다시 잡아당기고, 만약 잡념을 곧바로 멈출 수 없다면 다시 새롭게 호흡을 센다. 만약 마음을 가라앉힌 상태에서 지속할 수 있다면 다른 도행(道行)에 따라 마음속의 다른 깊이에 들어갈 수 있다.


## 좌선을 통해서 무아를 깨닫다

마음을 가라앉힌 상태에서는 특별한 신비로운 경험이 생기기 쉽다. 사람에 따라 다른 느낌과 심지어 어떤 환각까지 생긴다고 한다. 나는 이러한 상황을 이해하기 쉽다고 생각한다. 여러 가지 감각들은 대뇌와 서로 밀접하게 연결되어 있다. 우리가 마음을 가라앉히기 시작할 때, 대뇌는 분명히 평소와 다른 상태에 놓이게 된다. 여러 곳에 있는 나머지 신경전도가 계속 돌아다니는 가운데, 이러한 신경전도들이 평소와 다른 감각 현상을 저절로 만들어낼 것이다.

경험이 풍부한 많은 수행자들의 조언에 따르면, 이러한 특수한 느낌에 신경 쓰지 않으면 그것들은 보통 어떤 특별한 의미를 갖지 않게 되고, 신경 쓰지 않아야만 금방 가라앉게 된다. 마음을 가라앉히는 가장 중요한 이유가 그런 느낌이나 환각을 얻으려는 것이 아니다. 마음속의 가장 깊은 곳으로 가려는 것이다. 이러한 신비로운 경험이 아무리 재미있고 즐겁더라도 우리의 주의력을 분산시키는 방해자일 뿐이다. 만약 이러한 신비로운 경험이 즐겁지 않았다면, 더 돌아오는 것을 잊지 말아야 한다. 당연히 신경 쓰지 말고 그것들을 무시한 채 계속 집중해서 의식을 우리의 마음속 가장 깊은 곳으로 돌아오도록 이끌어야 한다. 거기에서 우리는 가장 고요한 세계와 내용이 없는 순순한 의식을 목격하고 무아를 직관(直觀)하는 경험을 할 수 있다. 이것이 좌선 수행의 가장 중요한 사명이기도 하다.

# ⑦

# 철학의
# 실천
# VS.
# 불교의
# 수행

불교를 배우는 사람은 항상 '불교는 철학인가?'라는 문제를 건드린다. 어떤 사람은 "그렇다."라고 하고 어떤 사람은 "아니다."라고 한다. 사실 두 대답이 모두 맞다. 왜냐하면 어떤 곳은 그렇고, 어떤 곳은 그렇지 않기 때문이다. 또 다른 질문은 "불교의 수행과 철학의 실천은 같은 종류인가?"라는 것이다. 답도 같다. 두 가지가 비슷한 점도 있고 다른 점도 있다.

## 불교와 철학 모두 이론과 실천을 함께 중시해야 한다

고대 그리스-로마 시기의 철학은 모두 실천을 중요하게 생각했다. 행복을 추구하고 이고득락하는 것이 목표였다. 이렇게 놓고 보면 고대 그리스와 로마의 철학은 불교와 비슷한 면이 있다. 하지만 현대 철학은 '실천'은 거의 다루지 않는다. 거의 이론만 논한다. 학자들은 어떤 등급의 학술지에 논문을 얼마나 발표했는가 하는 것만 중요시하고, 개인의 삶과 내적 성장은 완전히 도외시하고 있다. 이 부분은 불교 수행자가 불교를 대하는 태도와는 차이가 크지만, 오늘날 불교만 전공하고 수행은 하지 않는 많은 학자들과는 크게 다르지 않다. 학문의 이치만 연구하고 수행을 하지 않으면 애초 불교가 추구하고자 했던 목적을 잃게 된다. 그러나 수행만 하고 학문을 연구하지 않는 것도 좋지 않다. 눈 밝은 스승의 올바로 지도를 받지 못하면 자신이 잘못된 방향으로 가는 데도 모를 수 있다. 그러다 결국 잘못된 길로 들어서고, 그걸 알아챘을 때는 뉘우

쳐도 이미 늦다.

## 철학과 불교의 논리 방법 비교

수행의 길을 걷든 안 걷든 철학과 불교는 모두 학문의 이치, 즉 이론의 합리성을 사고해가는 것을 중시한다. 따라서 둘 다 논리력 함양을 중시한다. 그러나 철학과 불교는 논리 방면에서는 차이가 매우 크다. 주된 차이점은 도전할 수 없는 근거가 다르다는 것이다. 철학은 논리를 의심해서는 안 되고, 불교는 석가모니 부처님을 의심해서는 안 된다.

철학적 사고는 논리 법칙을 기초로 한다. 예컨대 철학에서는 "모순된 서술은 분명히 틀린 것이다."라고 한다. 그러나 불교는 적어도 언어의 사용에 있어서는 논리에 국한되지 않으며, 심지어는 늘 모순된 서술이 나타난다. 예컨대, 불교는 "모든 고통은 어리석음[無明]에서 나온다."라고 주장하고, 바로 이어서 또 "무명이 없다.[無無明]"라고 말한다. 이처럼 불교를 배우는 사람들은 반드시 언어의 모순 속에서 지혜를 여는 계기를 찾아야 한다. 지혜를 향상시키면 잘못된 관점에서 비롯된 이러한 모순을 발견하게 되고, 아울러 이러한 관점을 타파할 수 있다. 그리고 관점을 타파한 뒤에도 논리가 옳은 것이라고 표현하지 않고, 직관하는 가운데 논리 밖의 무언가 형언할 수 없는 것을 잡아내야 한다. 이 것을 '공성(空性)'이라고 부를 수 있다. 즉 모든 것이 다 공성이라는 것이다. 이미 모든 것이 다 비었으니 논리도 텅 빈 것이고, 전적으로 의존할 수 없는 것이라고 표현하였다.

　그러나 불교에도 철학에 없는 입장이 있다. 불교는 이치를 논할 때 부정하거나 경전을 의심하는 말을 하지 않는다. 기껏해야 경전 기록이 잘못되었다고 의심하지, 적어도 석가모니 부처님의 생각이 틀렸으리라고 짐작하지는 않는다. 궁극적인 목표는 석가모니 부처님의 사상적 경지에 도달하는 것이지, 그를 넘어서는 것이 아니다. 석가모니 부처님은 이미 가장 높은 경지에 올랐기 때문이다. 반면 철학은 어떤 경전이나 대철학자도 반드시 옳다고 여기지 않는다. 그래서 모든 이론에 도전하고, 이론의 약점을 찾아서 더 합리적인 주장을 펼칠 방법을 강구하고, 옛사람을 뛰어넘어 완벽한 이론을 추구하여 이루어지기를 기대한다. 따라서 철학은 모든 이론에 대해 먼저 회의적인 태도를 갖고 주장 하나하나를 엄격하게 점검한다. 정말 완벽한 이론은 존재하지 않으며, 사람들이 찾기를 기다린다. 불교에서는 진리가 이미 석가모니 부처님에 의해 밝혀졌다고 보는데, 우리가 해야 하는 일은 그것을 이해하고, 따라가고, 깨닫는 것뿐이다.

## 철학은 의심에서 출발해서
## 끊임없이 더 좋은 이론을 찾는다

—

공부하는 과정에서 철학이 이치를 논하는 것을 중시하는 것은 기존 이론의 단점을 이해하고 더 좋은 이론을 열심히 개발하는 데 도움이 되기 때문이다. 불교도 이치를 논하는 것을 중요하게 생각한다. 그 이유는 이치를 논하는 것이 우리가 다양한 불교 이론을 진정으로 배울 수 있게 하기 때문이다. 또 자신의 이해에 문제가 있는지 없는지 더 똑바로 파악해야 자신의 이해와 삶의 길을 어떻게 바로잡아야 할지 알게 되기 때문이다. 따라서 이치를 논하는 것도 사실은 철학과 불교의 공통된 수행 방법이다.

철학에서 이치를 논하기 위해서는 의심해야 한다. 먼저 의심해야 이론의 불합리한 부분을 볼 수 있다. 그러나 의심도 중요하지만 어느 이론이든 의심하기 전에 반드시 그 이론을 먼저 알아야 한다. 그렇지 않으면 제대로 이해하지도 못한 채 마구잡이로 비판하게 된다. 이 시기에 의심하는 것은 아예 의미가 없다. 먼저 알아야 의심하는 것도 가치가 있다. 이것도 철학자들이 항상 말하는 것이다. 즉 "먼저 들어가야 나올 수 있다."라는 것이다. 파고들어 가서 이해해가며 믿게 되는 것이다. 반드시 먼저 파고들어 갈 수 있어야 비로소 성공적인 학습이라고 할 수 있다. 그리고 빠져나와서 돌이켜 생각하고 의심하는 것이다. 빠져나올 수 있어야 학습이 완성되는 것이다.

하나의 이론에 나아가려면 반드시 이해하는 과정에서 먼저 이 이론의 여러 가설이 모두 옳은 것이라고 가정하고, 전체 이론의 틀을 만들고, 그것이 완성되어 정말로 이해되어야 비로소 그 이론에 도전할 수 있다. 만약 처음부터 어떤 가설을 받아들일 수 없다면 거기에 끼어들어 갈 수 없다. 이때 먼저 자신의 기존 관점을 내려놓고, 잠시 이 이론의 모든 가설을 먼저 믿어야만 그 전체 구조의 합리성을 제대로 알고 체험할 수 있다.

제대로 알고 나서 질의해가고 도전해나가는 것이 빠져나오는 방식이다. 만약 도전이 성공한다면, 이 이론의 완벽하지 못한 부분을 이미 보고 전적으로 신뢰할 만하지 못해 개선해야 함을 의미해서 저절로 빠져나오게 된다. 만약 도전할 수 없다면, 잠시 받아들일 수는 있지만 계속 도전해야 한다.

도전이 성공하든 실패하든 하나의 새로운 이론을 읽을 때마다 머릿속에 새로운 사유가 쌓이게 되고, 다 하나의 다른 세계관으로 간주하고 배울 수 있다. 그 하나하나마다 모두 참모습[眞相]의 후보들이나, 다만 뚜렷한 단점이 있는 이론들은 수정이 끝나기를 기다려야 할 뿐이다. 철학 이론을 많이 읽으면 저절로 여러 관점에 대한 이해력을 높일 수 있고, 다른 사유를 배우는 데 큰 도움이 된다. 물론 불교의 여러 관점들을 배우는 것도 포함된다. 그런 측면에서 불교는 일종의 철학이고 철학과 마찬가지로 일종의 삶의 합리적인 해답을 제공한다.

## 불교는 이미 존재하는
## 최고의 사상을 증오(證悟)하는 것을 목표로 한다

철학이 모든 철학자들을 의심하는 것과 달리 불교를 배우면 석가모니 부처님의 가르침이 틀렸다는 것을 의심할 수 없다. 하지만 불교도 의심을 한다. 자신의 이해가 틀렸거나 경전의 번역이 잘못되었다고 의심하거나 심지어는 초기 불경은 기억에 의존해서 한 세대가 다음 세대에게 전한 것이고 필기해서 기록한 것이 아니기 때문에 기록이 잘못되었다고 의심한다. 끊임없이 의심하는 가운데 석가모니 부처님의 중심 사상을 복원하는 방법을 강구해 찾아내는 것이 불교의 종착점이다. 불교는 진리이기 때문에 파고들어 가기만 하고 나올 필요는 없다. 이러한 차원에서 불교는 비교적 철학이 아니라 오히려 종교 같다. 마치 종교를 믿는 사람이 그 종교의 기본 신조를 의심해서는 안 되는 것과 같다.

따라서 철학자들은 "불교가 정말로 진리인가?"라고 의심하게 된다. 의심할 수 없는 걸까? 아니면 아예 의심하지 않는 것일까? 의심의 폭풍이 지나간 뒤에도 불교는 여전히 다른 철학 학파처럼 합리적이지만 결점이 있는 하나의 철학 이론일 뿐인 것일까?

물론 이고득락을 목표로 하는 관점에서 말하면 불교는 하나의 합리적인 이론이라 해도 상관없다. 중요한 점은 효능이 있는가이다. 불교적 세계관으로 세상을 보고 실천했는데 번뇌가 확실하게 줄어들었다면, 그것이 옳고 그름이 무슨 상관이겠는가? 예컨대 불교에서 주장하는 윤회를 믿으면 이번 생에 닥친 시련을 담담히 받아들일 수 있고, 때론 자신의 모진 운명을 한탄하는 게 아니라 극복해갈 수 있다. 왜냐하면 이러한 것들은 모두 과거의 업이 가져온 필연적인 결과이기 때문이다. 열심히 견뎌나가면 나쁜 업을 줄이고 새로운 삶을 맞을 수 있다. 또는 무아의 눈으로 세상을 바라보면 이해득실에 대해 덜 신경 쓸 수 있게 되고, 번뇌도 상당히 줄일 수 있게 된다. 불교의 이러한 효능이 있는데 진리가 아니라 해도 무슨 상관이 있겠는가?

그런데 이러한 바람직하고 효과적인 생명관은 많다. 여러 종교에도 다 있고, 철학에도 있으며, 또 최근에 유행하는 신세대 사조에도 많다. 모두 어느 정도 삶에 매우 도움이 되고, 특히 삶이 곤경에 처했을 때 가장 도움이 된다. 이렇게만 놓고 본다면 불교의 가치는 크게 떨어질 것이다.

그러나 불교의 목적은 결코 일종의 이고득락의 삶의 방식만을 제공하려는 것이 아니다. 일종의 용기를 북돋우는 삶의 철학일 뿐만 아니라 진정한 이고득락의 참모습[眞相]을 볼 수 있게끔 하는 것이다. 그렇다면 불교는 다양한 철학 이론 가운데서 뛰어나서 이 목표를 달성할 수 있는 것일까?

불교 사상은 이론적인 측면에서 말하면, 그 합리적인 정도는 당연히 하나의 철학으로 볼 자격이 있다. 그러나 불교는 또 다른 큰 특징이 있는데, 대부분의 철학에는 없는 것으로, 바로 수행하여 깨달음을 요구한다는 점이다. '증오(證悟)'는 이론과는 다르다. 이론은 일종의 해석이다. 해석이 합리적일 때 우리는 믿음을 선택할 수 있지만, 합리적인 것이 반드시 옳은 것은 아니다. 깨달음은 합리성 이외에 별도로 더 믿을 만한 기반을 찾아내는 것이다.

우리는 이고득락에 관해 많은 합리적인 철학 이론을 제시한 다음에 어느 것이 가장 합리적인지를 논할 수 있다. 가장 합리적인 것이 물론 가장 옳은 것일 가능성이 있다. 그러나 불교 수행인은 자신이 직접 실천하여 개인의 체험에 근거해 해답을 제시하고, 무아를 깨닫고 공성(空性)을 발견하여 마침내 고통[苦]의 근원을 모두 말끔히 제거함으로써 더할 나위 없는 최고의 기쁨을 얻는다.

　이러한 깨달음에 불교는 합리성에 또 설득력까지 더해준다. 이것은 사실 합리성만 논하는 철학을 넘어 과학 연구와 비슷하다. 그러나 불교는 과학이 객관성을 중시하는 것과 달리 주관적 경험을 더 강조한다. 이 방법에서 어떤 학자는 불교가 사실 과학에 더 가깝다고 생각한다. 다만 이러한 과학은 객관적인 데이터에 근거하는 것이 아니라 주관적인 수행 체험에 근거한다. 이 부분은 초기에 실천을 강조했던 철학과 유사하다. 그러나 불교는 마음속의 더 깊은 수행 체험을 중시하고, 내면의 가장 깊은 세계를 볼 수 있어야만 진리를 발견할 수 있다고 생각한다.


## '증오(證悟)'는 불교로 하여금 철학을 초월하게 한다

———

불교의 창시자는 이것을 목적으로 하여 해답을 구했다. 그리고 자신이 인생의 해답을 발견했다고 믿었다. 단지 이고득락적인 해결책만을 찾은 것은 아니다. 더 중요한 것은 해답을 찾고 난 다음에 우리가 그 해답을 믿으라는 것이 아니라, 사람들로 하여금 직접 실증(實證)하도록 한 것이다. 불교는 단지 하나의 단순한 신앙으로서는 이고득락을 제대로 파악하는 비결이 될 수는 없고, 따르는 사람 하나하나가 석가모니 부처님과 마찬가지로 스스로 해답을 찾아야 한다. 그 궁극적인 해답은 이론적인 이해에 의존하는 것이 아니라 내면의 가장 깊은 곳에서 직관하는 증오(證悟)이다.

하나의 이론을 깨닫는 것은 단지 이론의 합리성을 이해할 뿐인 것과는 다르다. 적어도 깨달은 사람 개인의 입장에서 말하면, 둘 사이에는 설득력이 하늘과 땅만큼 큰 차이가 있다. '깨달음'은 합리성을 넘어 앞으로 한 걸음 더 나아가 사람에게 올바른 가능성을 보여줄 수 있다.

예를 들면, 전설에 대륜산(大崙山)에 용이 한 마리 산다고 한다. 이것이 도대체 진짜일까? 가짜일까? 우리는 다양한 추리를 해서 합리적인 이론을 구성할 수 있지만 아무리 합리적이라도 설득에는 한계가 있다. 깨달음은 마치 자신이 직접 산속에 들어가 가장 은밀한 숲속에서 참모습[眞相]을 직접 보는 것과 같다. 봤으면 알게 되고, 봤으면 모든 이론을 버리고 진리를 직접 끌어안을 수 있다. 불교의 수행 목표는 이러한 설득력을 달성할 수 있기를 바라는 것이다. 이러한 설득력은 적어도 불교를 믿는 사람에게는 진리이다.

그러나 만약 계속 용을 찾지 못했다면 과연 믿어야 할까? 의심해야 할까? 그리고 만약 다른 사람이 어떤 경로를 거쳐 찾았는데, 자기는 그 노선을 따랐는데도 줄곧 찾지 못한다면 어떻게 해야 할까? 이것은 분명히 수행하는 데 있어서 괴로운 일이다. 누군가 어떤 방식으로 확실하게 이고득락의 효능을 얻었다고 해서 다른 사람도 그것을 그대로 따라할 수 있는 것은 아니다. 그래서 불교에도 팔만사천법문이 있고, 개인에게는 여러 가지 적합한 다른 길이 있는 것이다.

그밖에 우리도 다른 사람이 깨달았다고 한 말이 진짜 깨달음인지 의심할 수 있다. 또 우리가 그 사람이 거짓말을 하지 않았다고 믿는다 해도, 여전히 그 사람이 잘못 판단했는지 아닌지를 생각할 수 있다. 그저 착각일 뿐일지 누가 알겠는가?

적어도 경전의 기록을 살펴보면, 깨달은 자들은 모두 의심의 여지가 없이 자신이 본 진리를 믿었던 것 같다. 이것이 우리에게 더 많은 믿음을 준다. 물론 그런 믿음은 자기에게 있어서 여전히 이론적인 것일 뿐이며, 합리적이기는 하지만 확신할 수는 없는 것이다. 이렇게 말하면 자신이 전혀 깨닫지 못했다는 의심을 받을 수 있기 때문에, 옛사람들은 단지 자신의 의혹을 꺼내놓고 말하기 부끄러워했을 뿐인지도 모른다. 그러므로 그것을 확실히 하려면 반드시 수행을 해서 자신이 직접 목격해야 한다. 보기 전에는 어떤 것도 확신할 수 없다.

# ⑧

# 업력業力의
# 수행

전설에 따르면 염라대왕은 한 사람이 평생 했던 모든 일을 비춰볼 수 있는 거울인 업경대(業鏡臺)를 가지고 있다고 한다. 이러한 물건이 정말로 존재할까? 사람마다 개인이 살아온 일생의 전 과정을 녹화하는 사람이 있을까? 만약 없다면 이러한 생각은 매우 비과학적인 것일까?

사실 정말 비과학적이라 해도 이것이 틀린 것을 의미하는 것은 아니다. 과학과 진리의 거리는 한없이 멀고, 얼마나 많은 증거를 찾았든 간에 모두 하나의 진리를 확인할 수 없다고 보는 칼 포퍼(Karl Popper, 1902~1994) 같은 대철학자도 있다. 그리고 업경대 같은 물건이 존재한다고 해도 반드시 과학에 부합하지 않는 것은 아니다.

많은 과학자들은 시간이 불가역(不可逆)적이라고 하는 것은 하나의 허상일 뿐이라고 말한다. 인간의 인식은 시간의 단일 방향에 제한을 받지만 실제 물리적 세계에는 이러한 제한이 없다고 지적하고 있다. 다시 말해서, 어느 시점에 발생한 어떤 일은 우주 속에서 사라지지 않고 계속 존재한다. '시간이 지나면 사라진다.'는 이 관점은 단지 우리의 제한된 인지능력으로 인해 생기는 착각일 뿐이다. 만약 이 생각이 맞는 것이라면 누군가 우리의 일생을 녹화할 필요가 없다. 인지능력이 시간의 일방성에 제한받지 않는 사람의 입장에서 말하면, 과거를 돌아보기만 하면 곧 이미 일어났던 모든 사건들을 들추어낼 수 있다.

# 사람의 인지(認知)는 제한된 것이다

—

무엇 때문에 '제한된 인지능력'이라고 할까? 이것은 무슨 뜻일까? 이 관점은 서양의 18세기 철학자인 칸트의 저서인 『순수이성비판』에서 나왔다. 쉽게 말해서 우리가 인지하는 세계는 이 세계의 진실한 모습이 아니고, 한정되고 특수한 인지구조 속에서 나타나는 상태이다.

몇 년 전 어느 여름밤에 작은 카메라를 가지고 학교 뒷산에 가서 반딧불을 찍은 적이 있다. 나는 야간촬영모드를 켜서 좀 더 선명하게 사진을 찍고 싶었다. 그런데 카메라를 어느 각도로 돌리자 갑자기 렌즈 안에 밝은 불빛 하나가 보여서 깜짝 놀랐다. 당시 주위가 너무 깜깜하고 근처에 불빛이 하나도 없어서 거의 손을 뻗어도 코앞도 안 보일 정도였고, 반딧불의 희미한 불빛만 공중에서 사방으로 춤추며 날아다녔기 때문이었다. 왜 카메라 안에 가로등 같은 불빛이 나타났을까? 귀신이 찍혔나?

나는 카메라를 움직여 불빛을 찾기 시작했다. 불빛은 앞쪽 나무 근처에 있었다. 거기에 손전등을 비추었더니 감시 카메라가 나타났다. 감시 카메라 역시 야간촬영모드로 작동하여 적외선을 투사했을 것이다. 비록 육안으로는 보이지 않았지만 내가 가진 카메라는 오히려 그것을 탐지했던 것이다. 분명히 빛은 있는데 내 눈에는 안 보였던 것이다. 왜냐하면 우리의 시각이 인지하는 범위는 제한적이기 때문이다. 어느 구간의 빛보다 파장이 크거나 작은 것은 육안으로 감지할 수 없다. 우리는 단지 제한된 시각 능력으로 이 세계를 인식할 뿐이다.

물론 과학의 발전은 우리의 인지적 시야를 넓히고 있다. 육안으로 보지 못하는 것을 광학기기가 보조해줌으로써 우리의 시야는 좀 더 확장됐다. 그러나 이것으로 충분할까? 분명히 아니다. 우리는 여전히 광학기기의 기능과 과학 발전의 한계에 제한되어 이 밖의 세계를 알 수 없다. 또한 더 근본적인 것은 우리는 인지적 구조에 갇혀 있고, 이것은 벗어나기 어려운 장애물이라는 것이다.

## 시간과 공간의 인지 제한

예를 들면, 우리의 인지는 시간과 공간의 제한을 받는다. 우리는 반드시 시간과 공간을 배경으로 사물을 인식한다. 비시간과 비공간에서는 도대체 무슨 일이 일어나는지 생각할 수가 없다. 만약 똑같은 물건이 시간 속에 있지 않고 또 어느 공간 속에도 없다면, 우리는 심지어 이것이 일종의 어떠한 상황인지 상상조차 할 수 없다. 물론 이때 누군가는 그런 상황이 불가능하기 때문에 그런 것이라고 말할 것이다. 이러한 생각이 물론 맞는 것일 수도 있지만, 그 이유는 무엇일까? 왜 물체는 시간과 공간의 밖에서는 존재할 수 없는 것일까? 이러한 상황이 불가능하기 때문에 우리는 상상할 수 없는 것일까? 아니면 우리가 상상할 수 없기 때문에 불가능하다고 생각하는 것일까? 후자의 주장이 비교적 합리적인 것 같다.

왜냐하면 우리는 심지어 기존의 시간관과 공간관이 곧 세상에 대한 정확한 이해라는 것조차 확신할 수 없기 때문이다. 이 세계의 기본 구조를 기존의 시공관(時空觀)으로 해석하는 것은 아예 알맞지 않은 일일지도 모른다. 만약 정말로 그렇다면, 우리는 필연적으로 이 세계를 오해할 수밖에 없다.

이러한 상황을 알게 되면 우리는 자기의 인지능력이 사실 제한되어 있음을 인정할 수밖에 없다. 절대로 오만하게 기존의 세계관으로 모든 진위(眞僞)를 평가하려고 해서는 안 된다. 다시 말해서, 어떤 이론도, 설령 듣기에 우리의 기존 세계관과 다르더라도, 당장 코웃음 치며 비웃지 말라는 것이다. 왜냐하면 우리는 현재 기존 세계관을 진리로 여기며 다른 어떤 이론도 얕잡아 볼 수 있을 만한 밑천이 아직 없기 때문이다. 물론 어떤 황당한 가설을 곧바로 믿어서도 안 된다. 그리고 모든 이론, 모든 가설은 다 그 가능성을 생각해야 보아야 한다.

## 업에 관한 깊은 사유

—

업(業)은 불교에서 중요한 교리 중 하나이다. 그 안에는 철학적인 요소도 있고, 종교적인 요소도 있다.

선인(善因)에는 선과(善果)가 있고, 악인(惡因)에는 악과(惡果)가 있다. 이것이 일반대중들의 업보관(業報觀)이다. 이러한 관점은 생활 속에서 이고득락을 실천하는 데 상당한 효과가 있다. 예컨대 불행을 당했을 때 다음과 같이 생각할 수 있다. '과거세에 내가 다른 사람에게 이렇게 했기 때문에 현세에 다른 사람이 나에게 이렇게 하는 것이다.' 이러한 관점으로 그 상황을 이해하면 노여움을 가라앉히고 분노하지 않을 수 있다.

다른 선생님들과 비교해서 나는 학생들에게 매우 포용력이 있다고 생각한다. 말을 잘 듣지 않는 학생들과도 비교적 대화가 수월한 편이다. 나와 잘 아는 선생님들은 가끔 나에게 어떻게 그럴 수 있냐고 묻곤 한다. 솔직하게 말하기 부끄럽지만, 나는 학창시절에 이러한 학생들보다 더 골치 아픈 학생이었다. 내가 문제 학생을 만날 때마다 '이것은 업보이다.'라는 생각만 하면 대화가 쉽게 풀린다. 이러한 업보관은 포용력을 갖게 하는 효과를 쉽게 만들어낸다. 하지만 효과가 있다고 진정한 포용력은 아니다. 왜냐하면 진정한 포용력은 업보에 호소할 필요가 없기 때문이다.

비록 이러한 종교식 업보관은 생활에 유용하지만, 만약 이것이 사실인지 아닌지를 생각해본다면, 이 관점은 실제로 합리적이지 않다고 생각된다. 주요한 문제는 이러한 업보의 의미가 어디에 있느냐는 것이다. 예를 들면, 만약 내가 전생에 장삼이를 죽였다면, 결국 이 일생에 나는 장삼이에게 죽임을 당해야 한다. 비록 내 입장에서 말하면, 하나의 업보로 하나의 업보를 갚는 것이 공평하다. 그러나 장삼이의 입장에서 말하면, 그는 왜 이렇게 재수 없는 일을 당했을까? 전생에 나에게 죽임을 당했는데, 결국 이 생에 사람을 죽이게 되고, 그 때문에 일을 당하게 되며, 심지어 지옥에 떨어지게 된다. 이것은 어떻게 해도 납득이 안 된다. 그밖에, 만약 내가 이번 생에 많은 돈을 기부하고, 다음 생에 로또에 당첨될 수 있다면, 내가 돈을 기부하는 의미는 무엇일까? 투자일까? 곰곰이 생각해 보면 이러한 관점은 결코 합리적이지 않다고 생각될 것이다. 만약 업보관이 맞다고 한다면, 이렇게 단순한 규칙이 아니라 그 안에 좀 더 합리적인 운행 방식이 있어야 한다.

## 업의 운행은 수기(隨機)인가?
## 아니면 어떤 목적이 있는가?

—

우리는 업이 인과(因果) 운행의 힘이라고 상상할 수 있다. 불교 세계관은 일종의 무상(無常)하고 자성이 없는[無自性] 세계관이기 때문에, 모든 현상은 다 인연으로 한데 뭉쳐진 산물인 것이다. 그러나 이 힘(역량)의 운행이 무작위적인 수기(隨機. 그때그때의 기회에 따라 일어나는 걸 말함 – 편집자)이어서는 안 된다. 적어도 내재된 역량이 각종 인연을 한데 모이는 방식을 결정해야 한다. 이 역량이 바로 업력(業力)이다. 업력의 운행 방식을 연구하면 매우 재미있는 철학이 될 것이다. 그러나 내가 아는 바에 따르면, 이것은 불교에서도 여러 다른 견해가 있으며 한쪽으로 쏠린 확실한 공감대는 없다.

개인적으로 비교적 설득력이 있다고 생각하는 견해는 업력의 운행이 성불의 도를 향하게 도와주는 힘이라고 하는 견해다. 다시 말해서, 사람마다 어떤 일을 당하게 되는 것은 '수기'가 아니라 한 사람이 성불하는 길에서 무엇을 필요로 하느냐에 따라 결정되는 것이다. 마치 인내가 없는 사람은 언제나 참을성이 있어야만 처리할 수 있는 일을 만나게 되고, 재물을 탐내는 사람은 항상 돈의 유혹과 재물을 잃을 위기에 처하게 되는 것과 같다. 어려운 일을 당할 때마다 성장 학습이 된다. 만약 자기를 성장시키지 않고 줄곧 피하기만 한다면 비슷한 어려움이 꼬리를 물고 다가올 것이다. 이러한 상황은 흔히 볼 수 있지 않은가? 반면에 만약 이미 성장했다면 비슷한 문제가 다시 발생하기는 쉽지 않다.

물론 이러한 생각은 아마 일방적인 바람이고, 이러한 현상은 일종의 인지적인 착각일 수도 있다. 왜냐하면 성장한 이후에 능력은 향상되어 비슷한 어려움이 계속 생겨도 스트레스가 되지 않는다. 오히려 자신의 능력을 아직 충분히 직면하지 못한 곳으로 돌리고 그곳에 집중할 것이기 때문이다.

그러나 착각도 사실 이 이론의 성립에는 영향을 미치지 않는 셈이다. 왜냐하면 그런 착각이 존재해야 우리가 직면한 세계가 끊임없이 자아성장을 요구하는 양상이 되기 때문이다. 우리는 천성적으로 이고득락을 하려고 한다. 이에 대한 가장 좋은 방법은 자아의 성장을 추구하는 것이다. 우리가 직면한 환경은 스스로 불교를 배우는 이 길을 가야 한다는 것을 끊임없이 일깨워준다. 어쩌면 마지막에 이르는 그 순간에 우리는 껄껄거리며 웃을지도 모른다. 알고 보니 이 모든 것이 다 한바탕 속임수에 불과하고, 어리석음[無明]이 빚어낸 허상이며, 이러한 허상은 우리를 속여 성불의 길에 오르게 한 것일지도 모른다. 그러나 진정한 목적이 이미 달성되었기 때문에 우리는 속은 것을 전혀 신경 쓰지 않는다. 그럼 달성한 후에는 어떨까? 달성한 목적은 또 무엇인가? 나는 이것은 다음 단계의 문제라고 생각한다.

이러한 업력의 관점은 사실 어떤 측면에서도 인과응보의 주장에 부합한다. 그러나 그 업보는 처벌이 아니라 참회(懺悔)의 기회이다. 사실 나는 학창시절에 선생님들을 그렇게 존경하지 않았지만 선생님들은 항상 나를 감싸주셨다. 지금 생각하면 매우 부끄럽게 느껴진다. 그 업력의 작용이 나에게 학생들을 포용하도록 이끌고, 속죄하고 참회하게 한다. 이러한 업력이 대대로 전해내려 가도록 하자. 비록 이것이 진정한 포용심은 아니지만 포용력을 함양하는 데 도움이 된다.

이러한 업력의 해석에 근거하면, 만약 일찍이 사람을 죽였다면 반드시 죽임을 당하는 업보를 받게 되는 것이 아니라, 자신이 참회하고, 참회하는 가운데 성장하게 되는 상황을 만나게 될 것이다. 사실 이러한 상황은 자신이 죽임을 당하는 것보다 더 고통스러운 일이지만, 오히려 그 속에서 마음의 해탈을 얻을 수 있다. 이 세계관은 불교에서 말하는 무상세계의 한 방향을 주었다. 우주 전체의 업력의 작용은 사람마다 모두 성불하는 방향으로 매진하게 한다.

## 업력(業力)은 증오(證悟)될 수 있을까?

———

그런데 이러한 관점은 철학일까? 아니면 참모습[眞相]일까? 이것은 무아를 깨달아 증명할 수 있는 것과는 다르다. 웬만한 수행으로는 업력의 운행을 볼 수 없다. 따라서 그것은 영원히 하나의 철학적 가설이고 합리적인 학설일 뿐 긍정적인 참모습이 될 수 없다. 그런데 부처님의 경지에 이르면 업력의 운행을 깨닫게 된다고 한다. 다시 말해서, 개인의 수행이 원만해지는 그 순간, 이 궁극의 근본적인 참모습을 볼 수 있다는 것이다. 그러나 아직도 고통의 바다에 빠져 있는 대다수의 평범한 사람의 입장에서 이것은 결국 신앙으로 받아들여질 수밖에 없다.

업력은 우리의 수행을 돕고 있으며, 우리는 이 일생을 '0'에서 시작하는 것이 아니라 전생에 쌓아놓은 업보를 출발점으로 삼고 있다. 우리가 하는 매 순간의 노력들이 모두 다른 방향을 선택하고 있어서, 업력은 인연이 한데 모이는 가운데 우리의 행동에 따라 미래의 상황이 달라지도록 조정하고, 우리가 예정된 정토(淨土)를 향해 나아가기를 바란다. 따라서 현재의 결정 하나하나가 다 기존의 모든 전생에 섞여서 우리가 직면하게 될 미래를 도출해낸다. 이것은 표창도 아니고, 업보도 아니며, 우리의 귀결이다.

**9**

# 일념심—念心 수행

내가 들었던 다양한 불교 수행 법문 가운데 특별한 한 가지 방식이 있었는데, 실천한 다음에 나에게 큰 도움이 되었다. 이것은 천태종(天台宗)의 관심법문(觀心法門)으로 '일념심(一念心)'이라고 한다. 일념심 수행은 어떤 것일까?

화판대학(華梵大學)의 이사장이자 심수관음선사(深水觀音禪寺)의 주지인 오관 법사(悟觀 法師)는 그의 책 『반야와 아름다움(般若與美)』에서 일념심을 논할 때, 명나라 우익 대사(藕益大師)가 말한 "뜻을 다해 일념의 맑게 움직이는 마음을 일으키지 않는다.[畢志不起一念淨動心]"라는 한 구절을 인용하였다. 이 말은 일념심 수행의 첫걸음이라고 할 수 있다. 쉽게 말해서, 이러한 수행은 자기의 마음이 일어나고 생각이 움직이는 하나하나를 관찰하는 것에서부터 시작해서, 모든 생각이 다 마음이 평온한 상태에서 흐르고, 가볍게 마음이 들떠 조급해지지 않도록 하는 것이다.

## 일념심은 마음이 들떠 조급해짐을 멈추는 것에서 시작한다

━

이러한 수행 방식은 나에게 가장 필요한 것이었다. 왜냐하면 나는 마음이 들뜨고 조급해지기 가장 쉬운 그런 성격이고, 이러한 성격은 나의 삶에 큰 걸림돌이 되었기 때문이다. 선생님으로서 나는, 진도가 더딘 학생을 보면 참을성을 쉽게 잃는다. 선생님으로서의 사명을 제대로 다했다고 할 수 없다. 일할 때도 다급해 금방 긴장하게 되고 바로 기진맥진해진다. 이런 일들이 오래 되다 보니 여러 가지 자율신경실조 증상이 일어났다.

일념심의 수행은 우리에게 시시때때로 마음속을 돌아보도록 한다. 자기의 마음이 일어나고 생각이 움직이는 모든 것을 계속 살펴보고 있어야만 일을 서둘러 끝내려는 그런 조급한 마음의 상태에 빠지는 것을 피할 수 있다. 그래야 평온한 마음으로 삶을 살아갈 수 있다. 평온해진 마음은 삶을 정상궤도로 회귀하도록 이끌어준다.

나는 운전을 하면 항상 피곤함을 느낀다. 그래서 나와 운전이 잘 맞지 않는다고 생각했다. 그러나 곰곰이 생각해보면 딱히 그런 것 같지도 않다. 가끔 수업에 지쳤을 때는 곧장 집으로 돌아가지 못하고 차를 몰고 이리저리 돌아다니며 정신을 회복시킨다. 나와 운전이 잘 맞지 않는다고 생각했는데 왜 그럴까? 이것은 산과 들의 자연과 빌딩숲 도시의 차이였다는 것을 나중에 알게 되었다. 산으로 둘러싸인 학교 부근으로 차를 몰고 가면 상쾌한 느낌이 들어 피곤함이 사라진다. 그러나 차들이 꼬리를 물고 줄지어 서 있는 시내로 차를 몰고 오면 심신이 피로해지는 그런 느낌이 쉽게 든다. 차가 많아서 어느 정도 집중을 하기 때문일까? 아니면 신호등을 기다리는 데 참을성이 필요하기 때문일까? 나는 줄곧 문제가 어디에 있는지 잘 알지 못했다.

그러나 내가 일념심의 수행을 시작하고 마음속 세계에 관심을 갖는 것에 익숙해지기 시작한 뒤, 어느 날 나는 '지겨움'이 휘몰아치는 순간을 포착했다. 그것은 앞의 차가 정상적인 방식에 따라 운행하지 않아

내가 지나치게 속도를 줄여야 했기 때문이다. 사실 이건 큰 문제가 아니다. 상대방은 규정을 어기지 않았으니 불평할 게 없었다. 다만 내가 주행하는 게 편치 않은 것은 분명했다. 학교 근처에는 사람도 없고 차도 없는 산길이라 자유롭게 주행할 수 있었다. 이 생각은 사실 그렇게 화낼 것도 없었기 때문에 금세 사라졌다. 그러나 하나를 포착하니 두 번째를 포착하기 쉬워졌고, 세 번째, 네 번째 …… 로 계속 이어졌다. 화가 머리 끝까지 치밀어 오르게 하는 운전자를 만나지 않았지만 양보를 할줄 모르는 운전자들과 꽉 막힌 도로 사정 때문에 지겨운 마음이 계속 올라오고 있는 걸 알게 되었다. 이것이 내가 운전을 하면서 심신이 지치는 주요 요인이었다.

이러한 지겨움은 마음을 갈수록 초조하게 만들고, 갈수록 참을성이 없어지게 하며 결국 신호등을 기다리는 것조차 지겹게 느껴지게 한다. 분명 황색등이 켜져 지나갈 시간이 아닌데 가속 페달을 밟는 위험만 가중시킨다. 이러한 심정으로 운전을 하니 결국에는 저절로 피곤해서 기진맥진하게 되었다. 그래서 나는 시험 삼아 지루한 생각이 나면 곧장 그것을 진정시켜보았다. 이렇게 하니 마음이 지루함에 통제를 받지 않는 상태가 되었고 황색등을 만났을 때도 느긋하게 기다리게 되었다. 인내심이 더 생기고, 주행이 더 안전해졌을 뿐만 아니라 운전을 해도 비교적 피곤하지 않았다. 그러나 마음을 느리게 하고 조바심에서 멀어지게 하는 이러한 수행은 다만 일념심 법문의 첫걸음에 불과하다.

# 일념(一念)은 무념(無念)이고,
## 일념심(一念心)은 마음의 귀의(歸依)이다

━

자기의 마음이 일어나고 생각이 움직이는 것을 끊임없이 살펴보는 수행을 하면서, 우리들은 생활 속에서(좌선만 하고 있는 것이 아니라) 자기 내면의 마음속에 나타나는 여러 생각들을 계속 살펴볼 수 있다. 물론 이러한 생각들이 평소 소홀해지기 쉬운 자아에 속하는 부분을 알아채기 쉽도록 해주지는 않는다. 일념심의 수행이 생생한 자신을 더 쉽게 직접 볼 수 있게 해준다. 특히 더 미세한 생각을 볼 수 있으면, 자신에 대해 더 깊이 인식하게 된다. 이것 또한 자아를 인식하는 가장 직접적인 방법이다. 그리고 자아를 인식해야 문제의 근원을 분명히 알 수 있고, 자기에게 가장 알맞은 수행 방향을 더 쉽게 찾을 수 있다.

일념심은 희로애락 등의 여러 가지 생각들에서 자신의 마음이 일어나고 생각이 움직이는 것을 차분한 마음[靜心]으로 살펴보는 것뿐만은 아니다. 일념심은 온갖 사물의 형상을 포함하고 더욱 풍부한 의미를 띠고 있다. 오관 법사(悟觀法師)는 『법화경자(천태대사)의 법어(法華經者的話)』라는 책에서 "일념(一念)은 무념(無念)이고, 일념심(一念心)은 마음의 귀의(歸依)이다."라고 말했다. 이것은 무슨 뜻일까?

오관 법사는 이 일념이 잡념이 없는 생각에 속할 때, 무념의 경지에 들어간다고 설명했다. 일념심 수행을 할 때는 마음이 일어나고 생각이 움직이는 것 하나하나를 차분한 마음으로 살펴야 한다. 마음속은 잡념으로 가득하면 마치 안개 속에서 꽃을 보는 것처럼 마음의 진실한 모습을 똑똑히 볼 수가 없고, 살펴 본 것은 결코 마음이 일어나고 생각이 움직이는 것 하나하나의 참모습이 아니라 그 사이에 많은 간섭이 섞여 있다. 그러나 설사 이렇더라도 우리는 여전히 마음이 일어나고 생각이 움직이는 것 하나하나를 차분한 마음으로 계속 살펴서 그것들을 분명히 보도록 노력해야 한다. 이러한 노력을 계속하는 것이 바로 일념심의 수행이다.

이 수행을 거치면 우리는 갈수록 마음속을 뚜렷하게 볼 수 있게 된다. 어느 날이 되면, 우리는 이 일념심이 순수하고 깨끗한 것이고, 조금의 잡념도 없어 마치 안개가 걷히고 꽃이 나타나는 것처럼 진실, 즉 '일념이 앞에 드러나는[一念現前]' 경지임을 볼 수 있다. 이러한 일념심이 바로 무심(無心)이고 잡념이 없는 생각이다. 또한 이 일념심은 보리심(菩提心)이 있는 곳이기도 하며, 마음이 편안히 돌아가는 곳, 즉 흔들리는 모든 마음의 귀의처이다.

화판대학 창립자이신 효운 법사(曉雲法師)는 『천태종논집(天台宗論集)』에서 "물결이 멈추면 물이 나타난다.[波停水現]"라는 것으로 이 일념심을 비유했다. 그녀는 마음을 호수의 수면으로 비유했다. 평소 늘 물결이 일면 경치를 뚜렷하게 비추기 어렵지만, 물결이 정지한 그 순간이 되면 거울에 티끌이 하나도 없는 것처럼 뚜렷하게 스스로 비추어 모든 것이 앞에 나타난다. 무념은 물결이 없는 것과 같다. 물결이 없는 생각이 바로 그 일념심이며, 이 일념심은 이 대천세계를 비출 수 있다고 했다.

나는 이러한 느낌이 사람과 대화할 때의 어떤 상태와 비슷하다고 추측한다. 반드시 먼저 자기의 여러 관점을 먼저 떨쳐버려야 다른 사람의 생각을 참으로 이해할 수 있다. 그래서 이러한 의사소통의 상태에서는 오해가 일어나는 일이 매우 드물다. 그러나 다른 사람과 말할 때 항상 자신의 생각을 전달하기 어렵다고 느낄 때가 있다. 항상 반쯤 말하면 이미 임의적으로 해석되어, 많은 힘을 들여 오해를 풀어야 해서, 늘 포기하고 그만둔다. 왜냐하면 몇몇 사람들은 선입견이 깊어서 늘 자신의 사유 관점으로 상황을 살피는 것이 몸에 배어 있고, 이러한 인식 상태에서는 다른 사람의 진정한 생각을 이해하기 어려워 오해가 항상 발생하게 된다.

다시 말해서, 우리가 평소 별의별 생각을 다 하고 있을 때, 세상의 참모습을 비춰볼 수 없다. 보이는 세상은 모두 갖가지 집착과 생각에 뒤틀린 상태이다. 그런데 일념심을 수행하면 끊임없이 내면을 향해 마음이 일고 생각이 움직이는 기미를 찾는 속에서 아직 망령된 생각[妄念]에 오염되지 않아 무념의 상태에 속하는 일념인 가장 원초적인 발심점(發心點)을 찾는다. 그리고 이 일념(一念)은 아무것도 없는 무념이 아니라, 모든 무념을 널리 수용하여 모든 진실을 비춰볼 수 있는 것이다.

## 일념은 세계를 조견(照見)하고, 세계는 일념을 통섭(統攝)한다

따라서 일념심 수행의 종착지는 그 순간의 일념 사이에 담겨 있는 모든 것을 보는 것이다. 또한 나아가 이 모든 것은 사실 바로 일념임을 참구하여 깨닫는[參悟] 것이다. 이것은 바로 '일념삼천(一念三千)'과 '삼천 일념(三千一念)'이라고 하는 합일(合一)의 경지이다. 오관 법사의 해석에 따르면 '일념삼천'과 '삼천일념'은 다른 것이다. 일념삼천은 끝없는 세계의 광활함을 보는 것이다. 온갖 꽃이 가득 만발한 극락처럼 모든 것들이 다 일념 사이에 있는 것이다. 그러나 진정한 지혜는 반드시 '삼천일념'으로 나아가야 하며, 나는 듯 쏟아져 나오는 모든 것들을 전부 기두어들여 일념으로 되돌아가야 한다. 일념삼천만 있고 삼천일념이 없으면, 일종의 집착을 하게 된다. 이 집착에서 벗어나면 모든 것이 꿈과 환상과 물거품과 그림자처럼 덧없음을 볼 수 있어, 마음을 깨끗이 하여 자기의 본성을 보고[明心見性], 이고득락의 목표를 달성할 수 있다. 그러므로 효운 법사도 "이 일념이 곧 모든 법이 하나로 귀의하는 명정심(明淨心), 다시 말하여 부처님 마음[佛心]"이라고 했다.

이것은 어쩌면 송명 심학(心學)의 대가인 육구연(陸九淵)이 "우주는 곧 우리의 마음이고, 우리의 마음은 곧 우주"라고 말한 경지이다. 이것은 자신이 직접 체험해 깨달아야 하는 신비로운 경험의 세계에 속한다.

일념심의 수행 방법은 흐르는 시각마다 최대한 자기의 마음이 일고 생각이 움직이는 것을 살펴보는 것이기 때문에 아무 때나 일념심의 수행이 적용되는 것이 아니다. 반드시 주의력을 자기의 마음이 일고 생각이 움직이는 것에 놓아두어야 하기 때문에 우리가 다른 어떤 일에 집중해야 될 때는 주의력을 다시 끌어 모으기 어렵다.

글을 쓰는 그때는 무엇들을 써야 할지, 어떻게 표현해야 할지를 생각하면서 컴퓨터로 타자를 치는데, 이러한 순간에는 일념심의 수행을 할 수가 없다. 그럴 때는 잠시 멈추는 시간에 내면의 마음속으로 돌아가 자신을 바라본다. 일념심 수행의 가장 좋은 시기는 혼자이면서 무언가 특별히 집중해서 해야 할 일이 없을 때이다. 우리가 일을 하고 있고, 어떤 외물(外物)과 상호작용을 하고 있을 때는 '정념 수행(正念修行)'이라고 하는 다른 수행 방법이 오히려 적합하다. 이것은 우리를 만물과 융합하는 경지에 들어가도록 해준다.

**⑩**

# 정념正念
# 수행

최근 들어 '정념(正念, 성념은 서양에서는 mindfulness로 번역되며 우리에게는 마음챙김으로 더 잘 알려져 있다 - 편집자)'은 종종 '바른 생각'으로 풀이된다. 바른 생각은 우리가 항상 좋은 방향으로 생각해야 하는 것이다. 예컨대, 슬픈 일이 생겨도 그 일에 어떤 긍정적인 의미가 있는지 생각해보고, 곤경에 처했을 때도 그 곤경을 일종의 시험으로 생각하며 다음 일을 도모하는 데 쓰는 자양분으로 삼는 것이다. 어떤 일이든 다 분명히 좋은 일면이 있다. 좋은 방향으로 생각하기만 하면 저절로 자신은 행운이 있고 행복하다는 생각을 하며, 저절로 비교적 적극적이고 긍정적이 되며, 하늘을 원망하고 남을 탓하지 않게 된다. 이런 사고는 마음속 세계를 개선하는 데 어느 정도 효과가 있다. 하지만 다른 측면에서 보면 자신을 속이는 것이기도 해서 현실에 부합하지 않는 경우가 있다는 생각이 들 때도 있다.

엄밀히 말하면 '정념 수행'을 '바른 생각'으로 해석하는 건 오류가 있을 수 있다. 둘 사이에는 차이가 많다. 가장 근본적인 차이는 바른 생각의 배후에는 언제나 가치판단이 선행되어 있다는 것이다. 무엇이 좋고 무엇이 나쁜지를 판단한 다음에 좋은 방향으로 생각한다. 그러나 정념은 어떤 가치판단을 내려놓고 시작한다. 좋은지 나쁜지 분별하는 마음을 먼저 내면 안 된다. 그것이 기쁨이 됐든 슬픔이 됐든 우선 지금 현재의 느낌에 집중한다.

# 정념은 삶의 모든 순간마다
# 매사를 진지하게 대하는 것이다

—

'정념'이란 쉽게 말해서 '자세히 관찰하고 자세히 체득하지만 평가하지 않는 것'이다. 무엇을 관찰하나? 무엇을 체득하나? 또 무엇을 평가하지 않을까? 『대념처경(大念處經)』과 『안반수의경(安般守意經)』의 사념처(四念處) 관점에 따르면, 정념은 (자기의) 몸, (자기의) 감정, (자기의) 의식, 그리고 (상상 속의) 대상, 이 네 가지 방면을 관찰한다.

틱낫한 스님은 정념 수행을 널리 보급한 저명한 인물이다. 그는 『틱낫한 명상』이라는 책에서 일상생활의 평범한 설거지를 예로 들어 어떻게 정념을 운용하여 처리하는지 설명하였다. 먼저, 우리는 밥그릇을 차분히 관찰하는[靜觀] 대상으로 삼고, 그것을 진지하게 대해야 한다. 심지어 이 밥그릇은 태어나서 지금까지의 인생 역정과 나와의 우연한 만남이며, 이 모든 인연은 신성한 것이라고 상상해야 한다. 숨을 천천히 가라앉히고 지금의 심정을 가다듬어 조급함을 피하고, 얼른 이 일을 끝내려는 생각만 하고 심혈을 기울여 그것을 이루어간다. 심지어 가장 좋은 것은 그것을 아예 하나의 일로 여기지 말고 그것을 하나의 선 수행으로 여겨야 한다는 것이다. 틱낫한 스님은 만약 정념하면서 설거지를 할 수 없다면, 좌선하면서 선 수행을 할 수 없다고 보았다.

따라서 정념의 수행은 일상생활 속에서 매사를 진지하게 대하는 것이지만 그 안에는 옳고 그름이나 맞고 틀림 혹은 좋고 나쁘고를 평가하지 않고 숨을 가만히 가라앉힌 채 전체적인 심경(心境)에 조화가 이루어지게 하는 것이다.

## 아침에 일어나 정념(正念)으로 양치질하고 세수한다

—

나에게는 하루 중 아침 기상 직후가 가장 활력이 있는 시간이다. 이 시간에 가급적 많은 일을 처리하려고 한다. 그래서인지 매일 아침 양치하고 세수하는 일이 너무 번거롭게 생각된다. 끝내고 나면 정신이 맑고 기분이 상쾌해지기 때문에 비록 내가 양치질과 세수를 안 할 수는 없지만, 그 과정이 늘 귀찮게 느껴진다. 여하튼 항상 가장 빠른 속도로 그것을 끝낸다. 이렇게 되면 양치질을 꼼꼼히 하지 않는 단점은 논하지 않더라도, 매일 아침 자신을 바짝 긴장시키게 된다. 시간이 지날수록 점점 더 심해졌고, 급기야는 아침에 일어난 지 얼마 되지 않아 피곤해졌다. 그래서 나는 시험 삼아 정념 수행을 양치질과 세수하는 데 써서 다른 느낌이 드는지 안 드는지 보기로 했다.

먼저, 나는 주의력을 온몸에 놓고 몸을 느낀다. 막 일어난 몸이 좀 뻣뻣하면 그 뻣뻣함을 느껴가되, 뻣뻣함에 대하여 어떤 평가도 하지 않는다. 몸이 더 늙었는지 혹은 어떻게 개선해야 할지도 생각하지 않는다. 수도꼭지를 틀고 두 손으로 차가운 물을 한 움큼 떠서 얼굴에 뿌리고 그 차가움을 느끼며, 비누를 칠하고 주의를 기울여 손이 얼굴에서 미끌거리는 것을 느낀다. 깨끗이 씻고 나서 수건을 꺼내 이 수건을 꼼꼼히 살피며 수건 위에 있는 부엉이 그림을 보며 이 도안에서 설계사의 기발한 생각을 느낀다. 이 도안을 귀엽게 그려보고 싶은 생각이 났다. 이 온몸의 느낌이 이 마음과 결합하여 바로 그때 그 자리의 상황이 나타난 것이다. 지금 이 자리[當下]가 바로 정념의 지금 이 자리[當下]인 것이다. 이러한 정념을 유지하고 하루의 생활을 시작한다.

## 정념(正念) 가운데의 물아합일(物我合一)

정념 수행에 몰입하게 되자 원래 양치하고 세수하기 싫어했던 습관이 변하기 시작했다. 이것은 생활 속에서 정념 수행을 할 때 쉽게 일어나는 사물과 내가 하나가 되는 물아합일(物我合一)의 아름다운 느낌이다. 다른 상황에서는 다른 상황의 아름다운 체험을 할 수 있다.

학교 주변에는 길고양이가 아주 많다. 철학과 학생들은 길고양이들에게 먹이를 주는 것은 물론 자주 놀아준다. 덕분에 길고양이들은 철학과 바깥 화원에 모이기를 특히 좋아한다. 나도 이따금 쪼그리고 앉아 이 작은 동물을 쓰다듬어 주기도 한다. 내가 정념 수행을 배우기 시작한 뒤 어느 날, 나는 정념으로 고양이를 만지는 행동을 체득해보려고 하였다.

우선, 온몸의 느낌에 주의력을 집중하도록 한다. 이때 비록 허리가 좀 쑤시는 것처럼 어떤 곳에 불편함이 느껴지더라도, 그것을 감수하며 받아들이고, 어떤 문제가 있는 것은 아닌지 어떻게 해결해야 할 것인지를 생각하지 않고, 또 좋고 나쁨을 평가하지 않으며, 더욱이 무슨 병이 있는 것은 아닌지 걱정을 하지 않아야 한다. 단순히 지금 이 자리의 몸의 존재를 느껴가야 한다. 그러면서 자기의 내적인 정서를 살펴되, 당시 수업을 마치고 드는 약간의 피로감도 있고 열심히 가르친 후의 후련함도 있겠지만 마찬가지로 그런 것을 생각하거나 평가하지 말고, 지금 이 자리의 마음을 느껴야 한다. 이어서 자신의 의식을 관찰하면, 자신의 의식 변화를 더 또렷이 볼 수 있다는 것을 발견하게 된다. 조금 발전했다고 기뻐할 일도 아니니, 똑같이 이것이 진보한 것인지 아닌지를 평가하지 말고, 단순히 지금 이 자리의 의식이 마음에서 일어나 생각을 움직이는 것을 체험하라.

끝으로 상대를 이해하면 고양이가 몸을 쭉 펴고 오후의 햇볕이 내리쬐는 곳에서 어슬렁거리며 대자연의 리듬을 즐기고 있는 것이 보인다. 고양이가 느끼는 것을 상상하는 순간 몸과 마음과 의식에 대한 나의 모든 생각이 결합되어 혼연일체가 된다. 지금 이 자리가 바로 정념이다. 다시 말하여 몸과 마음과 사물이 결합되어 한데 엉겨 나온 물아합일(物我合一)의 느낌이다.

## 정념의 기적

━

정념 속에서 우리는 어떤 슬픔이나 고통과 같은 부정적인 감정을 반드시 없애야 하는 것은 아니다.(다만 조바심을 내면서 정념을 유지하기는 매우 어렵기 때문에 조바심은 먼저 없애야 한다.) 그러나 온 마음으로 받아들이고 체득해야만 정념의 심경(心境)에 들어갈 수 있다. 이러한 심경에서는 번뇌가 일어나지 않는다. 번뇌를 쉽게 일어나게 하는 모든 부정적인 정서는 정념에 뒤덮여 모두 더 이상 부정적인 감정에 속하지 않는 깊은 감정으로 바뀌게 될 것이다. 이것도 일종의 정념의 기적인 셈이다. 이것은 또 다른 의미에서 이고득락이다. 그리고 틱낫한 스님은 『틱낫한 불교』라는 책에서 "부처라고 하는 것은 사실 계속 정념 상태에 있는 깨달은 자이다."라고 하였다.

## 철학을 배우는 것은 정념을 배우는 데 도움이 된다

내가 막 정념 수행을 배우기 시작했을 때, 정념의 습관이 아직 길러지지 않았기 때문에 모든 순서가 모두 본래의 습성과 배치되어 반드시 내면에서 일어나는 마음의 생각을 억지로 제어해야 했다. 이 과정은 사실 매우 힘들었고, 심지어 쉽게 초조해지까지 했다. 정념 수행은 시작하자마자 물에서 물고기 잡듯이 할 수 있는 것이 결코 아니었다. 막 좌선을 배우기 시작했을 때처럼 시작하자마자 즐겁고 자유로운 사람은 매우 드물고, 반드시 몸과 마음이 들뜨는 느낌의 과정을 먼저 겪고 가부좌를 할 때 생기는 쑤심과 저림과 아픔을 겪는다. 이러한 것은 모두 수행하는 과정에서 반드시 먼저 거쳐야 할 어려운 고비이다. 그러나 한 걸음 한 걸음 나아가야만 유쾌하지 못한 과정은 점차 줄어들고, 얻게 되는 성과는 갈수록 풍부해진다.

정념 수행은 장기간 철학적인 훈련을 받은 사람에게는 조금 더 쉽게 느껴질 수 있다. 일반인들에게 가장 큰 난관은 '평가하지 않는다.'이다. 하지만 사람들이 성장하는 과정에서 무심코 접하게 되는 많은 것들이 습관을 만들고 가치관을 형성한다. 이러한 가치관을 그대로 응용하면서 모든 것을 평가하려는 마음이 일어난다. 그래서 일반인들에게는 정념 수행이 어렵게 느껴질 수 있다. 하지만 오랫동안 철학적 사고를 한 사람들은 그래도 비교적 이런 장애를 쉽게 넘을 수 있다.

물론 이것은 상대적인 문제다. 전혀 아무것도 평가하지 않는 것은 전혀 집착하지 않는 것과 같다. 아마 도를 깨닫거나 성불한 각자(覺者)만이 할 수 있는 것이다. 대부분의 사람들 입장에서는 가능한 한 평가를 하지 않을 것이다. 우리가 가치의 굴레에서 벗어나 볼 수 있는 만큼 가치관 이면의 공성(空性)을 볼 수 있다.

하지만 철학적 사고는 어떤 사물에 대한 일종의 깊은 사고이다. 이러한 심도 있는 사고는 우리가 각종 가치관의 이면에 안정 기반이 부족함을 발견하기 쉽게 해준다. 이러한 지혜 속에서는 이러한 관점을 당연히 여기는 것이 좀처럼 쉽지 않고, 그 굴레에서 벗어나기는 쉽다. 이 지혜 기반은 일상생활 속의 각종 사물에 직면하여 정념을 취하기 쉽다. 따라서 만약 평가하는 마음을 일으키지 않는 이 점에서 어려움을 느낀다면, 철학을 배우는 것을 생각해 보고, 특히 도덕적 문제 방면을 탐구하는 윤리학 및 각종 가치관을 탐구하는 가치철학이나 미학을 공부한다면 도움이 될 것이다.

## 정념을 통해서 남과 나의 합일에 나아간다

—

그런데 만약 더 나아가 정념 수행을 사람과 사람 사이의 관계에 응용한다면 어떤 상황이 될까? 라마 수리야 다스(Lama Surya Das)는 틱낫한 스님이 제안한 정념 수행을 사람과 사람 사이의 관계로까지 밀고 나갔다. 그는 『만물과 함께하는 선 수행(Make Me One with Everything)』라는 책에서 '교호선(交互禪)'이라는 개념을 제기했다. 다시 말해서 앞에서 우리가 논했던 '대상'을 '타인'으로 바꾸기만 하면 자신의 몸과 마음이 느끼는 것을 마음으로 체득하는 동시에, 더 나아가 타인이 느끼는 것을 몸과 마음으로 체득하게 된다는 것이다. 본래 '물아합일'의 경지를 남과 나의 합일의 세계로까지 밀고나간 것이다. 타인의 희로애락이 나 자신의 희로애락에 스며들어 남과 나의 간극이 깨지며, 베풂과 받음 사이도 더 이상 절대적인 구분이 없게 된다. 이러한 인지 기반에서는 다른 사람이 심리적인 곤경에서 벗어날 수 있도록 도우며 여러 관계를 세우는 데 있어서 유익하다. 뿐만 아니라 이러한 상황 속에 있는 자아는 이미 더 이상 집착 속에 항상 고통을 야기하는 자아가 아니기 때문에 자아에 집착하는 고통에서 벗어나는 데 도움이 된다.

물론, 이것은 결코 일종의 신통력이 아니다. 우리는 정말로 남의 속마음을 직접 느낄 수 없다. 남의 속은 도대체 어떨까? 이것은 나와 고양이가 상호 작용하면서 고양이가 느끼는 것을 상상하는 것처럼, 영원히 자신의 상상일 뿐이다. 따라서 만약 이러한 상상이 남에 대한 오해라면, 사람과 사람 사이의 좋은 소통이 이루어질 수 없다. 그렇기 때문에 남에 대한 오해가 '교호선'을 시행하는 기초가 되었다. 그리고 만약 남을 깊이 이해하고 싶으면 사실 첫 단계는 먼저 자신을 깊이 이해하는 것이다. 그다음은 반드시 다른 사람은 어떤 방면에서 나와 다른지에 대한 관련 지식을 갖추어야 한다. 그렇지 않으면 그 효과는 상당히 국한될 것이다.

그러나 어쨌든 심혈을 기울이기만 하면 타인의 생각을 대체로 이해할 수 있다. 설사 깊이와 지식이 부족하더라도 한번 해볼 만하다. 다만 늘 자신이 이해하지 못한 면이 있다는 것을 잊지 말고, 자신을 과신하지 말아야 한다. 적어도 장점은 늘 큰 단점이 되기 마련이다.

물론, 정념 수행은 몸과 마음에 유익할 뿐만 아니라 마음속의 가장 깊은 곳으로 통하여 깨달은 자가 되게 하는 길이기도 하다. 틱낫한 스님은『소음으로 둘러싸인 세상에서의 침묵』에서 "당신이 내면의 모든 소음을 멈출 수 있을 때, 당신이 고요함에 닿을 수 있을 때, 우레와 같이 귀의 고요를 뚫고, 당신의 내면 가장 깊은 곳에서 울리는 외침이 들리기 시작할 것이다."라고 하였다. 정념을 통해서, 가장 진실한 자신을 찾으면 가장 진실한 삶으로 나아갈 수 있다.

# ⑪

# 지혜의
# 수행

불교와 철학은 공통점이 하나 있는데, 그것은 다른 학문 분야에는 없는 것이다. 바로 양자 모두 지식에 대해서는 건설적이기보다는 파괴적이라는 것이다. 즉 철학과 불교 공히 기존 지식이 무엇이 잘못되었는지에 초점을 맞춘다. 철학이든 불교든 모두 사람들이 여러 가지 잘못된 지식을 가지고 있고, 또 그것들을 온힘을 다해 찾아내서 없애야 한다고 여긴다. 불교는 잘못된 지식에 빠져 있는 이러한 상태를 '무명(無明)'이라고 하며, 무명을 없애는 방법은 바로 '정견(正見)'이다.

불교와 철학은 잘못을 찾아내는 방법도 비슷하다. 깊고 근본적인 사유를 통해 불안정과 불확실을 찾아가고 심지어는 아예 텅빈 것임을 발견한다. 이를 통해 기존 관념에 대해 회의적이거나 부정적인 생각을 갖게 하게 이른다.


## 철학과 불교가 방법과 목표에 있어서 다른 점

철학은 보통 사고를 통해서만 잘못을 없애고, 아울러 가능한 한 다시 사고를 통해서 더 합리적인 해답을 제시한다. 그러나 영원히 종점에 도달하지 못할 수도 있고, 끊임없이 더 합리적인 해답을 찾기만 할 수도 있다. 불교는 사고를 통해서 잘못을 없애는 것 이외에 자신의 내면을 변화시키는 수행을 통해서 최종적인 해답을 직관(直觀)하여 얻는다. 양자가 가장 다른 점은 바로 여기에 있다.

불교와 철학의 목표는 모두 인생의 진리를 추구하는 것이다. 그러나 철학은 이성적으로 설득력을 갖춘 최종적인 해답을 기대하고, 불교는 개인이 마음으로 깨닫는 것을 더 기대한다. 물론 양자의 근본적인 목적에 차이가 있기 때문에 그렇다. 불교의 가장 근본적인 목적은 이고득락을 추구하는 데 있으며, 철학의 근본적인 목적은 지적인 호기심을 만족시키는 데 있다. 양자가 각각 그 효능을 이룰 수 있다. 그러나 목적이 무엇이든 간에 모두 사유에 있어서 '부수는[破]' 과정을 거쳐서 거짓된 지식을 벗겨내야 한다. 철학에 있어서 말하면, 이것은 진리를 추구하는 데 반드시 거쳐야 하는 길이다. 불교에 있어서 말하면, 이러한 거짓된 지식으로 인한 것이 고통의 원인이기 때문에 제거해야 한다. 달라이 라마가『달라이 라마가 전하는 우리가 명상할 때 꼭 알아야 할 것들』에서 말했던 것처럼, "무명은 우리를 고통과 한데 묶는다."

## 마음을 열어야 비로소 집착을 깰 수 있다

'거짓된 지식을 없애는 데 쓸 수 있는' 지식을 배우는 것은 일반 지식을 배우는 것과는 다르다. '부수는[破]' 성질을 지닌 이러한 지식은 일반 지식과 비교하면 우리가 말하는 지혜와 더 닮았다. 이러한 지식이 야기하는 가장 직접적인 결과는 집착하지 않는 것이기 때문이다. 어떤 생각과 관념에 대한 우리의 집착으로 인해서 실수를 하게 되고 고통을 겪게 되는데, 우리가 그 거짓됨을 볼 수 있다면 저절로 집착하지 않게 된다. 그러나 집착하는 마음은 항상 어떤 감정과 연결되어 극복하기 굉장히 어려운 심리적 장애를 만든다. 이러한 차원의 장애를 먼저 극복하지 않으면 이것을 타파할 수 있는 기회도 아예 없다. 마치 풀을 뿌리째 뽑을 때, 만약 땅이 시멘트 바닥이면 호미로는 아예 뽑을 수 없어 호미가 조금도 쓸모가 없는 것과 같다. 이 풀은 집착과 같고, 호미는 우리의 사고이며, 시멘트 바닥은 감정과 인식의 장애와 같다.

따라서 집착을 없애는 데 쓸 수 있는 불교 지식을 배우려고 할 때 최대 난점은 이러한 지식이 배우는 데 얼마나 어려운가 하는 데 있지 않다. 오히려 문제는 마음속에서 다양한 사고들을 받아들이려고 하지 않는, 도무지 열려고 하지 않는 태도에 있다. 게다가 더욱 곤란한 점은 자신의 이러한 심리적 장애를 보지 못하는 대부분의 사람들이 곤경에 봉착하면 문제를 남탓으로 돌린다는 것이다. 그러고는 내면에서 자기만의 안락한 보금자리를 만들어서 여전히 자신이 옳다는 맹목적 집착을 계속한다. 한번 돌아보자. 자신에게는 과연 이런 문제가 있는가, 없는가? 답은 매우 간단하다. 모든 사람이 다 있다. 크고 작은 차이가 있고, 보는 것의 많고 적음과 보지 못하는 많고 적음에 차별이 있을 뿐이다.

## 집착을 줄이면 번뇌도 줄어든다
——

최근 들어 학령인구 감소로 대학이 없어지거나 축소되는 경향이 있다. 이에 우리 학교 역시 미래 고등교육에서 어떤 계속 가치 있는 역할을 할 수 있을까를 고려한 후에 더 소형 대학으로 전환하기로 결정하였고,

새로운 시대의 요구에 맞추어 학과를 조정하였다. 원래 13개 학과에서 6개 학과로 조정하였고, 원래 있던 학과 가운데는 두 개 학과만 그대로 유지하였다. 조정 초기에는 신구가 동시에 존재해서 도리어 17개 학과로 늘었다. 또한 학생 인원이 대폭으로 감소함에 따라 교직원도 퇴직한 다음에 더 이상 보충하지 않았다. 과도기에 업무량은 줄어들지 않고 오히려 증가했고, 남은 사람들은 다 여러 사람이 하던 몫을 도맡아 여러 개의 다른 일들을 부담해야 했다.

나는 원장을 계속하면서 두 학과의 학과장 일을 추가하여 맡게 되었다. 그런데 직책은 많이 변했지만 사실 모든 직책의 업무량은 모두 줄었다. 그래서 내 경우에는 진짜 세 가지 일의 양이 있는 것은 아니어서 사실 그래도 괜찮았다. 그러나 문제는 똑같이 혼자 여러 직책을 겸하고 있는 학과 보조원의 업무량은 확실히 증가하여 모든 학과의 산더미 같이 쌓인 업무를 계속 부담하기는 어렵다는 데 있었다. 이러한 상황에서 학과장들은 반드시 같이 뛰어들어 자질구레한 일을 도와야 했다. 예를 들어 나는 문서 작업과 교과 분배들을 처리하는 데 협조해야 했고, 심지어는 매일 아침저녁으로 철학과 출입문을 열고 닫는 일과 학과에서 관례적으로 학생들의 편의를 위해 제공하는 간식과 사무용품을 마련하는 일까지 해야 했다. 이러한 자질구레한 일들은 사실 대수로운 것이 아니었고 업무량도 많지 않아 실제로 부담이 되지 않아 전혀 문제 될 것이 없었다. 그래서 나는 남들에게 (자랑하듯이) 학과장 겸 보조원이자 노동자라고(물론 관련 업무를 각각 조금씩 맡았을 뿐이기 때문에 이렇게 말하는 것은 과장이 크지 사실은 아니다.) 자조하였다.

그런데 나는 이러한 초과 업무가 그렇게 크지 않다 하더라도, 모든 사람들이 다 이러한 상황을 그렇게 즉흥적으로 받아들일 수 있는 것은 결코 아니라는 사실을 알게 되었다. 내가 친구와 이러한 일에 대해 수다를 떨 때면 언제나 동정어린 눈길을 받게 된다. 내가 설명해도 조금도 개의치 않고 재미있게 느껴질 때는 대부분 내가 운명으로 이해되어진다. '아! 이렇게 운명이라고 생각하니 좋구나! 역경이 닥쳐도 스스로 그 즐거움을 누릴 수 있구나!' 이러한 반응을 접하게 되면 나도 쓴웃음을 지을 수밖에 없다. 사실 문제는 매우 단순하다. 이것은 결코 운명으로 여기는 것이 아니라 단지 남이 가지고 있는 관념적인 집착들이 적은 것일 뿐이다.

이러한 상황이 막 시작되었을 때, 조금 이상한 느낌이 들기도 했다. '학과장이 이것을 하면 안 된다.', '학과장은 높은 자리에 있는 사람이다.', 심지어는 '학과장이 이러한 일을 하는 것은 정말 망신스럽다.' 등과 같은 관념처럼 습관적인 집착도 있어서, 이러한 처지에서 고통이 일었다. 다만 이러한 관념적인 집착이 나에게 미치는 영향력이 적었기 때문에 그냥 무시해버렸다.

이러한 관념적인 집착은 받아들이기 어려운 심리적 장애를 일으키기 쉽다. 물론 나에게 이러한 일을 꼭 도와주라고 강요하는 사람은 아무도 없다. 쉴 새 없이 바쁜 조교에게 일을 미룰 수도 있다. 그러나 그런다고 내가 고통에서 멀어지는 건 결코 아니다. 업무의 분담을 놓고 학과 분위기가 나빠질 수도 있고 일을 많이 맡게 된 조교의 반발을 유발할 수도 있다. 조교가 노고를 마다하지 않는다 하더라도 많은 업무 때문에 일의 진행에 차질을 빚는 위험도 감수해야 한다. 결국 어떤 방식이든 고통이 따르게 된다. 나는 '학과장은 이렇게 해서는 안 된다.'는 집착이 없었기 때문에 비교적 좋은 분업 방식을 찾을 수 있었고, 학과 업무도 원활히 돌아갔다.

그런데 특히 이러한 과도기에 다소 집착하는 사람과 다소 집착하지 않는 사람의 두 유형을 그냥 한눈에 알아볼 수 있다. 집착하지 않는 유형은 고위 간부들처럼 자기가 조교보다 더 빨리 공문을 보낸다고 아주 의기양양해서 과시했다. 나이든 선생님들처럼 집착하는 유형은 수시로 업무를 협조해줄 수 있는 보조 조교가 없기 때문에 여러 가지 잡다한 일들을 모두 손수 처리해야 해서 항상 속절없이 잔심부름꾼 같은 자신을 원망하며 고통 속에 빠져든다. 이러한 분위기에서는 오히려 남의 기분을 상하게 하여 자기에게 더 많은 괜한 걱정을 끼치게 하기 쉽다.

## 거짓된 지식을 없애는 지혜로운 수행

무명이 만들어내는 이러한 정서적 장애를 극복하려면 다음과 같은 두 가지 노선이 있다. 첫 번째는 먼저 심리적으로 집착의 강도를 낮추고, 그런 다음에 천천히 새로운 지식을 받아들인다. 이 노선은 비교적 불교의 전통적인 방법과 비슷하다. 먼저 자신을 겸손하게 낮추고 모든 사람과 사물을 대하는 것을 배워야 한다. 오만하지 않고, 독선적이지 않으며, 겸손한 태도로 여러 가지 일에 임해야 할 것이다. 집착이 내적인 갈등을 일으킬 때, 오만은 마음의 대비를 강화하게 하지만, 겸손은 적어도 정서적 장애를 부드럽게 한다. 마음이 겸손해질수록 정서적인 장애도 약해지며, 이지(理智)라는 호미가 땅을 파고 들어갈 기회가 생겨 집착하는 관념 속의 불합리한 요소를 캐내고 집착을 없앤다. 이러한 학습 과정은 결코 지식적인 학습이 아니고 겸손의 수행이다. 공부하는 것만으로 얻을 수 있는 것이 아니고 반드시 움직여 실행하는 실천이어야 한다.

두 번째는 의지와 판단에 기대어 직접적으로 지적인 측면에서 집착을 누르는 것이다. 이 노선은 비교적 철학적인 방법과 비슷하다. 내가 개인적으로 가는 것은 두 번째 노선이다. 그러나 이 노선은 반드시 먼저 비교적 강한 의지와 양호한 논리적 기초가 있어야 나아갈 수 있다. 의지와 이성을 운용해서 정서를 누르는 이러한 능력을 보통 역발상이라고 한다. 이 사고의 형태는 말 그대로 물을 거슬러 배를 타고 가는 것과 같다. 배가 가는 방향은 이성적인 추리이고, 물이 흐르는 방향은 정서적인 느낌이다. 이성적인 사고가 개인의 감정에 방해를 받지 않고 자기 길을 가도록 해야 하는데, 이것은 실행하기 쉽지 않은 사고력 훈련이다. 그러나 이것은 철학자가 반드시 갖추어야 할 능력 가운데 하나이다.

이러한 사고의 난이도를 느끼려면 먼저 자신은 대단히 긍정하지만 사회에서는 오히려 반대하는 사람이 많은 주장을 하나 찾아라. 예컨대 정치 성향을 가지고 말하면, 자신이 어느 주요 정당을 지지하든 그 정당을 반대하는 사람이 많을 것이다. 정치인에 대하여 말해도 마찬가지이다. 만약 정치에 대하여 좀 무감각하다면 사형, 낙태, 동성혼인, 간통죄 같은 사회적 논란거리를 예로 들 수 있다. 자기는 긍정하지만 정서적으로 반대편 관점에 대한 반감이 대단히 큰 문제를 찾은 다음에 반대편 관점의 합리성을 생각해보라. 마침내 반드시 '자신이 틀릴 수 있다는 것을 발견'하는 종착점에 도달하게 될 것이다. 만약 과거에 이러한 사고방식을 시험해보지 않았다면 지금 시험해보기만 해도 이것이 정말로 어렵다는 것을 알게 될 것이다.

이성적인 관점에서 말하면, 이것은 당연히 아주 단순한 것이다. 논란이 되는 이러한 문제들은 사실상 모두 표준적인 정답이 없기 때문이다. 다시 말해서, 최선의 결론을 도출하는 것은 아마 어렵겠지만, 어느 한쪽이 옳을 수 있는 것만 찾거나 어느 한쪽이 틀릴 수 있는 것만 찾는다면 모두 쉽게 해낼 수 있는 것이다. 많은 사람들이 자신과 정반대의 관점을 가지고 있고, 이러한 사람들 가운데는 전문가도 적지 않다. 그들이 그렇게 생각할 수 있는 만큼, 이치대로 말하면 당신도 그렇게 생각할 수 있는 것이다. 그런데 우리가 자기 견해를 고집하는 까닭 가운데 매우 큰 요인의 하나는 우리의 습관 그리고 그렇게 생각하는 것을 좋아할 뿐이기 때문이다.

그런데 우리가 고집하는 것은 사실 충분한 지지의 이유가 없다. 그렇지 않으면 사회적 쟁점이 될 수 없다. 불교적으로 말하면, 그것들은 모두 공성(空性)을 가지고 있지만 우리가 그 속의 공성을 보지 못하기 때문에 이것들은 반드시 옳다고 집착하여 생각하는 것이다. 이러한 집착을 없애기 어려운 상황에서는 만약 대단히 강력한 논리적이고 이성적인 능력이 있다면, 아주 조심스럽게 오류를 범하지 않는 상황에서 역발상적 사고를 진행하여 문제의 소재를 찾아 집착을 없애버릴 수 있다.

집착을 없애는 이러한 사고를 진행할 때 끊임없이 정서에 방해를 받는다. 이때 강한 의지의 협조가 있어야 방해를 제거하고 사고를 냉정하게 진행시킬 수 있다. 그리고 집착을 없애는 이러한 방법은 이성적 능력과 의지의 강도가 높아야 하는 수행이다. 생활 속에서 논리력과 의지의 강도를 끊임없이 향상시켜야 순조롭게 물을 거슬러 항해할 수 있다.

## 깊은 사고는 집착을 깨뜨리는 데 도움이 된다

깊은 사고 능력은 집착을 깨뜨리는 데 빼놓을 수 없다. 역발상적 사고는 주로 정서적 장애를 극복하는 데 효용성이 있다. 그러나 집착은 정서적인 문제만이 아니라 사물의 공성을 볼 수 있는가의 여부도 포함하고 있다. 사고가 사물의 근본까지 깊이 파고들어갈 수 있어야 진정한 지혜가 떠오를 수 있고, 심지어 자비심까지 불러일으킬 수 있다.

예를 들면, 만약 어느 날 당신이 산간지역에서 한가롭게 차를 몰다가 앞에 아주 낡고 오래된 소형 화물차 한 대가 힘겹게 오르막을 막 기어올라 가면서 끊임없이 대기를 오염시키며 고약한 냄새나는 시커먼 매연을 내뿜고 있는 것을 보았다고 하자. 이 때문에 당신이 즐기고 있던 흥을 깨뜨리고 악취로 건강에 해로운 매연을 흡입할 뿐만 아니라 공기 오염을 초래하고, 지구 생태계를 해치고 있다. 이 모든 것이 다 당신의 블랙박스에 녹화가 됐다면 당신은 그를 고발할 것인가?

이 소형 화물차는 명백히 법을 위반했다. 법을 어기면 당연히 고발을 해서 법을 준수하게 해야 하지 않겠는가? 이 화물차는 여전히 끊임없이 산간의 신선한 공기를 오염시키는데, 고발하면 오염이 더 이상 지속되지 않을 테고 그러면 좋은 것이 아닌가? 물론 틀린 생각은 아니지만 이것은 단순한 가치관에 의해서 형성된 피상적인 추리일 뿐이다. 만약 역발상적 사고를 운용해서 먼저 개인의 부정적인 감정을 제거하고 더 깊이 생각하고 눈에 보이지 않는 사물을 더 많이 보게 되면 아마 생각이 많이 달라질지도 모른다.

예컨대, 운전사는 왜 이렇게 낡고 오래된 소형 화물차를 몰고 다니면서 차를 바꾸지 않았을까? 가장 유력한 답은 이 운전사가 사실 경제 상황이 좋지 않은 것이겠지만, 어느 정도까지 안 좋은 것일까? 이것을 가늠하기는 어렵지만, 그가 벌금도 내지 못할 정도로 나쁠 가능성이 있다. 그밖에 운전하면서 시커먼 매연이 배출되어 공기를 오염시키고 있는 것을 모르는 것일까? 아마 그는 발견하지 못했을 수도 있으나, 알지만 처리할 생각을 하지 않았거나 심지어는 처리할 능력이 없을 가능성이 더 크다. 생각이 여기에 이르게 되면, 아마 분노하던 심정 속에서 한 줄기 자비심이 나타나게 될 것이다. 이러한 상황에서는 더 많은 것을 알고 나서야 행동하는 경향이 있다.

사고가 깊어질수록 사물의 깊은 곳을 보게 될 가능성이 많아진다. 이러면 피상적인 판단을 내릴 가능성이 줄어든다. 또한 사고가 어느 정도까지 깊이 들어갈 수 있으면, 여러 관념들이 모두 적절하지 않은 것을 따르는 때를 보게 될 것이다. 다른 처지에서 다른 인연이 모이는 것에 따라서 다른 효과가 일어나기 쉽다. 그래서 다른 처지에 따라 어떻게 다른 판단을 내릴지를 찾는 삶을 살아간다. 어떠한 처지에서도 다 적당한 해결 방법이 있다. 유학에서는 '중용(中庸)의 도'라고 하고, 불교에서는 '중도(中道)'라고 한다. 매 순간에 임해서 단순히 특정 법칙에 따라 일을 처리하지 않고 그 순간에 가장 적절한 경로를 찾는 것은 '중도'에 따라 지혜의 수행을 실천하는 것과 같다. 종점은 아마 공자가 "마음에서 하고자 하는 대로 다 하여도 도리에 어긋남이 없었다.[從心所欲, 不踰矩]"라고 말한 것 같은 경지일 것이다.

# 염불念佛
# 수행

가장 간단한 불교 수행 중에 하나가 바로 염불이다. 늘 반복해 '나무아미타불'을 외기만 하면 성불할 수 있다고 말한다. 설령 현세에 좋은 과보를 닦지 못하더라도 사후에 서방 극락세계로 인도되어 계속해서 수행할 수 있다. 심지어는 만약 평소 노력하지 못했어도 임종하기 전에 빨리 벼락치기 하듯이 서둘러 '나무아미타불'을 염송해도 서방 극락으로 인도될 수 있다. 아미타불 외에도 다양한 부처님의 이름과 주문이 있는데, 몇 천만 번을 반복해서 암송하면 불가사의한 효과를 일으킬 수 있고, 심지어는 완전한 이고득락의 성과를 이룰 수 있다고 경전은 기록하고 있다.

이 방법은 시간과 인내만 있으면 되니, 만약 정말 그렇다면 아마 가장 간단한 수행일 것이다. 그래서 이 수행 방법을 택하는 불교 신도들이 가장 많다.(대만에서 정토종 그리고 염불 수행의 뿌리는 깊고 넓다. 필자가 말한대로 염불 수행은 대만에서 불교 수행 중에 가장 보편적이다. 반면 한국은 이와는 상황이 좀 다르다 – 편집자) 이것은 정토종(淨土宗)의 수행 법문에 속한다. 그러나 철학의 회의론에 입각해서 보면, 이 수행 방법이 정말로 효과가 있는지 묻고 싶은 마음을 금할 수 없다.

염불의 효과는 앞에 소개한 대로 불교 경전에 기록되어 있다. 하지만 그걸 문자 그대로 받아들이는 것은 전적으로 종교적 태도일 뿐이다. 불교를 단순히 종교적 신앙으로 여기는 것이다. 물론 이것도 틀린 것은 아니다. 자신만 괜찮다고 생각한다면 느낌상 이고득락하는 데에도 확실히 도움이 되어 좋은 일인 것 같다.

그런데 만약 예컨대 정말로 서방 극락세계로 가고 싶다거나 진정으로 완벽한 해탈을 이루려고 하는 것처럼 더 높은 기대가 있다면, 한

번쯤 잘 생각해 보는 것이 좋을 것 같다. 특히 달라이 라마와 틱낫한 스님도 말했던 것처럼, 불교를 배우려면 여전히 의심과 사고의 끈을 놓지 말아야 한다. 사실 모든 불교 경전이 정말로 모두 석가모니 부처님이 친히 전한 본래의 뜻에 따라 전해지고 번역되었다는 것을 보장하기 어렵기 때문이다. 그렇다면 우리는 그 합리성에 대하여 생각해보도록 하자.

## 서방으로 이끌어주는 배후의 요인이 무엇일까?

—

서방 극락세계는 수많은 불국정토 가운데 하나이다. 그 나머지인 동방 유리세계(琉璃世界), 남방 환희세계(歡喜世界), 북방 연화세계(蓮花世界) 및 중앙의 화장세계(華藏世界) 등은 모두 각기 수행하여 나아가는 법문이 있다. 어떤 사람들은 이 정토들을 문명이 고도로 발전한 외계 행성이나 또 다른 특별한 평형 세계라고 상상한다. 이러한 곳은 고통과 장애가 없으며 끝없는 아름다움만 있다. 따라서 수행에 전념할 수 있다. 그러나 사람마다 상상하는 것이 다르고 아름다움의 기준도 달라서 일치하는 부분도 있고 다른 부분도 있다. 이해하려면 경전을 대조해보며 자세히 생각해야 한다.

『아미타경(阿彌陀經)』의 기록에 따르면 서방 극락세계를 창시하고 책임을 지고 있는 이는 아미타불이다. 이 정토는 지구인이 수행하는 데 매우 적합하고 진입하는 관문도 매우 낮아서, 원하기만 하면 모두 환영한다. 그래서 믿고 원한다는 의사를 표현하며 끊임없이 '나무아미타불'을 낭송하여 메시지가 접수되기만 하면, 바로 그쪽으로 인도된다. 설령 임종 전에야 시작했다 해도, 전념하여 성심성의껏 하면 사후에라도 인도되어질 수 있다.

이 설법에 대하여 우리는 철학적 분석에 입각해서 생각해 볼 수 있다. 만약 서방 극락세계를 가려면 무엇을 해야 하는지 조금도 모르고 심지어 서방 극락세계가 어떤 세계인지도 모르지만 죽기 전에 지옥에 떨어지는 것이 몹시 두렵기 때문이라면, 혹은 죽기 전에 두려워서 자신의 마음을 편하게 하고 싶기 때문이라면, 심지어 도박을 좋아하는 노름꾼들이 서방 정토에 가면 날마다 거액의 도박을 할 수 있다고 착각하기 때문이라면, 그런 마음가짐으로 열심히 염불을 한들 무슨 소용이 있을까? 만약 '서방 극락세계를 가겠다는 염원을 나타내는 것'으로 입장권을 삼는다면 앞에 말한 행동은 아마 입장권을 얻을 수 없을 것으로 나는 추측한다. 만약 자신이 상상하는 서방 극락세계와 진짜 현실 상태가 완전히 달랐을 때는 서방 극락세계에 가겠다는 염원을 나타낸 것이 아니기 때문이다.

만약 어떤 회사의 채용 문턱이 매우 낮아서 노력하겠다고 동의하고 원하기만 하면 채용된다고 해보자. 그러면 가령 어떤 사람이 면접시험을 볼 때 회사의 많은 우수한 점을 칭찬하며 한참을 이야기했지만 실제로 이 회사는 전혀 그렇지 않다면, 이렇게 이 회사를 인정했다고 해서 채용될 수 있을까? 아니면 이 회사에 대하여 사실 아무것도 모르면서 이 회사에 다니고 싶다고 입으로만 인정한 것이라면 인정받을 수 있을까? 아니면 만약 이 회사에 대하여 진짜로 잘 알고 있지만 마음가짐으로는 사실 열심히 일하려고 하는 것이 아니라 빈둥거리며 그냥 돈을 벌려고 하는 것뿐이라면 채용될 수 있을까? 이러한 것들은 모두 매우 의문이 들게 한다. 따라서 안전을 위해서 부처님의 명호를 염송하는 동시에 적어도 서방 극락세계에 대하여 좀 알고 있어야 정말로 가고 싶어 하는 염원이 안내자에게 느껴질 수 있을 것이다.


## 염불은 마음을 변하게 할 수 있다

—

부처님 명호를 염송하는 것을 권장하는 또 다른 이유는 부처님의 명호가 마음을 변화시키는 힘을 가지고 있기 때문이다. 평소 끊임없이 염불만 하는 것도 바로 마음을 변화시키고 삶을 바뀌게 하는 하나의 수행 방법이다. 끊임없이 반복하면 서방 극락세계로 가기에 적합한 마음 상태가 되어 그곳에 들어가는 입장권을 얻기 쉽다. 그러나 만약 우리가 반드시 마음의 세계를 바꾼 다음에서야 서방 극락에 갈 수 있다면, 임종 전에 부처님 명호를 염송하는 것은 아마도 아무런 소용이 없을 것이다. 사람의 마음이 이렇게 짧은 시간 안에 빨리 바뀌는 것은 쉽지 않기 때문이다. 그래서 만약 죽기 전에 염불을 해도 서방에 갈 수 있다고 믿으려면 받아들여질 만한 다른 이유가 있어야만 한다.

그런데 또 하나 생각해 볼 문제는 왜 부처님 명호를 염송하면 마음이 변할 수 있느냐는 것이다. '소리 자체에 힘이 있다.'와 '문자 자체에 힘이 있다.'는 설법은 사실 설득력이 있다고 느껴지지 않는다. 문자와 소리는 지역에 따라 다르며 심지어 시대에 따라서도 다르다. 이렇게 바뀌어도 힘이 있다는 건 이상하지 않은가? 대만대학교의 전 총장이신

리쓰천(李嗣涔) 교수는 연구를 통해 이것이 효과가 있다는 것을 뒷받침하는 증거를 찾았다. 그러나 이 연구 성과는 여전히 논쟁의 여지가 남아 있다. 비록 가볍게 부정할 수는 없지만 더 깊이 연구해볼 필요가 있다.

## 관상(觀想)은 마음을 변하게 한다

어쩌면 우리는 힘이 있는 것은 소리나 문자 그 자체가 아니라 그 소리와 문자의 이면을 대표하는 의미라고 짐작할 수도 있다. '나무아미타불'을 가지고 말하면, 이것은 무량광(無量光)과 무량수(無量壽)의 자비심과 불법 지혜를 상징한다. 그렇기 때문에 부처님 명호를 염송하는 동시에 마음에 이러한 상상이 나타나게 된다. 심리학에서 자극과 반응의 학습 과정처럼, 이 소리와 염불하는 이 행동을 그 심경과 밀접하게 결합시키게 되는 것이다. 염불을 하기만 하면 그런 심경에 들어가기 쉽다.

이 효용에 대하여, 타오위안(桃園) 룽탄(龍潭)에서 온 은불사(恩佛寺) 주지 연정 법사(蓮靚法師)는 자신의 수행 경험을 가지고 설명했다. 바로 '이 마음이 부처를 만들고, 이 마음이 부처이다.[是心作佛, 是心是佛]'라는 염불의 효과이다. 염불을 할 때, 마음에서 부처님을 생각하면 마음에 항상 부처님의 이미지가 가득 차게 되고, 이것이 오래되면 자신이 사실 부처라는 것을 쉽게 느끼게 된다. 번뇌에 부닥쳤을 때, 예컨대 싫어하는 사람을 마주치면 부처님의 태도에 따라 대처하기 쉽고, 자비심으로 대하든 대책을 강구해 무명(無明)에서 벗어나든 모두 비교적 성과가 있을 것이다. 자신이 부처님이라고 상상할 때 내재된 불심을 깨우치기 쉽고, 이것이 정서적 장애를 뛰어넘을 수 있도록 도와주기 때문이다. 염불 수행은 바로 '마음속이 부처'임을 알고 '일처리는 부처님처럼 하는' 이러한 상황 속에서 끊임없이 성장하여, 나중에는 저절로 진짜 부처님을 닮아가게 한다.

이 수행을 효과적 측면에서 말하면, 왜 부처님 명호를 염불하는 것을 유지하고 있으면 이것이 마음을 바꾸는 데 쓰일 수 있는지를 합리적으로 설명할 수 있다. 우리는 어떤 큰 번뇌와 곤경이 닥쳤을 때 이러한 심지(心智)의 역량을 훈련시켜고 마음을 돌려 '나무아미타불'을 염불하기만 하면, 어수선한 정서가 풀려 자연히 이고득락의 효과를 보게 된다.

이러한 수행 방법의 효과에 대하여 말해준 이 중에 나에게 가장 인상이 깊었던 분은 루이팡(瑞芳) 동림사(東林寺) 주지이신 선정 법사(禪定法師)였다. 그는 본교의 동방인문사상연구소의 연구생이었기 때문에 자주 만날 수 있었다. 그는 볼 때마다 마치 아무런 번뇌가 없는 것처럼 항상 웃고 있는 얼굴이었다. 나를 더 놀랍게 한 일은 나중에 다른 과에 다니며 항상 다른 사람과 말하지 않는 자폐증 학생이 늘 그와 함께 잡담을 했다는 사실을 안 것이다. 이 학생은 내가 강의하는 수업을 들은 적도 있는데 어느 날 어떤 용건이 있는지 나를 찾아왔다. 그런데 그에게는 '선택적으로 침묵하는' 증상이 있어서 말을 하지 않고 계속 앉아만 있었다. 나는 할 수 없이 지도교수를 불렀다. 지도교수는 그를 상담실로 데리고 가서 천천히 대화를 시도했는데 두 시간이 지나고 나서야 마침내 입을 열었다고 한다. 그가 나를 찾았던 이유는 지난주에 자신이 수업에 출석을 했는데 내가 실수로 무단 결석으로 처리를 했기 때문이었다.

나는 선정 법사에게 어떻게 그와 평소에 의사소통을 하는지 물었다. 선정 법사는 오히려 "별다른 기술이 없어요! 그냥 자연스럽게 소통하는 거예요."라고 말했다. 다시 자세히 물어보고 나서, 나는 태도 이외에 마음을 열어놓는 정도가 아마 주된 관건이었을 것이라고 짐작했다. 비록 나 자신은 마음이 열려 있다고 생각했지만 이러한 개방은 말뿐인 것일 수 있다. 비록 나는 남의 생각을 쉽게 부정하지는 않지만 마음속으로는 늘 어떤 관념에 대하여 자못 그렇지는 않다고 생각할지도 모른다. 비록 말은 하지 않지만 표정에 나타날 수도 있다. 그런데 법사는 이러한 활달함을 마음에 완전히 내면화 시켜서 안팎으로 사람을 편하고 자유롭게 해주었을 것이다. 그의 수행은 주로 관상과 염불이었다.

## 무량수(無量壽)와 무량광(無量光)의 관상(觀想)

—

이런 수행이 성과가 좋다고 해도 사실 실천하기는 생각만큼 쉬운 게 아니다. 부처님을 관상하며 도대체 무엇을 생각해야 하나? 부처님 그림 한 장인가? 나는 이렇게 하는 것은 아무런 효과가 없을 것이라고 생각한다. 만약 상상력을 이용해 부처님에게 가까이 다가가려면, 단지 상징이 아니라 마땅히 적어도 부처님의 심경이나 적어도 부처님의 세계를 상상해야 한다. 그러나 우리는 아마 처음부터 서방 극락의 심경이나 아미타불의 지혜를 관상하기를 어려울 것이다. 모르는데 어떻게 상상을 하겠나?

『관무량수불경(觀無量壽佛經)』의 기록에 따르면 관상은 16종이 있다. 일월(日月)의 광명으로부터 시작하여 점차 내면 깊숙이 들어가 관상한다. 그리고 물처럼 맑고 깨끗하며 만물을 길어내는 빛, 극락세계 공덕의 선광(善光), 보살이 뿜어내는 중생을 제도하는 금광(金光), 서로 다른 경계에 있는 부처님의 지혜의 광명 등을 관상하라고 한다. 이러한 관상을 통해 몸과 마음을 씻고, 나아가 마음을 아미타불의 무량광(無量光)과 무량수(無量壽)의 경계에 가까이 다가가도록 한다. 마음이 아미타불과 서로 호응하기만 하면 곧 서방 극락의 부처님의 지혜와 그 창생(蒼生)의 세계를 체득할 수 있다. 이 수행 방법은 비록 표면적으로는 염불을 하는 것이지만, 똑같이 마음을 바꾸는 수행이다.

따라서 이러한 측면에서 생각해보면, 불경에서 말하는 부처님의 명호를 수천만 번 염송만 해도 어떤 효능이 있다고 할 때, 단지 염불하는 기계처럼 계속해서 염불만 하면 된다는 의미로 읽는 것은 적합하지 않다. 적어도 마음을 열고 관상하고, 이해하고, 그 상징적인 의미에 융화되어야 한다. 그렇지 않고 염불하는 기계가 누구보다도 더 빨리 해탈을 얻는다고 해석하면 안 된다.

## 타력(他力)에 의지하여 해탈을 얻다

경전에 타력(他力)을 빌려 해탈을 얻을 수 있다는 설법이 있다. 항상 명호만 염송하면 아미타불이 우리를 변화시킬 수 있다는 것이다. 이러한 설법은 자신감이 부족하고 자신이 좋은 과보를 닦을 능력이 있기를 감히 지나치게 요구하지 못하는 많은 사람들에게 희망을 줄 수 있다. 이 방법은 기독교의 수행에 가장 가깝다. 기독교인은 예수의 피를 빌어 자신의 죄를 깨끗이 씻어야 하며 하느님의 은혜로 다시 태어난다.

그런데 철학적 회의론에 입각해서 보면 이 수행 방식이 그다지 합리적으로 보이진 않는다. 자신이 노력하지 않고 신에게 빌고 부처님께 빌어 학업이 진보하고 사업이 성공하기를 바라는 사람들은 결국에는 헛수고만 할 뿐이다. 그런데 재미있는 것은 실제 수행하는 몇몇 사람들은 오히려 이 방법이 확실히 효과가 있다고 생각한다는 것이다. 만약 몸소 실천해보고 효과가 있음을 알게 되어 효과가 있는 것이며, 어떠한 불합리함도 단지 우리가 아직 그 합당한 점을 보지 못함을 나타내는 것일 뿐이라고 하자. 그러면 합리적인 것은 어디에 있나?

내가 생각하는 미묘한 점은 '과연 정말로 다른 힘을 빌려 수행할 수 있을까?'라는 것이다. 이 문제는 실제 수행하는 측면에서 말하면 그렇게 중요하지 않을 수 있다. 아미타불의 염송하면서 아미타불이 자신을 변화시켜주길 기대하는 동시에 사실 이미 관상을 하고 있기 때문이다. '아미타불을 상상하여 자신을 변화시키거나' '아미타불을 상상하여 자신에게 곤경을 극복할 힘을 주는 것'은 사실 모두 관상이며, 이 관상은 힘이 부처님에게서 나오든 자기에게서 나오든 결국 모두 변하게 하는 힘이 될 수 있다.

상상과 부처님 명호마다 모두 서로 대응하는 관상의 심경이 있다.

이러한 상상을 끊임없이 마음 깊은 곳에 가득 차게 하면, 내면의 세계가 바뀌어 수행의 성과를 얻을 수 있다. 이것이 부처님 명호를 염송하는 것을 가지고 수행하는 비교적 합리적인 해석이라고 나는 생각한다.

## 관상하지 않는 염불 수행

어느 날, 타이베이의 인홍정사(印弘精舍) 주지인 선상 법사(善想法師)에게 가르침을 청할 기회가 있었다. 그는 나에게 정토종의 염불 수행 방법은 관상 이외에 실제로 관상하지 않는 방법이 분명히 있고, 또한 그의 수행 방법이 바로 이러한 관상하지 않는 '지명염불(持名念佛)'의 수행법에 속한다고 말했다.

나는 듣고서 깜짝 놀라서 일반 신도만 이러한 수행 방법을 쓰는 것이 아닌가? 하고 마음속으로 생각했다. 이상하게도 그 방법을 깊이 이해하고 그것을 몸소 체험하고 싶어졌다. 그는 "방법은 사실 매우 간단하다. 마음속으로 '나무아미타불'을 생각하고, 그러고 나서 입으로 이 몇 글자를 염불하고, 다시 귀로 자세히 들으며, 계속해서 이렇게 거듭하는 것이다."라고 하였다. 나는 궁금함을 금할 수가 없어 물었다. "그러면 이렇게 하는 것이 무슨 효능이 있을까?"

그는 조금도 주저하지 않고 "바로 안정되고 편안해짐이 느껴진다. 마음이 방해를 받지 않고 또한 자신이 불교를 배우는 올바른 길을 가고 있다고 생각되어지는 것이다."라고 답했다.

나는 효능의 핵심은 장시간 지속적인 집중력에 있을 것으로 짐작했다. 염불이 상대적으로 단순하고 간단한 행동이기 때문에 언제 어디서도 할 수 있고 좀처럼 쉽게 싫증을 느끼지 않으며 지속하기 쉽기 때문이다. 오랫동안 지속하면 마음도 덩달아 커지고 견고해지며 의미감도 그에 따라 나타난다. 이러한 느낌에 따라 삶의 안정을 느끼기 쉬워 자신이 올바른 길을 가고 있다고 느끼는 것이라고 헤아려졌다.

각종 불교 이치 사이의 변증을 연구하는 것과 상대적으로 말하면, 이것은 확실히 좀 단순한 방법이지만 거기에는 어려운 부분도 있고 약간 강한 인내심도 있어야 한다. 나는 선상 법사가 아마 대단히 인내심이 있는 사람이기 때문에 그에게 알맞은 이러한 정토종의 수행을 찾았을 것으로 짐작되었다. 바꾸어 말해서, 이것은 아마 나에게 가장 알맞은 수행 방식일 것이다. 그러나 알맞음의 여부와 좋고 나쁨은 사실 단언하기 어렵다. 어쩌면 가장 알맞지 않을 것 같은 이러한 방법이어야 병의 증상에 가장 잘 맞은 약을 쓰는 것이며, 하기 어려워야 가장 효과적인 방법일지도 모른다. 언젠가 시도해보도록 하겠다.

끝으로, 혜통 법사(慧通法師)가 불교 경전에서 염불 수행의 방법은 관상과 지명(持名) 이외에 사실 '관상염불(觀相念佛)'과 '실상염불(實像念佛)' 두 가지가 더 있다고 덧붙여서 말했다. 그러나 곰곰이 생각해보면, 이 두 가지는 모두 관상과 비슷한 역할을 할 것 같은데 자세한 토론은 하지 않겠다.

**⑬**

# 외왕外王
# 수행

마지막으로 특별한 수행 방법 하나를 이야기 해보도록 하겠다. 이 수행 방법이 도대체 불교의 수행 방법이라고 할 수 있는지 사실 단언하기는 어렵다. 크게 남방불교와 대승불교로 구분한다면 대승불교의 수행법에 가깝다고 할 수 있다.

불교는 인도에서 기원했고, 일정 시점까지는 대승과 소승의 구분이 없었다. 불교가 중국에 전해진 다음에 유학의 영향을 받아서 대승불교 사상이 나타나게 되었을 수 있다.(대부분의 학자들은 대승불교의 출현을 '인도'로부터 잡는다. 저자가 선(禪)불교와 혼동한 듯하다 – 편집자) 유학은 내성외왕(內聖外王)을 강조한다. 내성(內聖)은 자신의 내재적인 덕성을 개선하여 성인처럼 마음이 하고자 하는 대로 하여도 법도를 어기지 않게 되는 경지로 전환하는 것이다. 송명 이학가 왕양명(王陽明)의 말을 가져다 말하면, 내면의 양지(良知)를 완전히 드러나게 하여 지행합일(知行合一)시켜 모든 행위에 모두 양지가 저절로 발현되게 하는 것이다. 그런데 이것은 유학 수행의 종착점이 아니다. 유학은 '내성'을 강조한 다음에 반드시 외왕(外王)을 해야 한다. 즉 사회를 바꾸고 사람들을 행복하게 하는 것이다.

## 불교도들도 사람들을 행복하게 하는 것을 목표로 해야 할까?

불교의 원시교의(原始敎義)는 주로 이고득락, 그리고 수행해서 성불하고 깨달은 사람이 되어 고통에서 벗어나는 것을 목표로 한다. 사람을 구제하는 자비심을 강조하긴 하지만, 성불하기 전에 반드시 사회를 변화시키고 사람들을 행복하게 해야 한다는 요구는 하지 않는다. 그런데 불교가 중국에 전해지면서 이런 구조가 너무 편협하다고 생각했던 것 같다. 성불하기 전에 사람들을 행복하게 해야 한다는 주장이 나왔다. 그렇기 때문에 "지옥이 텅 비지 않으면, 성불하지 않겠다."라고 서원한 보살의 이념을 특히 중시하였다. 그래서 '내승불학'이 되었고, 이의 주창자들은 대승이 기존 불교 교단에 비해 틀이 비교적 큰 불교 사상이라고 자부했다. 그러나 이 관점은 이고득락이라는 불교의 원래 취지에 위배되는 것이 아닌가? 보살은 왜 중생을 다 구제해야 성불할 수 있는 것일까? 만약 성불할 수 있다면 어째서 먼저 성불하고 나서 중생을 구제하지 않는 것일까? 석가모니 부처님은 성불한 다음에도 똑같이 중생을 구제하는 것 아닌가? 나는 이것은 생각해볼 만한 문제라고 생각한다.

물론, 아마 실천 철학의 입장에서 말하면, 이것은 중요하지 않은 문제일 것이다. 자신이 보살의 경지에 이르렀을 때 어쩌면 답은 저절로 풀릴지도 모르기 때문이다. 만약 그래도 안 풀리면, 그때 다시 이 문제를 생각해도 늦지 않다.

현재 우리가 생각해볼 만한 문제는 '이러한 보살 정신을 본받아서 큰일을 하는 것이 수행에 도움이 될까?'라는 것이다. 만약 도움이 된다면 어떤 도움일까? 먼저 이해를 하면 어쩌면 수행의 방향을 더 분명히 알 수 있을지도 모른다. 우리는 먼저 오늘날 세상 사람들에게 은혜를 베푸는 여러 가지 행동부터 생각해 볼 수 있다.

# 나와 남의 구별을 깨고,
# 남을 헤아림이 곧 자신을 헤아림이다

---

화판대학은 '깨달음의 교육' 이념을 목표로 효운 법사가 설립했다. 난 이곳에서 교편을 잡고 있다. '깨달음의 교육'이라는 것이 좀 낯설 수도 있다. 아마 다른 모든 대학들이 그다지 관심을 두지 않는 이념일 것이다. 많은 대학들은 우수한 인재를 양성하는 데 목표를 두고 있어서 인품과 덕성 등 내재적인 것에 대해서는 대부분 별다른 생각이 없다. 고학력이지만 인품과 덕성의 부재는 직권을 남용하는 많은 고위 관료와 악덕 기업가들을 양산하고 결국 문명의 발전을 저해한다.

사람의 손에 총 한 자루가 쥐어지면 혼란을 일으킬 수도 있고, 질서를 유지할 수도 있다. 결국 어떻게 사용하는지가 이 사람의 내적 상태를 똑바로 보여준다. 대학교 교정에서 전수하는 다양한 지식은 이 총이 가진 힘처럼 힘을 부여하는 동시에 올바른 방향의 내면을 양성해야 한다. 그리고 이러한 양성 방식은 유학의 관점에서 말하면 '인성교육'이고, 불교의 입장에서 말하면 '깨달음의 교육'이다.

'깨달음'은 각성한다는 뜻이다. 자아를 인식하기 시작하면서 사람들에게 탐욕과 분노 그리고 어리석음이 빚어내는 무명(無明)의 허상을 보게 하여 더 이상 이러한 사리사욕을 추구하는 데 빠지지 않도록 한다면 사회를 올바른 방향으로 이끄는 힘이 될 수 있을 것이다. 내가 재직하고 있는 화판대학교가 이런 이념에 의해 설립되었고 설립 이념에 따라 교수를 비롯한 많은 구성원들이 열심히 이를 실행하고 있다. 이러한 행위는 중생을 제도하는 행동의 일종이라고 할 수 있다. 그러면 이러한 행동은 개인이 수행하는 데 어떤 가치가 있을까?

불광산(佛光山) 성운(星雲) 노스님을 비롯해 많은 선사와 사원이 중생구제를 위한 재단을 설립하고 이를 실천함과 동시에 불법을 널리 보급하는 데 공헌하고 있다. 증엄 법사(證嚴法師)의 자제공덕회(慈濟功德會) 역시 전 세계의 소외 계층과 재난을 겪고 있는 사람들에게 도움의 손길을 내밀고 있다. 이밖에도 정치가가 사회를 개혁하고, 사상가가 이론을 혁신하며, 과학자가 실제적 연구로 세상을 행복하게 하는 것 등은 모두 사회에 공헌하는 어떤 성과를 이루었다. 그러면 우리는 이러한 행동은 수행의 입장에서 말하면 무엇을 의미하는지를 함께 생각해볼 수 있다.

그런데 이런 실천은 실행하는 과정에서 온갖 어려움에 부딪힐 수 있다. 예컨대 열심히 도와주는데 감사히 여김을 받지 않거나 심하면 오해와 미움을 받을 수도 있다. 물론 이런 상황이 발생하면 자신을 먼저 돌아봐야 하겠지만 오히려 이루려고 하는 목표에 더 집중해야 한다. 만약 이렇게 하지 않으면 아마 지속해나가기가 어려울 것이다. 우리가 생각을 바꾸어 이렇게 하기 시작했을 때, 줄곧 자신에게 가장 중요하게 여겨졌던 그 자아에서 벗어나기 시작할 것이다. 이러한 상황에서는 자신을 집착에서 끌어내는 힘이 상당히 크게 작용해 사유의 측면에서 아집(我執)을 깊이 깨닫는 것보다 훨씬 더 효력이 있다. 어쩌면 이것은 아집을 깨뜨리는 가장 직접적인 수행 방식일 것이다.

아집을 깨뜨리는 것과 타인에 대한 선과 공성을 지니는 것 두 가지를 동시에 실천해야 한다. 그런데 사실 두 가지는 구분할 수 없다. 아집이 깨진 세계에서는 대승불교니 남방불교니 하는 구분은 무의미해진다. 이런 측면을 이해한다면 모든 중생을 다 제도하려는 발심과 실천은 자연스레 하나의 수행이 된다.

이 책의 끝에서 나는 한 가지 일깨우고 싶은 것이 있다. 불교를 배우는 데 사실 가장 중요한 것은 수행을 바탕으로 자신을 변화시키고, 문자 이면의 지혜를 깨달아 가야 한다는 점이다. 이론을 토론하고 분석하는 것은 주로 방향을 더 분명하게 파악하여 길을 잘못 드는 것을 피하는 데 있다. 만약 수행하는 길에서 앞으로 나가지 않는다면, 그것은 아무런 의미가 없는 것이다.

도서관에서 우연히 옛날 책을 무심코 뒤적이다 보게 되었던 반가웠던 한 구절을 여기에 발췌하여 적어보고자 한다. 이것은 담허 대사(倓虛大師)가 지은 『영진회억록(影塵回憶錄)』의 끝부분이다. 내용은 아래와 같다.

참수행인은 수행에만 치중할 뿐 말참견할 곳은 없다. 만약 말한 것이 있다면, 전부 거짓이다. 지금 말을 하고 지나가면 그것으로 끝이니, 모두들 잘 경계해야 한다. 노력하라! 도를 닦고 수행하며, 이러한 언어의 문자 상에서 사랑과 미움, 취함과 버림을 짓고, 분별을 따지지 말라. 말로만 음식을 얘기하고 보물을 세기만 하는 것은 아무런 도움이 안 되는 것이며, 장황한 말을 하는 것보다 조금이라도 실천하는 것이 낫고, 좋아하는 법을 막론하고 반드시 실행해야만 비로소 좋을 것이다.

法塵緣影本一心,
誰將玄元作主賓,
大地拈來無不是,
滄桑轉變一色新.
법진의 그림자 본래 한 마음인데,
누가 현원(玄遠)을 주빈(主賓)으로 삼았는가?
대지(大地)에서 가져오는 것은 틀린 것이 없으니,
푸른 뽕나무 밭이 변해도 한 가지로 새롭구나!

# 철학자의
# 불 ― 교
# 공부 노트

**哲學家的學佛筆記 :**
**關於「離苦得樂」的思索與修行**

2022년 4월 25일 초판 1쇄 발행

지은이 지지엔즈(冀劍制) • 옮긴이 김진무 · 류화송
발행인 박상근(至弘) • 편집인 류지호 • 상무이사 김상기 • 편집이사 양동민
책임편집 이상근 • 편집 김재호, 양민호, 김소영, 권순범
디자인 쿠담디자인 • 제작 김명환 • 마케팅 김대현, 정승채, 이선호 • 관리 윤정안
펴낸 곳 불광출판사 (03150) 서울시 종로구 우정국로 45-13, 3층
　　　　대표전화 02) 420-3200 편집부 02) 420-3300 팩시밀리 02) 420-3400
　　　　출판등록 제300-2009-130호(1979. 10. 10.)

ISBN 978-89-7479-117-9(03100)

값 18,000원